도널드 밀러의

오색사막
순례 이야기

도널드 밀러의

오색사막
순례 이야기

길 위에서 만나는 빛, 아름다움, 그리고 하나님

도널드 밀러 지음

허진 옮김

잉클링즈 & 알맹4U

앞표지 그림: 오색사막 순례길 ⓒ 2022 김재신
뒤표지 그림: 팬텀 랜치의 별밤 ⓒ 2022 김재신

어머니께—

여기, 제 첫 책을 다듬어서 다시 냅니다. 제가 직접 겪을 때는 그것이 집을 떠나는 일이었음을 몰랐습니다. 하지만 어머니는 늘 알고 계셨지요. 저를 보내주셔서 감사합니다. 이 책은 언제까지나 어머니 당신의 책입니다.

작가의 말 — 9

1. 떠남 — 17

2. 고원지대 — 41

3. 살얼음 — 71

4. 조지 윈스턴의 발견 — 93

5. 태양신 라의 시선 — 105

6. 난관 — 111

7. 플래그스태프 — 127

8. 후버 댐에 떠다니는 시체들 — 137

9. 춤 — 149

10. 부활절의 하이킹 — 153

11. 팬텀 랜치 — 173

12. 브라이트 엔젤 — 179

13. 보상 — 195

14. 기적 — 209

15. 라스베이거스 — 227

16. 캘리포니아 — 231

17. 밀크셰이크와 파이 — 247

18. 아침식사 — 257

19. 야간 골프 — 275

20. 오리건 트레일 — 293

21. 시내트라 — 303

22. 친절 — 319

23. 목장 — 335

24. 숲 — 347

25. 동굴 — 365

26. 목장 생활 — 375

27. 일출 — 383

감사의 말 — 391

작가의 말

지금은 내가 가장 좋아하는 계절, 가을입니다. 이곳에는 사계절이 다 있는데 계절은 문틈으로, 창문을 넘어 다가옵니다. 어느 날 아침, 깨어보면 담요가 필요합니다. 느지막한 아침에 피어오르는 운무를 보려고 창가에서 선풍기를 치우면 하나님이 하품하신 듯 말갛고 시린 푸르름만 보입니다.

오리건의 9월은 완벽합니다. 구획된 블록이 엽서처럼 줄지어 있고 장미 봉오리는 이제 막 잠자리에 든 아이들처럼 피어납니다. 우리 포틀랜드 사람들은 장미를 자랑스러워합니다. 해마다 자랑스럽지요. 장미가 피면 우리는 공원에 앉아 허공에 대고 이야기를 읽어주며 정원이 잠들도록 소곤거립니다.

내가 이곳 '팔리오 커피'에 오는 것은 커다란 창문 때문입니다. 야외 테라스에 앉으면 노트북 화면에 햇빛이 반사되어서 카페 안쪽으로 들어가 늘 앉는 커다란 창가에 앉습니다. 창 너머 바깥 풍경은 마치 영화 같습니다. 푸르름 가득한 거대한 스크린 속에 오늘은 양치기 복장을 한 히피가 있습니다. 길 건너 둥그런 잔디밭에서 진창에 빠진 자전거 때문에 온통 더러워진 모습입니다. 그는 빵집에서 산 빵을 먹으며 캠핑용 양철 컵에 든 음료수를 마십니다. 남자는 천을 둘둘 만 수도승처럼 앉아서 컵을 다리에 대고 톡톡 칩니다. 집도 직업도 없이 자전거 짐칸에 담요를 묶고 다니는 저 사람은 행복할까, 문득 궁금해집니다. 집과 일이 싫어서 그가 떠나온 건지, 집과 일이 그를 싫어해서 떠나오게 된 건지 궁금해집니다. 어떤 사람들은 틀에 박힌 삶에 서툰 것이 사실입니다. 그런 사람들은 다른 것들을 생각하며, 한 길로만 따라가는 삶을 이해하지 못합니다. 그들 눈에는 벽이 보이지 않고 오로지 탁 트인 공간에서 트인 공간으로, 탁 트인 공간에서 하나님의 마음속으로 이어지는 문만 보입니다. 적어도 이것이 우리가 그들에게 기대하고 그들 역시 스스로 바라는 바입니다.

수십 년 전 어디로 갈지도 모른 채 텍사스를 떠났던 그 달콤하고 아련한 기억이 떠오릅니다. 그때는 내가 사랑하게 된 이 아름다운 오리건 주를, 멋진 사람들이 살고 있는 이 도시를, 커피 향기와 하늘 안개 속으로 뻗어 오르는 상록수들을, 서쪽 언덕 위로 쏟아져내리며 내가 사는 이 마을 거리로 붉은 빛을 밀어 보내는 일몰을 몰랐습니다.

만약 내가 여기서 태어났다면 당시에는 몰랐을 것입니다. 말들을 돌보기 위해 남쪽 어딘가로, 높은 사막에서 내일 불어올 폭풍의 전조를 볼 수 있는 탁 트인 땅을 향해 떠났으리라는 것을. 그때는 모든 사람이 떠나야 한다는 것을, 계절처럼 바뀌어야 한다는 사실을 몰랐습니다. 변하지 않으면 죽는다는 사실 말이지요. 계절은 내가 계속 변해야 한다는 것을 일깨워주고, 나는 그것이 하나님의 방식임을 알기에 항상 변해가고 싶습니다. 평생 동안 나는 변해왔습니다. 아기에서 아이로 변했고 부드러운 장난감은 가짜 칼이 되었습니다. 십대로 자라나 자동차를 운전했고, 노동자가 되어 돈을 썼습니다. 나는 한 여자를 사랑하는 남편으로, 내 아이를 사랑하는 아버지로 변할 것이고, 물가에서 그리고 다시 산 근처에서 살기 위해, 또 친구들 가까이 살기 위해 집을 바꿀 것입니다. 또 아내와 함께 계속 변화하면서 우리의 사랑도 거듭 죽고 계속 다시 태어나게 할 것입니다. 사계절에 따라 계속 변하는 정원처럼 말입니다. 모든 사람은 변화되어야 합니다. 그렇지 않으면 유통기한이 끝나버리고 맙니다. 우리는 모두 떠나야 합니다. 집을 떠났다 다시 돌아와야 합니다. 그래야 새로운 이유로 다시 자신의 집을 사랑할 수 있습니다.

내 영혼이 변화의 열매를 맺을 수 있도록 비옥하게 가꾸고 싶습니다. 그래야만 내 안에서 많은 것이 태어나고, 또 사라져야 할 때가 되면 사라질 수 있습니다. 나는 조금 전의 나로부터 계속 멀어지기를 바랍니다. 우리 정신은 같은 페이지를 계속 반복해서 읽기보다는 이해를 추구하도록 만들어졌기 때문입니다.

좋은 이야기는 마지막 부분에 가서 등장인물이 처음과는 다른 사람으로 변화됩니다. 내가 인생을 비유할 수 있는 가장 가까운 대상은 책입니다. 마치 모든 일이 한꺼번에 일어나지는 않는다고 여기게끔 우리 정신을 속이려는 듯 한 페이지 한 페이지, 종이 위에 차례대로 펼쳐지는 방식의 책 말이지요.

시간은 당신과 나를 하나의 책으로, 우리가 공유하는 이 작은 장喪으로, 부질없는 한 장면으로 압축해서 우리의 몇 초를 몇 분으로, 또 몇 시간으로 늘입니다. 우리의 예전 모습은 어느덧 사라지고, 앞으로 될 모습은 예전 모습이 됩니다. 이야기는 바로 여기에서 나옵니다. 이야기를 구성하는 것들은 조각낸 철학 사상처럼 우리 발밑에 놓여 있습니다. 나는 가끔 끝없는 하늘을 보면서, 모서리를 찾을 수 없는 우주를 보면서, 이것이 무슨 의미인지 하나님께 여쭤봅니다. 당신은 정말 우리를 압도하기 위해 이 모든 일을 하셨나요? 당신은 정말로 지루함을 타파하기 위해 이 세상이 끊임없이 변하며 톱니바퀴처럼 돌게 하시는 건가요? 하나님, 당신의 영광이 우리의 기분전환이 되지 않게 해주세요. 또 우리가 당신의 영광을 무시하지 않게 해주세요.

한 가지 사실을 발견했는데, 우리는 서른 살이 된 후에야 죽음을 생각하기 시작합니다. 예를 들어 나는 앞날을 상상하면서 한 50년 정도를 내다보며 삽니다. 그런데 얼마 전, 바로 지난해에 내 상상이 너무 앞서갔음을, 50년 후면 내 삶이 이미 끝나 있으리라는 사실을 깨달았습니다. 내가 이 바보 같은 책들을 쓰기 위해 일찍 결혼을 하거나 아이를 낳지도 않고, 학문적 삶은 인간관계와 분리되어야 한다는 거짓말을 믿었다는 생각을 하면 겁이 납니다. 마치 하나님이 우리가 인지적인 사상만 배우기 원하시는 것처럼, 인간의 마음이 영화와 비슷하게 만들어진 것처럼 믿었던 거지요. 하지만 사실은 그렇지 않습니다. 종이 위에 적힌 글만으로 삶을 이해할 수는 없습니다. 삶은 직접 살아내야 합니다. 우리는 자기 머리 바깥으로 나가 사랑에 빠지고, 시를 읊고, 다리에서 강물로 뛰어내리고, 텅 빈 사막에 서서 숨죽인 소리로 소네트를 속삭여야 합니다.

태양이 어떻게 떴는지 말해드리지요.
한 번에 띠가 한 줄씩……

삶은 살아 있는 책입니다. 그 책의 이야기는 수백만 가지 배경에서 펼쳐지며 수십 억 명의 아름다운 등장인물이 나오지만, 당신의 이야기는 거의 끝나갑니다. 당신이 몇 살인지는 중요하지 않습니다. 이야기는 곧 끝날 것이고, 이어서 맺음자막ending credit이 올라가며, 친구들은 당신의 장례식을 마치고 나와 차갑게 가라앉은 침묵 속에서 차를 몰아 집으로 돌아갈 겁니다. 그러고는 화덕에 불을 지피고 포도주를 따르며 예전 당신 모습을 떠올리다가…… 이제는 존재하지 않을 당신 생각에 아픔을 느끼겠지요.
당신의 책은 왼손에 잡힌 부분은 두껍고 오른손으로 잡은 부분의 이야기는 거의 남지 않게 될 것입니다. 당신은 이야기의 흐름이 아니라 남은 페이지를 보고 작가가 책을 마무리 짓고 있음을 알게 되겠지요. 당신은 이야기가 끝나가서 슬프고, 마지막 줄이 들려줄 어떤 아름다움, 길고 힘들게 얻은 결말에 이를 것임을 알기에 천천히 읽어나가고 싶겠지요. 당신은 등장인물들이 누구를 얼마나 사랑하게 되었는지, 그들의 이야기에 수백 페이지를 할당하는 것이 당연시될 만큼 그 감정이 얼마나 진실한지에 관한 이야기가 속삭임처럼, 마지막 숨결처럼 끝나기를 바랍니다.

나는 당신의 이야기에 집을 떠났다가 돌아오는 사연이, 몇 번의 여름과 겨울이, 뛰노는 아이처럼 피어나는 장미꽃이 담겨 있기를 기도합니다. 당신의 이야기에 변화가, 아름다운 것을 태어나게 만드는 이야기가 담겨 있기를 바랍니다. 한 여자나 남자를 사랑하는 법을 배우는 이야기, 아이를 사랑하는 법을 배우는 이야기, 바다와 산속을 돌아다니는 이야기, 친구들의 이야기, 자신보다 남을 더 사랑하는 법을 배우는 이야기, 그리고 하나님을 이해하는 하나의 방법인 하나됨을 배우는 이야기가 담겨 있기를 바랍니다. 당신과 나, 우리는 누구나 한 가지 이야기를 부여받습니다. 그렇습니다. 오직 하나의 이야기지요. 기본 요소와 배경, 절정, 결말은 모두 하나님이 만들어 놓으셨습니다. 그렇다면 용감하게 떠나지 않는 것은 범죄나 마찬가지입니다, 그렇지 않나요?

이제 당신이 떠나야 할 시간일지도 모릅니다. 변화할 시간, 빛날 시간일지도 모릅니다.

당신에게 단 한 마디만 되풀이해서 말하고 싶습니다.

떠나세요.

이 말을 입안에서 굴려 보세요. 정말 아름다운 단어입니다. 그렇지 않은가요? 당신이 항상 원했듯 아주 강하고 힘이 넘치는 말입니다. 당신은 혼자가 아닐 것이며, 결코 혼자였던 적이 없습니다. 걱정하지 마세요. 당신이 돌아왔을 때 모든 것은 여기 그대로 있을 것입니다. 변화되는 것은 당신입니다.

1. 떠남

한밤중에 45번 주간고속도로Interstate Highway에서 바라본 텍사스의 휴스턴은 아름답다. 고속도로를 따라 달리면 도시 중심부가 나오고, 고속도로는 촘촘한 2층 도로가 되어 시내의 4분의 3을 차지하는 마천루를 둘러싼 뒤 북쪽으로는 댈러스, 남쪽으로는 멕시코로 이어진다. 알다시피 휴스턴은 거대한 도시이고 스카이라인은 건축물들과 불빛으로 화려하다. 텍사스 남쪽의 평평한 땅에 갇힌 등대 같다.

오늘밤 휴스턴은 빛나고 있다. 높은 건물마다 불이 켜 있고 도로에는 우리밖에 없다. 은행 전광판은 오전 2시 30분, 섭씨 23도를 번갈아 보여준다. 이 시각 휴스턴은 어딘가 텅 빈 느낌이다. 휴스턴은 대도시이므로 교통량과 소음이 많을 수밖에 없다. 그러나 이곳은 남부이기에 일정 시간이 되면 아무도 따를 사람 없는 거리의 신호등에게 이런 풍경을 내맡긴 채 사람들은 잠자리에 든다. 밤 여행이 제일 좋다. 창문을 통해 따뜻하고 거센 공기가 강물처럼 밀려들어와 머리 위에서 빙빙 돈다. 폴과 나는 말이 없고, 폴의 1971년 형 폭스바겐 캠핑용 밴은 깡통처럼 덜그럭거리며 우리의 생각을 덮어버린다. 우리는 오클라호마를 향해 북쪽으로 달린다. 그 뒤에는 아마 그랜드 캐니언으로 갈 것이다. 그밖에는 돈 떨어지기 전에 오리건에 도착한다는 계획밖에 없다. 우리 둘 다 흥분과 자유를 만끽한다. 반항아의 자유가 아닌 정해진 마감이 없다는 자유. 내일까지 반드시 어디에 가야 한다는 제약은 없다. 꼭 어떤 도로를 타야 하는 것도 아니고, 둘 중 한 명이 설득하면 아마 그랜드 캐니언을 제치고 관심 가는 다른 곳으로 갈 수도 있다. 오늘밤 우리는 진정한 의미의 여행자이며, 최종 목적지만 있을 뿐 딱히 정해진 일정은 없다. 우리는 단지 움직이기 위해 이동할 뿐이다.

여러 친구들에게 우리 계획을 말했지만 거의 아무도 이해하지 못했다. 대부분 "자기를 찾아 떠나는 여행"이라고 해석했다. 하지만 그것이 진짜 목적 같지는 않다. 우리를 만들어가는 것은 경험이다. 우리가 생각하는 기쁨과 두려움, 고통, 아름다움은 시간이 우리를 어떻게 연마하느냐에 따라 날카로워지거나 무뎌진다. 그동안 내 감각이 무뎌졌기에 이번 여행은 감각을 벼리기 위한 노력이다.

"오리건은 눈이 많이 오나?" 내가 바람과 엔진 소리를 이길 만큼 큰 목소리로 폴에게 묻는다.

"중부 오리건에는 겨울마다 몇 미터씩 와. 태평양 쪽은 안 오지만." 그가 손을 뻗어 운전석 사이드미러를 조절하며 말한다.

"거기 도착하면 눈이 남아있을까?"

"아닐걸. 3월이면 거의 다 녹아. 우리는 몇 달 뒤에나 도착할 거야. 산에는 눈이 좀 있을 거야. 가보면 알겠지."

내 마음은 산속을 헤엄치고 있다. 거의 평생 오리건에서 살아온 폴이 오리건의 지형을 말해주었다. 그의 이야기를 듣자 제퍼슨 공원과 쓰리 시스터스Three Sisters: 미국 오리건 주 캐스케이드 산맥에 있는 세 개의 화산 봉우리 — 옮긴이, 크레이터 호수의 광경과 느낌을 알 수 있었다. 멕시코에서 시에라 네바다와 캐스케이드를 지나 캐나다까지 이어지는 퍼시픽 크레스트 트레일Pacific Crest Trail: 멕시코에서 캐나다 국경까지 4,285킬로미터에 달하는 하이킹 코스 — 옮긴이 이 이 모든 풍경을 하나로 엮는다. 오리건에는 농어만 한 송어, 예쁜 여자들이 즐비한 바, 절벽과 맞닿은 넓은 바다, 폭포, 협곡 등 어니스트 헤밍웨이 소설에 등장할 법한 것은 뭐든 있다. 오리건 남자들은 숲속에 살며 수염을 기른다. 폴은 이 말을 할 때 시선을 피하지 않았고 이야기가 전혀 길지도 않았기에 나는 그의 말이 사실임을 알았다.

폴은 몇 달 전 한 친구와 오리건을 떠나 바로 이 밴을 타고 미국을 돌며 여행했다. 폴의 친구는 뉴올리언스에서 어떤 여자를 만나 그곳 거리에서 재즈를 연주하며 남부에서 새로운 삶을 개척해보기로 했다. 폴은 뉴올리언스를 떠나 혼자 휴스턴까지 왔고, 돈이 다 떨어졌다. 그래서 정유소에서 일하면서 유조차 위를 걸어 다니며 밸브가 단단히 닫혔는지 확인하고 저녁이 되면 수직 파이프 사다리를 기어올라가 굴뚝과 노란 빛이 어우러진 풍경을 보고 유황과 소금기와 습기를 들이 마시며 인간이 만든 아름다움을 감상했다. 그러면서도 폴은 다른 여자를 품에 안고 자신이 사랑하는 여자를 떠올리는 남자처럼, 고향을 그리워했다. 어쨌든 폴은 내 친구 프레드를 만났다. 폴은 휴스턴에 몇 달밖에 머물지 않았지만 우리는 그를 우리의 작은 패거리에 받아들였다. 그는 대체로 조용했지만 적당히 부추기면 태평양 연안 북서부에서 살던 이야기, 강 유역과 협곡을 따라 굽이굽이 펼쳐지는 황야 이야기, 숲속에서 사람과 마주쳐도 동상처럼 소심하게 서 있다가 소총을 들면 쏜살같이 달아나는 야생동물 이야기를 해주었다. 이런 얘기를 하다가도 폴은 금세 입을 다물고는 다른 사람에게 이야기를 넘겼다. 바와 여자들과 미식축구 경기 점수밖에는 할 말이 없는 휴스턴 출신의 친구에게 말이다. 나는 폴의 이야기가 네버랜드 이야기처럼 들렸다. 그런 곳에서 온 사람은 이런 도시에 절대 머물지 않는 법이다.

휴스턴은 폴 같은 남자에게 어울리는 곳이 아니다. 그에게는 맞지 않는 도시다. 여기서는 시간이 빨리 흐르고 사람들은 그 시간을 따라잡으려 허둥지둥 애쓴다. 폴은 시간 속에 존재하지만 시간이 어떻게 지나가는지 거의 인식하지 못한다. 나는 습관처럼 십 분에 한 번씩 손목을 들여다보지만 폴은 아마 시계도 없을 것이다. 그는 미니멀리스트였다. 폴에게 필요한 것은 밴에 다 있다. 그의 소지품에는 공구 상자, 캠핑용 스토브, 배낭, 그리고 루이 라무르 Louis L'Amour: 주로 서부 소설을 쓴 미국 작가 — 옮긴이의 책이 열 권 정도 있다. 청바지 한 벌, 반바지 몇 벌, 테니스용 신발이 좌석 뒤에 있겠지만 아마 그 밖에는 지금 입고 있는 옷이 전부일 것이다. 폴은 물건을 쌓아두지 않고도 만족을 얻을 수 있음을 보여 주는 살아 있는 증거다. 나는 헨리 D. 소로의 글을 깊이 읽을 때 그와 비슷한 생각을 했다. 일 년 전 나는 월든 호수를 직접 둘러보며 감상하고 호수 주변을 호젓하게 산책하려고 찾아갔지만 그곳은 교외 주택가로 변해 있었다. 나무들 사이로 들려오는 자동차 소음에 가슴이 아팠다. 사람들은 소로가 고독을 즐기던 땅에 살면서 은행으로, 법률 회사로 일을 하러 보스턴으로 간다. 월든은 지금도 존재하는 걸까. 보스턴에 있는 진짜 월든 얘기가 아니다. 우리가 하나님의 말씀을 자르기 전에 하나님이 말씀하시려던 땅에 대한 이야기다.

폴과 나는 안 지 얼마 되지 않았다. 나와 친구들은 바다에서 인燐, phosphorus이 사라지는 겨울마다 해변의 집을 빌리는데, 프레드가 폴을 그 집으로 데려왔다. 한밤중이면 파도가 밝은 초록색으로 빛나는 텅 빈 해안을 따라 산책할 수 있다. 크리스털 비치 해안에는 불빛 하나 없이 모래언덕을 따라 집들만 흩어져 있다. 칠흑 같은 만灣의 어둠 속에서 유정油井 굴착기가 보인다. 동쪽에서 자연스레 빛을 내는 초록색 파도가 밀려와서 서쪽으로 몇백 미터를 가다가 제 빛에 묻힌다. 그

파도는 북극광에 가까운 빛을 발한다. 젖은 모래를 따라 걸으며 뒤를 돌아보면 발자국이 빛나다가 흐릿해진다. 가장 멀리 있는 발자국이 가장 덜 반짝이고 바로 발밑에 있는 발자국이 가장 활발한 화학작용을 한다. 내 친구 카일이 몇 년 전에 이 현상을 발견한 뒤로 우리는 매년 해변으로 가서 불을 피우고 맥주를 마신다. 그러다 가끔 한 명이 자리에서 일어나 파도치는 바다를 향해 걸어가 자연의 경이로움을 곰곰이 생각해보곤 한다.

내가 도착했을 때 그는 집 들보에서 턱걸이를 하고 있었다. 나는 생각했다. '저 서퍼는 누구지?' 폴은 알맹이는 오리건 사람이지만 겉모습은 캘리포니아 사람이었다. 그는 거친 금발과 여자들이 좋아하는 미소를 지녔다. 또 근육이 탄탄하고 체격은 중간 정도였으며 걸음걸이도 건장하다. 그의 팔은 과도하게 두껍지는 않지만 수영선수처럼 힘 좋고 적당히 굵고 햇볕에 그을려 있었다.

친구들과 안부를 주고받느라 첫날에는 폴과 대화를 나누지 않았다. 밤에 나는 현관에 매어둔 해먹에서 잤다. 해가 뜬 직후 누군가가 카약을 끌고 사구를 넘어 해변으로 가는 소리를 듣고 잠에서 깼다. 폴이 카약을 어깨에 짊어지고 바다까지 50미터 정도를 비틀거리며 걸어가는 모습이 보였다. 그는 바다에 배를 던진 뒤 양날 노를 꺼내더니 몸을 숙여 배 안으로 들어갔다. 폴은 배를 출발시킨 다음 몇 분 동안 쉬엄쉬엄 고요한 만을 따라 미끄러져 나아가며 감을 익혔다. 그러고는 방향을 바꿔 대양을 향해 노를 저어 나아갔고 마침내는 보이지 않았다. 삼십 분 정도 지났는데도 폴은 돌아오지 않았다. 나는 걱정이 돼서 해먹에서 일어나 난간에 기대 내다보았다. 여전히 흔적도 보이지 않았다. 나는 몇 번이나 파도를 폴로 착각한 끝에 마침내 노 젓는 그를 발견했다. 노가 펌프처럼 물밖으로 나왔다가 한쪽이 들어가고 반대쪽이 다시 들어갔다.

그날 밤 우리가 불 앞에 다시 모였을 때 폴은 아침에 카약 탄 이야기를 해주었다. 배를 타다가 돌고래 떼를 발견했는데, 돌고래들이 배 아래를 지그재그로 오가면서 3미터도 채 떨어지지 않은 곳에서 수면 위로 올라왔다가 다시 깊숙이 잠수하며 함께 놀았다고 했다. 폴이 말했다. "꼭 경주라도 하려는 것 같았어. 자동차를 따라서 달리는 개처럼 내 옆에서 헤엄치더라."

그의 위업은 우리의 경탄을 자아냈다. 우리는 폴이 우리 여자 친구들에게 관심 없다는 사실이 확인되자 자동차 여행에 그를 끼워주었다. 폴은 환영받는 친구였고 그의 캠핑 밴은 편리했다. 우리는 주말이면 뉴브라운 펄스와 중부 텍사스까지 갔다 오면서 다리 위에서 소변볼 때만 차를 세웠다. 우리는 항상 고문 같은 고통을 느낄 만큼 소변을 참다가 마침내 강이나 고가도로가 나오면 줄줄이 차에서 내려 난간을 따라 차렷 자세로 서서 하늘을 향해 고개를 쳐들고 안도의 한

숨을 내쉬었다.

　우리는 더 긴 여행에 대해, 밴에서 몇 달 동안 살면서 새로운 사람들을 만나고 한 번도 보지 못한 지역을 발견하면 어떨까 이야기하기 시작했고, 동해안이나 북쪽 오대호로 가는 여행 계획을 세웠다. 또 지도를 하나 사서 남북전쟁 당시 전투 지역들을 잇는 노정을 살펴보았다. 바이블 벨트 기독교세가 강한 미국 남부와 중서부를 이르는 말 — 옮긴이와 플로리다 키스 제도도 생각해봤다. 또 우리가 뉴욕에 간 모습을 상상하면서 실제로 전화를 걸어 뉴욕 양키스 경기 티켓을 문의하기도 했다. 폴과 나는 진지하게 여행을 고려하기 시작했다. 우리는 며칠 동안 인터넷을 검색하거나 도서관에 가서 산과 강과 도시 야경 사진이 실린 잡지를 넘겨보았다. 꿈이 계획으로 바뀌자 다른 친구들은 책임과 안락함을 생각하며 한발 물러섰다. 그들은 불안해했다. 여행을 떠난다는 것은 일을 그만두거나 학교를 한 학기 쉰다는 의미였다. 결국 여행을 떠나겠다는 사람은 폴과 나밖에 남지 않았다.

　우리들의 작별 인사에는 어딘가 영원한 이별 같은 분위기가 있었다. 더욱 실제적인 작별도 있었다. 크리스틴의 마지막 포옹은 다르게 느껴졌다. 그녀와 나의 관계는 이번 여행 때문에 끝이 났다. 나는 크리스틴에게 곧 돌아오겠다는 미적지근한 약속을 받아들이라고 할 수 없었기에 여행을 떠나기

며칠 전에 관계를 끝냈다.

우리는 점잖게 헤어졌다. 마지막으로 만났을 때 크리스틴은 내게 떠나는 이유를 다시 한번 물었다. 나는 여행을 하면서 추억을 쌓고 잠시나마 완전한 자유를 느끼고 싶다고 말했다. 그녀는 이해하지 못했지만 내 설명을 받아들였고, 나에게도 자신에게도 더 좋은 일이 생길 거라고 말했다.

우리 둘이 함께 보낸 시간은 너무나 빨리 끝났다. 친한 친구들끼리 송별회를 열기로 했기 때문에 친구 집으로 가야 했다. 크리스틴과 내가 도착했을 때 폴의 밴은 벌써 와 있었다. 집 안에서 친구들의 말소리가 들려서 문을 두드리지 않고 바로 들어갔다. 익숙한 얼굴들이 가득했다. 폴은 밥, 짐, 카일과 함께 소파에 앉아 있었다. 그는 우리 여정에 대한 질문에 애매하게 답하고 있었다. 티아, 헤더, 커트는 부엌에 서 있었다. 계단에 앉아서 기타를 치던 제러미가 우리를 제일 먼저 봤다.

"한 번도 네가 히피 스타일이라고 생각한 적 없는데 말야." 제러미가 말했다.

"나도 그렇게 생각한 적 없어." 내가 말했다. 제러미가 기타에서 손을 떼더니 나를 향해 내밀었다. 그는 내 손을 단단히 잡고 눈을 맞추며 말했다. "보고 싶을 거야."

"나도 보고 싶을 거야." 내가 대답했다.

우리는 곧 사람들에게 둘러싸였고 크리스틴은 이 순간을 피하려고 부엌으로 슬쩍 자리를 옮겼다. 진지한 작별 인사가 이어졌다. 목소리에는 저마다 상실감이 묻어났다. 물론 스포트라이트를 받는 기분은 좋았다. 우리는 방랑자, 떠돌이, 미국을 보기 위해 길 떠나는 반항아였다. 대화와 웃음, 편지를 쓰겠다는 약속이 오갔다. 프레드는 가죽 끈에 매단 은 십자가를 주었고 댄은 해안경비대 숙소에서 가져온 양모 담요를 주었다. 친구들의 순수한 부러움이 느껴졌다. 우리는 다른 친구들도 같이 가면 좋겠다고 했고, 그들도 가고 싶어 했지만 그들의 젊음은 학교와 직장에 속한 것이었다. 그들에게 우리의 여행은 진부하지만 때로는 진실인 격언을 믿는 것이 두려워 끝내 방치해버린 푸르른 잔디밭이다. 그들의 잔디밭은 시간의 인식과 무게 밑에 억눌린 존재, 그들이 천천히 도피하고 있는 장소, 시간이 지나고 거리가 멀어질수록 점점 더 희미해지는 세상이다. 우리 편지는 머나먼 바다 저편의 유명 인사가 보낸 병 속 편지처럼 도착할 것이다.

차를 타고 조금씩 멀어질수록 마음의 짐은 더 가벼워졌다. 친구들은 집으로 돌아가서 이미 잠들었을 것이다. 우리는 익숙함을 떠나 미지를 향해 가고 있다. 유리로 된 높은 건물들이 사라지고 교외 지역과 컴컴한 쇼핑몰이 등장한다. 우리가 도착한 곳은 휴스턴 중에서도 카우보이의 아들의 아들들이 공동체를 이루고 살면서 주말이면 골프를 치는 지역이다. 그들은 고등학교 시절부터 사귄 애인과 결혼을 하고 말 대신에 볼보 자동차를 탔으며, 반 이상이 정치인을 꿈꾸는 남부 침례교도들이었다.

밴은 천천히 움직인다. 북쪽과 남쪽 차선을 분리하는 콘크리트 분리대의 반사경을 볼 수 있을 정도다. 반사경이 가까워지면 나는 고개를 돌려 우리가 지나갈 때의 하얗고 흐릿한 반짝임을 바라본다.

"이 정도 속도면 다음 겨울은 돼야 북서부에 도착하겠다." 내가 말한다.

폴이 가속 페달에 무게를 싣는다. "이 정도 속도면 겨울까지 휴스턴을 벗어나지도 못할걸."

속도가 느리지만 폴은 나보다 더 마음이 느긋하다. 우리는 시속 80킬로미터로 느릿느릿 움직이고, 고가도로에 올라갈 때면 밴이 퉁퉁거리면서 속도계 바늘이 조금 떨어진다. 조수석에서도 계기판이 보이는데, 주행거리가 달팽이처럼 느릿느릿 올라가고 있다.

폴은 밴에 '길 위의 서랍장'이라는 이름을 붙였는데, 잘 어울린다. 박스형 밴은 정해진 규격을 가까스로 통과할 정도다. 이런 밴들은 1960년대 자동차와 비슷해서, 우드스톡 시대 Woodstock era: 1969년 미국 뉴욕 우드스톡 인근에서 평화와 반전을 주제로 하는 젊은 히피들 중심의 음악축제 우드스톡 페스티벌이 열리던 저항문화운동의 시기 — 편집자를 떠올리게 한다. 도로에서 볼보를 탄 커플들이 우리 차를 지나칠 때면 그들은 서로 눈을 마주보며 과거를 회상한다.

히피들이 왜 이런 밴을 선택했는지 알겠다. 이 밴에서는 네 명이 편히 잘 수 있다 앞좌석 두 개 사이의 판에 누우면 다섯 명까지도 가능하 다. 폴은 자투리 나무로 싱크대를 개조했다. 운전석 바로 뒤 에 있다. 싱크대 뒤에는 접이식 침대가 뒤창과 나란히 놓여 있고 크랭크를 돌리면 지붕의 텐트 같은 장치가 들려 올라가 서 침대가 하나 더 생긴다. 싱크와 접이식 침대 사이 바닥에 는 책 상자가 두 개 있고 싱크 아래 공간에 여러 가지 도구와 식료품이 담긴 상자가 하나 더 있다. 담요 여러 장이 침대 위 에 놓여 있고 우리 배낭은 보조좌석에 기대어 있다. 보조좌 석을 넘으면 쉽게 뒤로 갈 수 있다. 내장재는 검은색의 밀랍 같은 플라스틱과 고무다. 플라스틱이 신소재일 때 만들어진 차라서 요즘 제품보다 더 단단하다. 계기반에는 작동이 잘되 는 스테레오가 매립되어 있고 콘솔에는 환기 조절기 역할을 하는 손잡이가 두 개 있다. 변속기어는 바닥에서 길게 뻗어 나와 있다. 폭스바겐 밴은 엔진이 뒤쪽에 있어서 우리 자리 는 정말 맨 앞이다. 대시보드 너머를 흘깃 보자 헤드라이트 와 앞쪽 범퍼, 그 아래로 미끄러지는 도로가 보인다.

우리 앞에는 주간도로와 고속도로, 시골길이 얽힌 무한한 시스템, 도시와 도시, 주와 주, 홈디포 Home Depot: 미국 가정용 건축 자재 유통회사로 미국 전역에 매장이 있다 — 옮긴이 와 스타벅스를 잇는 일종 의 연결 시스템이 펼쳐져 있다. 우리가 지나는 교차로는 모두 직장과 학교, 집을 잇는 동맥이다. 휴스턴에서 북쪽으로 80킬로미터 이상 구간까지는 주간고속도로 주변에 마을들이 있다. 모든 마을에는 그들만의 세상이 있다. 고등학교 미식축구 경기, 교회 소풍, 보이스카우트 집회 덕분에 삶은 편안한 리듬으로 끊임없이 움직인다. 하지만 오늘밤 소도시들은 그저 이웃에서 이웃으로 이어지는 가로등 무리에 지나지 않는다. 각 동네에는 집들이 있고 집에는 가족이 있으며 얇은 벽을 사이에 두고 조용한 영혼들이 잠들어 있다. 모든 심장은 가장 가까이에서 뛰고 있는 심장에게는 심오한 수수께끼라는 찰스 디킨스의 말이 이해되기 시작한다. 곁을 스쳐 지나는 어두컴컴한 마을을 보고 있노라면 그 마을이 새삼 중요하게 느껴진다. 낮이면 신호등 앞에 차들이 몰려 있지만 오늘밤 두텁고 어두운 도로는 마을과 마을을, 사회경제적 공동체의 이전 모습과 현재 모습을 가른다. 자기 집에서 조용히 자고 있는 수천 명의 사람들, 똑딱똑딱 움직이는 벽시계, 주인의 침대 발치에서 숨 쉬는 개들을 생각하면, 60억 명의 사람들이 60억 개의 다른 배경 속에서 살고 있다는 사실을 생각하면 참 이상하다. 여기 이 집들에는 우리가 모르는 가족들이 살고 있다. 잠들어 있는 무수한 사람, 육신에 깃들어 뼈로 지탱하며 시간 속에 갇힌 그 많은 영혼.

나는 이 신비에 의문을 품어본 적이 거의 없다. 인간은 원자가 모여서 만들어진 크고 서툴고 지적인 동물, 정신과 마음 같은 것을 소유한 복잡한 구조의 동물이다. 얼기설기 서로 얽혀 있으며 효율성을 위해 서로에게 절대적으로 의존하는 물리적 법칙들이 우리 주변을 비밀리에 맴돌고 있다. 그 한가운데에 우리가 존재한다. 우리는 셰익스피어가 말하는 무대 위의 배우, 니체가 말하는 거리의 광인, 세이건이 말하는 우주의 우연이고 하나님이 만드신 자녀들이다.

아마도 내가 휴스턴을 떠나고자 한 이유는 부분적으로 이러한 신비를 이해하고 싶었기 때문일 것이다. 나는 지금까지 무의미한 질문에 대답하려 애쓰느라 나의 삶, 내게 주어진 선물을 낭비했다. 최근에 나는 **방법**에 대한 의문, 즉 **어떻게 하면 돈을 벌까, 어떻게 하면 여자랑 잘까, 어떻게 하면 행복해질까, 어떻게 하면 즐길 수 있을까** 따위 질문보다 더 중요한 질문이 있다고 믿게 되었다. 친구들과 중부 텍사스에 갔을 때 사막의 언덕 꼭대기에 서서 무한한 하늘을, 잉크처럼 새까만 우주 깊숙한 곳을 올려다보았더니 수십 억 개의 별이 허공을 가로질러 아무것도 아닌 곳에서 아무것도 아닌 곳으로 떨어지는 것 같았다. 나는 거기 20분 동안 서 있었다. 그러자 그해에 몇 번인가 그랬던 것처럼 마음속에서 **이유**에 대한 의문이 떠올랐다.

처음에는 그 의문 때문에 덜컥 겁이 났다. 나는 얼마 전부터 하나님을 향한 나의 믿음에, 그리고 일종의 상업적 미국식 영성에 의문을 갖기 시작했다. 내가 의문을 품은 것은 그 전제가 어리석었기 때문이다. **왜**라는 질문이 대두된 적도 있지만, 예전 답은 서구 기독교의 행동 수정 명제에 지나지 않았다. **'아름다움이란 무엇일까?'**라고 물으면, **'성공적인 결혼 생활에는 다섯 가지 열쇠가 있다'**라는 답을 얻는 식이었다. 마치 모든 피조물이 끙끙거리며 고민하는 의문, 균형이 무너진 생화학과 성적 긴장으로 인한 고통을 통하여, 빛과 스모그가 섞여 만들어내는 영광스러운 일몰을 통하여 신음하는 의문에는 아무도 귀 기울이지 않는 것 같았다. 나는 기독교 신앙이 인간의 이야기를 설명하는 진정한 사상이 아니라 인간의 이야기 안에서 만들어진 종교 시스템이라고 믿기 시작했다. 기독교는 정치가들의 노리개, 우리의 깨어진 본성을 제어하기 위한 도덕 체계였다. 종교는 확실히 아름다운 것에서 시작된 듯하지만 지나치게 단순화되고 서구화되었다. 인간의 이야기를 설명하는 것이 정말로 종교 체계**였을지도** 모르지만, 그 신봉자들은 **어떻게**라는 생활 방식을 정당화하기 위해 종교적 설명의 웅장함을 버렸다. 이제 **왜**라는 의문은 파블로프의 개들이 흘린 침 속에 빠져 죽어가고 있는 것 같다. 빠져 죽어가는 것은 교회만이 아니다. 모든 인간성, 적어도 서양의 모든 인간성이 익사하는 중이었다. 마천루와 스포츠 팀, 쇼핑몰과 계획된 마을들, 시시한 정치, 특정한 주방 세제 사용이 희열을 안겨줄 거라고 약속하는 외설적인 미디어. 이 모든 것이 무슨 의미일까? 우리는 둥지를 짓는 동물일까? 아니면 거대한 철창에 든 쥐와 마찬가지여서 다들 본능밖에 생각할 수 없는 걸까? 내 신앙은 단순히 이런 본능 가운데 살아가면서 항상 나를 행복하게 하는 무엇일까, 아니면 인생의 **이유**를 설명하고 **방법**은 부차적인 문제로 만드는 더욱 큰 무엇일까?

흔들리는 것은 신앙만이 아니었다. 개인적으로 품어왔던 신념들이 모두 거짓은 아닐까라는 의문이 들기 시작했다. 나는 내가 운동신경이 별로이며 너무 멍청해서 대학에 가야 한다고 믿었다. 나는 휴스턴 애스트로스가 뉴욕 메츠보다 더 중요한 야구팀이라고 여겼다. 또 50달러짜리 청바지가 30달러짜리보다 더 좋다고 믿었다. 나는 도시의 특정 지역에 살면 다른 지역에 살 때보다 더 중요한 사람이 된다고 여겼다. 그러나 내가 우주를 올려다보았을 때 이런 생각이 진실이라는 과학적 증거는 하나도 없었다. 우주는 내가 멍청하다고 말하지 않았다. 어떤 청바지가 다른 청바지보다 더 좋다고도 얘기하지 않았다. 우주는 단지 저 위에서 돌고 있었다. 오로지 아름다움을 위해, 아름다움을 만들기 위해, 인간의 경박함 따위는 아랑곳하지 않고 말이다. 나는 우주가 좋았다. 정말 좋았다. 우주는 뭔가를, 아마도 인간은 이해하지 못하는 뭔가를 이해하는 것 같았다.

그래서 나는 **어떻게**라는 의문을 **왜**라는 의문으로 바꾸면서 전제가 타당한지 살펴보기 시작했다. 그러나 앞으로 나서서 근거를 제공하는 과학적 뒷받침은 없었다. 모든 생각이 주관적으로 보였다. 한번 주관적으로 보이자 이제 주관적으로 느껴지기 시작했다. 이런 생각들은 나를 우울하게 만들기는커녕 꽤 아름다운 일로 이어졌다. 내가 예쁘지 않다고 무시했던 여자아이들이 사랑스러워 보였고, 그들의 친절한 행동과 깊은 겸손과 부드러움과 여성스러운 면, 그들의 참된 모습을 더 이상 상업적 선동이나 거짓말과 비교하지 않았다. 내가 어떤 생각을 이해하지 못해도 스스로 멍청하다고 자책하지 않았다. 물론 우주가 똑똑한 사람보다 멍청한 사람이 더 가치 있다고 말하는 것 같지는 않았다. 게다가 청바지 가격은 훨씬 싸졌다.

고백하건대 나는 삶이란 더 큰 것이라고, 내가 세운 가정보다 더 크다고 믿고 싶었다. 저 우주 아래에 펼쳐진 텍사스의 사막에서, 수십 억 개의 별과 칠흑같이 새까만 영겁의 무無라는 우산 밑 그 언덕 꼭대기에서, 나는 생각하기 시작했다. 삶이란 내 생각과는 다른 것 아닐까, 사람이 발견할 수 있는, 그리하여 삶의 **이유**에 붙들릴 수 있는 그런 극한의 아름다움이 존재하는 것은 아닐까. 나는 아름다움이 어떤 의미가 있다고 믿고 싶었고, 하나님이 자기 계발을 설파하시는 임시 연단에서 내려오셔서 영원토록 중요하고 지적이고 의미 있는 말씀을 해주시기를, 앵무새처럼 되풀이되는 세제 광고 대사보다 더 의미 있는 말씀을 해주시기를 바랐다. 나는 하나님이 자유시장경제보다 더 크신 존재이기를, 1 + 1 쿠폰보다 더 크

신 분이기를, 우리가 가진 종교 사상보다 더 크신 분이기를
바랐다.

"벌써 지쳤어, 폴?" 폴이 지친 듯이 운전대를 잡고 있다.

"지친 지 좀 됐어."

"다음에 세울까? 나 화장실도 가야 되니까 그때 운전 교대
하자."

30킬로미터 정도 지나자 휴게소 표지판이 보인다. 폴이
속도를 줄이고 휴게소 입구로 내려가 나무들을 지나 주차장
으로 들어간다. 길쭉한 공간에 트랙터 트레일러가 열두 대쯤
세워져 있다. 우리는 트레일러를 지나 화장실 근처에 차를
세운다. 폴이 엔진을 *끄*자 즉시 귀뚜라미 수백 만 마리의 노
랫소리가 우리를 에워싼다. 텍사스의 정적은 이런 것이다.
나는 몸을 젖혀 등을 쭉 편다. 우리는 밴에서 내려 자동차 여
행에 지친 몸으로 느릿느릿 화장실을 향해 걸어간다.

"다리 쓰는 법을 까먹은 것 같아." 폴이 과장되게 비틀비
틀 걸어가며 말한다.

"아마 한 발을 다른 발 앞에 내딛는 게 맞을걸. 진짜 이상
하지만 말이야." 내가 농담을 한다.

기온이 떨어지고 축축한 습기가 땅을 적신다. 어리석은 풍
뎅이들이 시*끄*러운 소리를 내며 휴게소 벽에 비친 빛을 향해
재빨리 돌진한다. 날개를 다친 풍뎅이 한 마리가 보도에 떨

어져 안간힘을 쓴다. 나는 부츠 신은 발로 벌레를 밟으면서 나 자신에게 하듯 부드럽게 말했다. "네 모든 의문이 이제 해답을 찾았어."

묵직한 화장실 문을 밀자 악취가 덮친다.

"이 사람들 진짜 버터 좀 먹어야 된다니까." 폴이 말한다.

우리 둘 다 숨을 참았지만, 화장실 온기와 바닥 습기 속에서 우리를 둘러싸고 바지 입은 다리를 스치듯 악취가 느껴진다.

나는 폴보다 먼저 화장실 밖으로 나와 수면 위로 올라온 다이버처럼 공기를 들이마신다. 그런 다음 잔디밭을 가로질러 피크닉 테이블에 앉아 몸을 젖히고 등을 편다. 이곳 별들은 더 멀고 흐릿하다. 드문드문 무리 지은 별들은 흐리고 눅눅한 회색 어둠에 둘러싸여 있다. 다른 무리보다 더 하얀 몇몇 무리는 이제 보니 구름이다. 구름은 반짝이는 별들을 한 번에 하나씩 삼키면서 천천히 움직인다.

휴스턴에서 댈러스로 이어지는 도로는 빅 티켓the big thicket: 텍사스 주 남동부의 산림 지역 — 옮긴이을 관통한다. 우리는 키 큰 소나무 울타리에 둘러싸여 있다. 잔디밭에는 소나무 잎과 흩어진 옥수수들이 두껍게 깔려 있다. 그 뒤로는 도로와 휴게소, 휴게소 입구와 출구로 사방이 둘러싸인 나무들이 섬처럼 서 있다. 앞쪽 주차장 건너편의 어둑어둑 그늘진 빽빽한 숲은 아마도 내커도치스 카운티까지 뻗어 있을 것이다. 귀뚜라미들의 합창을 제외하면 조용하고 잔잔하며, 트럭 운전수들은 트럭에서 잠들어 있고, 휴게소는 고요하고 평화롭다.

"여기서 한숨 잘까?" 폴이 묻는다.

네 시간 이상 달렸지만 속도는 느렸다. 시간이 많이 지났지만 쉴 만큼 충분히 전진하지 못했다. 나는 폴에게 댈러스를 지나 어쩌면 오클라호마까지 운전할 수 있을 거라고 말한다. "내가 운전할 테니까 넌 침대 펴고 자." 내가 제안한다.

"좋아." 폴이 등을 꼿꼿이 펴고 별 목적 없이 피크닉 테이블 주변을 어슬렁거리며 말한다. 청바지는 색이 바래고 무릎 부분이 해졌다. 꼭 콘크리트 혼합기에 넣었다 뺀 것 같다. 바지 다리 안쪽 찢어진 부분에 빨간색 무늬 천을 덧대어 기운 게 눈에 띈다. "그거 손수건이야? 청바지에 손수건을 덧댔어?"

폴이 방어적으로 나를 본다. "내가 제일 아끼는 청바지란 말이야."

"직접 한 거야?" 내가 묻는다.

"응. 왜?"

"아니, 그냥 궁금해서. 그뿐이야."

폴이 테이블로 돌아와 앉는다. 잠시 침묵이 흐르고, 내가 말을 꺼낸다. "폴."

"응."

"궁금해서 그러는데, 여행하다 보면 날이 추워질 텐데, 나도 퀼트나 뭐 그런 거, 목도리 같은 거 만들어줄 수 있나 해서. 너 뜨개질도 하냐?"

폴이 내 말을 무시한다. 나는 하늘을 올려다보며 별을 찾는다. "되게 추워질 텐데, 난 바느질을 전혀 못 하거든."

"농담은 그 정도로 해둬라." 폴이 테이블로 걸어오더니 나를 밀고 자리에 앉는다. 나는 테이블 의자에서 내려와 젖은 풀밭에 앉는다. 바닥은 차갑지만 밴에서 꼼짝도 못하고 있었던 터라 오히려 상쾌하다. 폴이 주머니에서 파이프를 꺼내 엄지손가락으로 담배를 꾹꾹 눌러 담는다. 그러고는 아버지에게서 받았다는 라이터를 꺼낸다. 할아버지가 물려주셨다는 군용 라이터다. 폴이 파이프에 불을 붙이자 목화처럼 하얀 연기가 피어오르고 아몬드와 꽃향기가 잔디밭을 건너 저 뒤 밴으로 흘러간다.

고속도로에서는 바다 같은 소리가 난다. 멀리서 트럭들이 웅웅거리며 다가왔다가 으르렁거리는 엔진이 우리 바로 앞 고속도로를 통과한 뒤 댈러스 쪽으로 희미하게 사라진다. 전조등 한 쌍이 탐조등처럼 숲을 훑으며 지나가고 세미 트레일러 한 대가 천천히 휴게소로 들어오더니 끼익 브레이크 소리를 내고 쉭쉭거리더니 휴게소 멀리 구석에 멈춰선다.

전조등이 꺼지자 다시 어두워진다.

"이제 출발해야겠다." 풀밭에 누운 채 내가 말한다.

"나 막 잠들려던 참인데. 운전할 수 있겠어?" 폴이 말한다.

"괜찮을 거야." 내가 자리에서 일어나 등에 묻은 풀잎을 털어내며 말한다.

폴이 옆문을 열고 침대를 펴더니 매트리스 위에 누운 뒤 발로 문을 닫는다. 내가 운전석에 타자 폴의 부츠가 앞좌석 사이 공간으로 떨어지는 소리가 들린다. 나는 잠시 가만히 앉아서 우리가 어디로 가고 있는지 생각한다. 댈러스, 오클라호마, 애리조나, 그다음은 모른다. 애리조나와 오리건 사이 어디쯤이겠지.

클러치페달은 거의 저항하지 않는다. 나는 발 무게만으로 클러치를 꽉 밟아 고정한다. 기어를 중립에 놓고 시동을 걸려고 애쓴다. 나는 몇 번 시도하다가 포기한다. 시동이 걸리지 않는다. 휘발유를 펌핑한 다음 다시 시도한다. 그래도 안 된다. 내가 전에 타던 낡은 닷선 Datsun: 닛산 자동차에서 만드는 차 모델명 — 옮긴이도 비슷한 문제가 있었다. 시동을 걸려고 할 때마다 카뷰레터가 넘쳤다. 나는 닷선에 시동을 켤 때 어떻게 했었는지 떠올리고서 가속페달을 몇 초 동안 밟아 카뷰레터를 비운 다음 다시 시동을 켠다. 키를 돌리자 즉시 엔진 작동 소리가 들린다. 나는 기어를 중립에 놓고 앞뒤로 움직여본다. 기어를 후진에 놓자 클러치가 부릉부릉 소리를 내고, 후진으로 주차장을 빠져나가자 엔진이 휘파람 소리를 내면서 탁탁거린다. 천천히 진입로에 들어선다. 가속페달이 바닥에 닿을 만큼 깊숙이 밟아도 힘이 솟지 않는다. 밴은 무기력하고 낡은 느낌이다. 쉭쉭 소리를 내는 밸브는 규칙적이고 빠른 템포로 딸깍거린다. 우리는 거북이처럼, 엄청 무거운 차를 끌고 가는 세미 트레일러처럼 느릿느릿 고속도로에 진입한다. 운전석 쪽 와이퍼에 날개가 커다랗고 피가 노란 벌레가 끼어 있다. 한쪽 날개는 바람에 흔들리지만 한쪽 날개는 거의 움직이지 않는다. 와이퍼 자체에 낀 것 같다. 조수석에서는 못 봤다.

주간고속도로는 야트막하고 긴 언덕을 가로지른다. 멀리서 외로운 트럭의 붉은 후미등이 빛을 내며 언덕을 올라갔다 내려갈 때마다 사라졌다가 다시 나타난다. 전조등 불빛이 흐릿한 도로를 유령처럼 비추고 흰색 차선이 멀리서부터 천천히 전조등 빛 안으로 들어온 다음 점점 빨리 다가오더니 레이저처럼 쏜살같이 사라진다. 당당한 소나무들이 신중하고 의심스러운 듯 거리를 유지하면서 왼쪽 오른쪽에서 미끄러져 지나간다. 공기가 차가워져서 나는 차창을 반쯤 올린다.

밤 여행에는 낮에는 없는 위안이 있다. 낮은 환하고 공개적이다. 태양 아래에서 주유소, 공장, 숲이 모두 살아난다. 하지만 밤은 모든 것을 덮는다. 마치 우리가 명상하고 반성할 수 있도록 대낮의 걱정거리들을 천으로 덮어 기억 속으로 쏟아붓는 것과 같다. 가끔 그러듯이, 오늘이 끝나서 결코 오늘을 다시 살 수 없다는 생각, 우리는 하루하루를 합친 것에 지나지 않으며 모든 날을 다 써버리고 나면 이 장소와 시간, 이 사람들과 이 빛깔이 다시 돌아오지 않으리라는 상념에 잠긴다. 이런 생각을 하면서 기뻐해야 할지 슬퍼해야 할지, 이 시간을 축복처럼 즐겨야 할 시간으로 믿어야 하는지 아닌지 모르겠다.

오늘밤은 생각할 게 많은 느낌이다. 우리에게 주어진 것과 우리가 남기고 온 것이 참 많은 것 같다. 자유의 향기는 차창을 통해 들어오는 바람처럼 상쾌하다. 그리고 시간 자체가 어둠에 가려져 있다는 느낌이 든다.

2. 고원지대

유리창으로 들어온 햇살이 캠핑 밴 뒷좌석을 비춘다. 나는 침낭 속으로 더 깊숙이 미끄러져 들어간다. 고치처럼 따뜻한 침낭 속에서 베개를 움직여 햇빛을 가린다. 멀리서 아이들이 웃는 소리가 들린다. 나는 잠에서 덜 깬 채 여기가 어디일지 생각한다. 총 든 남자들에게 말을 타고 쫓기는 꿈이 너무나 생생했지만 점점 흐릿해진다. 모든 게 진짜 같았다. 이제 여기는 안전하다는 느낌이 서서히 돌아온다.

"돈." 숨죽인 목소리가 조용히 말한다.

나는 말없이 누워 있다.

"어이, 돈. 야, 아침 아홉 시야."

내 상상 속의 목소리인지 진짜 누군가 말을 하고 있는 건지 모르겠다.

"돈, 깼어?"

껍데기 속 거북이처럼 침낭 밖으로 머리를 내밀며 눈을 떠 보니 늦은 아침 해가 환하다. 한층 옅어진 햇살 뒤로 빛이 또 밀려와 나는 다시 눈을 감는다.

"응, 일어났어." 나는 베개로 눈을 가린다. 폴은 고개를 돌려 머리를 천장에 바짝 대고 앉아서 부츠를 신는 중이다.

"지금 몇 시야?" 베개 때문에 내 목소리는 눌려서 나오고 고약한 입 냄새가 면에 흡수된다.

"아홉 시. 밤에 운전 얼마나 했어?" 폴이 묻는다.

"댈러스에 거의 다 왔어. 도착은 못 했지만 거의 다 온 것 같아."

나는 다시 침낭 속으로 미끄러져 들어가 밝은 아침 해를 두고 의미 없는 말을 중얼거린다. 어젯밤 자꾸 눈이 몇 초씩 감겨서 차를 세웠다.

"이제 내가 운전할게." 폴이 말한다. "좀 더 잘래?"

"나 일어났어." 나는 몸을 굴려 베개에 얼굴을 묻으며 대답한다.

폴이 침대에서 나와 앞좌석 사이로 지나간다. "금방 올게. 화장실 좀 가야겠다." 자동차 문이 열렸다 닫히니 주변이 갑자기 조용해진다. 침낭 밖으로 고개를 내밀자 인도를 따라 화장실로 걸어가는 폴이 보인다. 뒤창 밖으로 레저용 자동차의 전조등이 눈에 띈다. 높다랗고 서로 멀찍이 떨어진 전조등은 도로를 달리느라 갈색 먼지가 묻어 있다. 우리 차랑 너무 가까이 서 있어서 유리창만 없으면 발을 뻗어 닿을 것 같다. 작은 휴게소는 어젯밤에 생각한 것보다 더 소박해 보인다. 어제는 덤불숲인 줄 알았던 것이 사실은 띄엄띄엄 서 있는 관목과 묘목 몇 그루였다. 휴게소라기보다는 도로변 쉼터에 가깝다. 화장실과 피크닉 테이블이 있고, 녹슨 막대 두 개에 매달린 쓰레기통에 커다란 쓰레기봉투가 아무렇게나 걸려 있다. 나는 자세를 바꿔 옆으로 누워 등을 쭉 편다. 목 아래로는 여전히 침낭 속에 싸인 채 먼지 가득한 창문 너머를 바라본다. 게으른 아침 햇살 속에서 이리저리 흔들리고 떠다니다가 떨어지는 먼지들을 햇빛이 반짝반짝 비춘다. 각양각색의 자동차들이 빠르고 흐릿하게 지나간다. 하품을 하자 차 안 공기가 탁하게 느껴진다.

창밖 뒤쪽 어딘가에서 아이들이 웃는다. 시야 끝에 아이들의 작은 몸이 보인다. 몸을 뒤척여 뒤로 돌자 빨강머리 아이 두 명이 창문을 통해 나를 빤히 보는 중이다. 내가 갑자기 몸을 뒤집어서 깜짝 놀란 아이들이 뒷걸음질 치다가 갑자기 웃음을 터뜨리더니 입을 가리고 둘이서 바짝 붙어 선다. 남자애와 여자애. 남매 같다. 유리창에 비친 나는 수염이 거뭇거뭇하고 헝클어진 모습이다. 굵은 머리카락은 얼어붙은 파도처럼 앞쪽이 쭈뼛 서 있다. 다시 두 아이에게로 시선을 내리자 아이들이 또 한 번 낄낄거린다. 여자아이가 용감하게 한 발 다가와서 창을 두드린다. 나는 히피가 된 것처럼 두 손가락을 들어 올려 피스 사인을 만들어 보인다. 또 다시 웃음이 터져 나오고, 얼굴이 빨개진 아이들은 나를 빤히 보지도 못하고 힐끔힐끔 쳐다보다가 숨차 하면서 서로 더 바짝 붙어 선다. 미소를 짓지 않을 수 없다. 갑자기 어떤 여자 두 명이 다가오자 아이들은 서로 찰싹 붙어서 레저용 자동차 뒤로 사라진다.

여행을 시작한 지 하루밖에 되지 않았지만 집은 바다 건너 저 멀리 있는 것 같다. 손목시계가 부츠 안에서 똑딱거린다. 시계는 필요 없다. 늦을 일이 없으니까. 커피숍이나 사무실에서 기분이 상해 나를 기다리는 친구도 없다. 내 주변을 둘러싸고 있던 사람들은 이제 나 없이도 잘 지낸다. 나는 댈러스 남쪽에서 캠핑 밴에 앉아 어딘지도 모르는 곳으로 향하고 있다. 정말이지 기분이 좋다. 물론 이렇게 좋은 기분이 오래 갈까 싶기는 하다. 좋은 일이 생기면 나는 꼭 이런 생각을 한다. 기쁨을 관에 가둬버리면 어떨까. 내가 너무 분석적인가. 하지만 이제 더 이상 삶에 대해 생각하고 싶지 않다. 그냥 삶을 살고 싶다.

때때로 **왜**라는 질문은 던지지 않고 인생의 **어떻게**만 알고 싶어 하는 사람들을 보면 감탄이 나온다. 어떻게 하면 돈을 많이 벌까, 어떻게 하면 아내를 얻을까, 어떻게 하면 행복해질까 같은 질문들 말이다. 잘 생각해보면 **왜**라는 길을 택하면 돌아오는 것이 없다. 우리는 왜 여기 있는가? 왜 이런 감정을 느끼는가? 왜 어떤 것을 갈망하고, 어떤 것을 필요로 하고, 어떤 것을 싫어하는가? 전에 《캘빈과 홉스》라는 만화를 본 적이 있다. 캘빈의 담임선생님이 반 아이들에게 숙제를 내라고 했는데 캘빈이 손을 들고 왜 우리가 존재하느냐고 물었다. 선생님은 캘빈에게 말 돌리지 말고 숙제를 제출하라면서 그게 무슨 대수냐고 대답할 뿐이었다. 캘빈은 의자에 기대어 앉아서 자기 질문에 대한 답이, 숙제를 내는지 마는지가 중요한지를 결정한다고 중얼거렸다. 이게 바로 내가 하려는 말의 요점이다. 뒤의 질문이 중요한지 아닌지 결정하기 전에 앞의 질문에 대답해야 한다는 것이다. 즉, **어떻게**라는 질문이 중요한지 아닌지를 결정하는 것은 **왜**라는 질문이다. 그렇기에 나는 **왜**라는 질문에 대해 생각하지 않는 사람들을 보면서 감탄하는 것이다. 그들은 직업을, 커다란 집을, 예쁜 아내를 얻고 자신이 하고 싶은 일을 하면서 그것이 다른 무엇과 연결되어 있지 않은지, 그들의 **왜**가 그들의 **어떻게**를 정당화하는지 묻지 않기 때문이다.

내가 이런 생각을 하고 있을 때 폴이 문을 연다. "일어났어, 돈?"

"응, 일어났어."

폴이 차에 올라타고 몸을 약간 움직여 좌석을 당긴 다음 키를 돌리자 엔진이 몇 번 천천히 돌더니 크고 불안정한 시동음을 낸다. 엔진은 잠시 돌다가 멈춘다. 나는 손을 뻗어 부츠를 집어서 좌석 사이로 던진 뒤 침대에서 조수석으로 내려간다. 폴은 키를 만지작거리며 계속 시동을 걸고, 나는 좁은 공간에서 부츠를 신느라 애를 먹는다.

내가 폴에게 카뷰레터 비우는 법을 가르쳐 주려는데 밴이 갑자기 출발한다. 폴이 페달을 밟자 엔진이 불편한 비명을 지르며 분당 회전수RPM 4,000에서 멈춘다. 폴은 잠깐 멈췄다가 페달에서 발을 떼고 다시 시동을 건다. 차갑게 식어서 잠자던 쇠붙이들이 삐걱거리며 부딪히더니 기분이 언짢은 늙은 개처럼 으르렁거리며 깨어난다. 보통은 밤새 쉬고 있던 엔진의 속도를 급하게 올리면 안 되지만 이 밴처럼 낡은 고물은 그렇게 하지 않으면 깨울 방법이 없다. 카뷰레터에 휘발유를 유입한 다음 점화해야 한다.

"기름은 얼마나 있어?" 내가 묻는다.

폴이 계기판을 보며 말한다. "4분의 1 정도 남았어. 곧 넣어야 되겠다."

"휘발유 넣으면서 커피도 마시면 되겠네."

폴이 그러자는 듯 고개를 끄덕이고 밴을 아주 천천히, 겨우 몇 센티미터 정도 후진시킨 뒤 다시 전진하더니 양팔로 핸들을 끌어안고 양손을 겹친 자세로 바로 앞에 세워진 자동차 범퍼와 좁은 간격을 두고 빠져나온다.

달리는 자동차 앞창에서 빛이 날카롭게 반사된다. 회색 아스팔트의 줄무늬와 양방향의 두 차선을 나누는 것은 가장자리에 늘어선 풀과 나무들이다. 축 처진 가지를 늘어뜨린 수양버들이 가벼운 산들바람에 살살 흔들리며 땅을 쓸고, 그 너머에는 별다른 형태가 없는 구름들이 밝은 하늘에 낮게 깔려 있다. 댈러스까지 75킬로미터 남았다고 알려주는 표지판에 빛이 반사되어 나는 눈을 가늘게 뜬다.

남쪽을 보니 대도시가 가까이 있음을 알려주는 산업 지대가 보이지 않는다. 우리는 곧 언덕 꼭대기에 도착할 것이고 그 밑으로는 새로운 남부를 웅장하게 보여주는 고속도로와 공장, 높다란 건물들로 완성된 현대적인 스카이라인이 펼쳐질 것이다. 댈러스는 텍사스 주의 시애틀이자 예전의 시카고다. 이 유망한 도시를 건설한 것은 어떤 특정한 사람이 아니다. 걸프 해안에서 허리케인이 불어와서 수레국화텍사스 주의 주화 — 옮긴이 밭에 유리와 강철을 비처럼 내려 댈러스를 만들었다. 이런 댈러스는 참 이상한 도시다. 거대하고, 공화당을 지지하며, 복음주의적인 도시여서 술도 못 마시고, 여자들은 수요일에 검정색 옷을 입고 데이트를 하며, 삶의 목표는 자기 아버지처럼, 또 아버지의 아버지처럼 컨트리클럽에 가입하는 것이다. 산도 바다도 멀리 떨어진 곳에 도시를 건설하면 물질만능주의와 전통적인 종교가 생기는 법이다. 다들 시간은 넘쳐나고 영감은 부족하다.

언덕으로 올라가자 도시는 내가 기억하는 모습 그대로 자랑스럽게 우쭐대고 온갖 움직임으로 부산하게, 늦은 아침 햇살 속에서 반짝이며 거기 서 있다. 저 멀리 고속도로에 자동차가 줄지어 서서 앞뒤로 딱 붙은 채 천천히, 마치 끝없이 이어지는 열차처럼 움직인다. 고속도로는 교외를 관통하여 공원과 축구장들, 일렬로 늘어선 쇼핑몰과 쇼핑몰, 또 쇼핑몰을 지나 도시 한가운데까지 직선으로 뻗어 있다. 텍사스 주가 가진 게 하나 있다면 바로 땅이다. 건물을 높고 **빽빽하게** 지을 필요가 없다. 다들 1에이커 _{약 4,000제곱미터; 1,200평}씩은 가지고 있다. 사람들은 각자 거주할 땅 1에이커, 일할 땅 1에이커, 주차할 땅 1에이커, 또 추가로 필요할 경우 쓸 땅 1에이커씩을 가지고 있다. 다들 멀찍이 떨어져 있기 때문에 직장으로 출근하거나 가게에 가려면 차를 타고 한 시간씩 가야 한다. 우주를 제외하면 이 '외로운 별의 주'_{텍사스 주의 별칭 — 옮긴이}만큼 큰 곳은 없기 때문에 어떤 공간도 아끼지 않는다.

텍사스 주는 세상에 하나밖에 없고, 텍사스 사람들에게 그 이상은 필요 없다. 텍사스는 미국이라는 나라 안의 또 다른 나라이며 여기 사람들은 약속의 땅을 찾았다고 생각한다. 사업가들은 천 달러쯤 되는 양복을 입고 만 달러쯤 하는 카우보이모자를 쓴다. 그들은 커다란 킹캡 트럭을 몰아 사무실로 출근하고 아내들은 SUV 차량에 아이들을 잔뜩 태우고 학교와 밴드 연습, 축구 연습, 치어리더 연습 등을 하러 돌아다닌다. 자동차 뒤에는 '마이클, 플라노 축구 팀' '미셸, 레드먼드 치어리더'라고 쓴 작은 흰색 스티커를 붙인 채 무슨 정치적 성명처럼 자녀들의 업적을 홍보하면서, 아이들에게 정말로 중요한 것, 아빠가 정말로 사랑하는 것은 바로 '뭔가를 하는 것'이라고 가르친다. 자녀들을 향해 마치 교통 체증에 걸린 생판 모르는 남한테 자랑할 만한 것을 달라고 말하는 것 같다. 정말 대단하다. 우리 어머니에게는 '방랑자'나 '늦잠꾸러기'라고 적힌 스티커를 보내야겠다. 라디오를 켜자 한 방송에서 디제이가 멕시코인들이 국경을 넘어오지 못하게 막아야 한다고 부르짖고 공동진행자는 뒤에서 '공화국 전투 찬가'를 흥얼거린다. 이어서 역사 수업 때 알라모 요새에서 멕시코 군에 맞서 장렬히 전사한 이들이 보여준 위대한 영광에 대해 배웠던 것이 생각난다. 주파수를 돌리자 로버트 얼킨Robert Earl Keen: 텍사스 주 출신 미국 가수 — 옮긴이의 노래가 나온다. 그러자 이 모든 공허한 자부심이 만들어내는 게 하나 있다면, 이 너른 텍사스 땅에서 수확되는 작물이 하나 있다면, 그것은 바로 좋은 노래라는 생각이 떠오른다. 나는 텍사스 음악보다 더 좋은 음악은 없다고 생각한다. 지금 라디오에서 노래하는 로버트 킨은 텍사스 A&M 대학교에서 라일 로벳Lyle Lovett: 미국의 컨트리송 가수이자 작곡가 겸 배우 — 편집자과 같은 방을 썼다. 두 사람은 기숙사 건너편 루터교 교회에서 사람들이 몰려나올 때 속옷 바람으로 현관에 앉아 노래하곤 했는데, 그러면 여자들은 고개를 푹 숙인 채 아스팔트만 보며 차를 향해 걸어갔고 남자들은 이 보기 흉한 콘서트를 비웃으면서 아이들의 눈을 가렸다. 내가 라디오 채널을 그대로 놔두자 폴이 편한 자세로 앉아서 손을 뻗어 음량을 높인다. 로버트 얼 킨 주니어의 부드럽고 생각에 잠긴 듯한 목소리가 기타소리와 어우러지면서 〈돌아올 수 없는 길〉이 흘러나온다.

하지만 매번 새로 떠오르는 태양은

황금만큼이나 훌륭하고

당신 마음속 모든 희망은

당신을 추위에서 지켜주네

영혼을 드러내고 정신을 불태워요

돌아올 수 없는 길을 따라서

이제 대도시 풍경을 뒤로 하고 농장 지대로 들어서서 느리지만 확실하게 오클라호마를 향해 나아간다. 도시를 지나서 기쁘다. 나는 농촌의 느릿한 속도가 좋다. 농촌 사람들은 작물이 자라기를 기다리지만 작물은 날 때가 되어야 나지 나오라고 한다고 나지는 않는다. 작물은 느릿느릿 자라기 때문에 몇 달이 지나도 보이지 않는다. 작물은 고작 몇 센티미터 아래 땅 속에서 자궁 속 태아처럼 자기만의 시간을 들여 자란다. 아무리 바란다 해도 작물이 더 빨리 자라게 할 수는 없다.

오늘은 어제보다 공기가 차다. 북쪽에서 온 저 구름들이 곧 이곳을 지날 것이다. 아마도 이 계절의 마지막일 저 한랭전선은 텍사스 주를 뒤덮는 깊고 푸른 하늘만 남기고 흘러갈 것이다. 차가운 기온 덕분에 공기가 상쾌하다. 이 모든 것이 내가 살아 있다고, 내가 무언가 경험하고 있다고, 작물에게 일어나는 것과 비슷한 일이 내게도 일어나고 있다고 알려준다. 작물은 몇 달 동안이나 땅 밑에서 모양을 갖추며 토양 속

요소들로 만들어진다. 흙 속의 작은 옥수수 이삭이, 자궁 속 태아가, 아무런 설명도 없이, 뚜렷한 이유나 목적도 없이 만들어진다. 그것들은 그저 죽어서 흙으로 돌아가고, 악천후처럼 우주를 뱅뱅 돈다. 나도, 폴도, 내 가족과 친구들도, 우리 모두 그저 태어나고 자라고 죽는다.

믿음 없는 사람들이 어느 날 아침 눈을 뜨고 일어나 갑자기 **왜**라는 질문을 던지는 것은 어떤 기분일까? 내가 서부 텍사스의 산속에서 그랬던 것처럼 말이다. 고통과 괴로움을 설명하기란, 주관성이라는 틀만으로 아름다움과 의미와 목적을 설명하기란 어려울 것 같다. 이런 생각을 하면서 더글러스 코플랜드 Douglas Coupland: 캐나다의 소설가 — 옮긴이의 책을 떠올린다. 동화책처럼 운율을 맞춘 이름을 가진 등장인물들은 방황하면서 뭔가 좋은 일이 일어나기를 바라지만, 성형수술이 잘못 되거나, 약에 중독되거나, 항상, 언제나 바로 코앞에서 기다리고 있는 우울증이 틈을 찾아 밀고 들어오기 때문에 좋은 일은 절대로 일어나지 않는다. 이야기는 원래 "오래오래 행복하게 살았습니다"로 끝나야 하는 법이지만, 이런 일들은 주인공들의 귀에 그들이 원치 않는 냉혹한 사실을 속삭인다. 그리고 솔직히 말해서 내가 결국 그렇게 된다면, 내 기독교 신앙, 나의 미국 신앙이 가짜이고 그 뒤에 아무것도 없으며 내가 진실하고 진정한 것을 향해 나아가게 해주지도 않는다는 사실을 깨닫는다면, 나 역시 길 잃은 사람들의 대열에 합류하여 우주를 올려다보며 왜라고 묻겠지. 그러면 우주는 그 질문을 되돌려주듯 그 드넓고 검은 어깨를 으쓱하기만 하는 것이 아닐까 싶다.

왜라는 질문을 할 능력은 있지만 대답을 찾지 못한다면 삶은 그저 재활원처럼 느껴질 것이다.

때로 집을 떠나야만 어려운 질문을 할 수 있으며 우리가 자란 방, 우리가 태어난 도시에서는 절대 질문이 떠오르지 않는다는 사실은 참 흥미롭다. 익숙한 장소에서는 어려운 질문이 떠오르지 않는다는 것, 몇 걸음 물러나서 새로운 시각으로 보아야만 우리에게 일어나고 있는 그 어떤 일도 정상적이지 않다는 사실을 깨닫는다는 것은 참 우습다.

당신과 나의 문제는 우리에게 일어나고 있는 일에 익숙해졌다는 것이다. 우리는 땅속의 낟알처럼 자라나서 우리의 삶을 살지만 우리가 어떻게 만들어졌는지 그 수수께끼는 절대 풀지 못한다. 잠깐 생각해보자. 우리가 아기로 태어나는 게 아니라 완전히 발달한 두뇌를 가진 인간으로 이 땅에 와서 분자상의 경험이 한꺼번에 모조리 일어난다면 우리는 경험에 인지적으로 반응하지 못할 것이다. 하지만 우리는 아기로 태어나서 말하는 법과 변기에 오줌 누는 법을 배워야 했기에 이 모든 것이 정상이라고 생각한다. 하지만 그건 정상이 아니다. 그 어떤 것도 정상은 아니다. 모든 것이 이상하지 않은가? 우리 머리에 달린 눈, 다섯 손가락이 달린 손, 아름다움을 이해하는 능력, 사랑을 감지하고 고통을 느끼는 능력, 이 모든 것이 말이다.

만약 내가 믿음을 잃는다면, 즉 인간의 경험에 대한 형이상학적 설명을 버린다면, 과학 때문은 아닐 것이다. 얼마 전에 스티븐 호킹의 강연을 들었다. 난 우리가 태어난 이유와 죽는 이유가 무엇이며 그것이 무슨 의미인지 스티븐 호킹의 생각이 궁금했지만, 강연이 끝난 후 남은 것은 우리 존재의 근원에 대한 대답이 외계인일 가능성이 있다는 짧막한 언급밖에 없었다. 그렇다고 스티븐 호킹이 틀렸다는 말은 아니다. 나는 그의 두뇌가 뛰어나다는 사실을 알고, 그가 지금까지 우주 물리학에 대해서 많은 것을 설명했다는 점도 안다. 하지만 나는 형이상학적 설명에 맞서는 과학적 설명이 무엇인지 궁금해서 강연을 들으러 갔는데 남은 것은 외계인밖에 없었다.

스티븐 호킹은 손가락 딱 하나밖에 움직이지 못한다. 나머지 육신은 축 늘어져 있다. 그에게는 서던캘리포니아 대학교에서 만든 컴퓨터가 있어서 손가락으로 문장으로 만들 수 있고, 휠체어 밑에 스피커가 있기 때문에 버튼을 누르면 입력한 문장이 스피커를 통해서 흘러나온다. 강의실에 북적북적 사람들이 모이자 그가 무대 위로 나와서 청중을 향해 휠체어를 돌린 다음 전선으로 가득한 의자에 축 늘어진 쌀자루처럼 미동도 없이 조용히 앉아 있었다. 강의실에 정적이 흘렀다. 그의 컴퓨터에서 자동 응답기 같은 환영 인사가 흘러나온 뒤

긴 침묵이 흘렀다. 한 문장이 나온 다음 정적이 흐르고, 다음 문장이 나온 다음 또 정적이 흐르고, 또 다음 문장이 들렸다. 각 문장은 블랙홀과 초끈 이론, 시간 여행, 그리고 물론 외계인에 대한 새로운 지식을 조금씩 알려주었다. 고백하건대 나는 깜짝 놀랐다. 그때까지 내가 생각해본 우주에 대한 이론은 두 가지였는데 하나는 하나님이 말씀하시자 우주가 생겨났다는, 어렸을 때 교회에서 들었던 구식 이론이었다. 다른 하나는 일련의 우연한 일들이 일어나서 우주가 생겨났는데, 그것들은 무에서 시작되었고 아무 의미도 없었으며 결국 아무것도 아니라는 이론이었다. 나는 하나님의 숨결에서 우주가 태어났다는 이론에 동의했지만, 우연이라는 이론이 마음을 묵직하게 누르기 시작했다. 그것은 우리 존재에 대한 설명이자 철학적 자살의 동기였으며, 무의미한 **어떻게**를 떠받치는 불완전하고 썩은 **왜**였다. 그리고 이를 설명하기 위해 우리 시대의 가장 위대한 물리학자, 순전히 기억에만 의존해서 75페이지 분량의 이론을 말할 수 있는 사람이 바로 그 자리에 있었다. 블랙홀 입구에서 물질이 나타내는 반응을 대부분 밝혀내고 설명한 사람, 아인슈타인에 필적하는 과학자이며 우리의 우주는 우리보다 진보한 외계인이 수십 억 년 전에 심어진 우주의 씨앗을 발동시켜 생겨났을지도 모른다고 설명하는 사람.

우리가 아는 것이 물 한 방울이라면 모르는 것은 대양이다. 그렇기에 우리는 아직도 동화 같은 설명을 시도하고 있다. 그러니까 내 말은, 과학 역시 **이유**를 제시하지 못한다는 얘기다. 즉, 지금까지 나온 이론들 중에서 하나의 **이유**를 믿는다는 것은 ^{주관적인 이유가 아니라 객관적인 이유 말이다,} 신 아니면 외계인에 대한 이론을 믿어야 한다는 뜻이다. 하지만 우리의 몸이 양식을 필요로 하듯 정신은 **이유**를 필요로 한다.

"도대체 무슨 생각을 하는 거야?" 폴이 묻는다.

"뭐라고?" 내가 대답한다.

"대시보드만 멍하니 보고 있잖아." 폴이 미소를 짓는다. 나를 한참 지켜 보았던 모양이다.

"그냥 넋 놓고 있었나봐." 나는 의자 깊숙이 앉아서 창틀에 팔을 걸치고 손을 오므려 바람을 느끼면서 원소들과 보이지 않는 바람의 신비에 대해, 보이지는 않지만 바로 거기 존재하며 일제히 내 손바닥을 미는 힘에 대해 생각한다.

"벌써 향수병이야?" 폴이 묻는다.

나는 방어적인 미소를 짓는다. "그런 거 아냐. 그러려면 좀 더 있어야지."

"그럼 무슨 생각하는데? 좀 슬퍼 보이는 것 같기도 하고."

"아무 생각도 안 했어, 폴."

"진짜?"

"진짜야." 내가 말한다.

밴은 천천히, 평소보다 더 느리게 움직인다. 우리는 지나온 여정에서 가장 높은 언덕을 오르고 있다. 텍사스 땅덩어리는 지도의 빈자리가 너무 좁다는 듯 웅크리고 있느라 가장자리가 불룩 솟아 있다. 도로는 곧고 좁았고, 언덕 정상까지 높이는 적어도 400미터는 된다. 주간고속도로 갓길이 천천히 지나간다. 갓길 위 회색 자갈과 초록색 깨진 유리를 명확하게 구분할 수 있을 정도다.

"내려서 밀까?" 내가 묻는다.

폴이 자리에 앉은 채 몸을 앞뒤로 흔들기 시작한다. 그의 무게 때문에 밴이 흔들린다. 나는 양손을 대시보드에 올리고서 한껏 힘쓰는 사람처럼 이마를 찡그리고 이를 악문 채 미는 시늉을 한다. 폴이 속도계를 내려다본다.

"소용없어. 시속 68킬로미터밖에 안 돼!"

나는 등을 기대고 앉아 부츠 신은 발을 대시보드에 올린다. 그런 다음 다시 이를 악물고 이마를 찡그리며 민다. 나는 계속 밀면서 지친 목소리로 좀 빨라졌느냐고 묻는다.

"야, 좋지 않아." 폴은 낙담한 것 같다. "56킬로미터까지 내려갔어."

나는 발을 내리고 몸을 기울여 계기판을 본다. "왜 그런 거 같아?"

"왜긴 왜야, 이 고물 같은 밴 때문이지. 안내서에 이런 말은 없었는데." 그가 말한다.

"쓸모없는 세일즈맨들 같으니." 내가 덧붙인다.

"동력이 전혀 없어." 폴이 설명한다. "출발하기 전에 밸브를 손봤어야 하는 건데."

언덕을 느릿느릿 기어오르고 있는데 왼쪽에서 트럭 두 대와 레저용 차량 한 대가 굉음을 내며 순식간에 지나간다. 꼭대기에 올라서 보니 도로는 협곡으로 내려갔다가 나무들 사이로 다시 올라가 더 큰 언덕을 향해 4차선으로 뻗어 있다.

"내리막길에서는 속도 좀 내야겠다." 속삭임보다 조금 더 큰 소리로, 폴이 아니라 밴에게 들으라는 듯 내가 말한다.

폴이 가속페달을 꾹 밟자 밴이 속도를 내기 시작한다. 그는 속도가 8킬로미터씩 빨라진다고 알려준다. 시속 48킬로미터로 달리던 좀전에 비하니 시속 80킬로미터가 140킬로미터 같다. 밴은 덜컹덜컹 끙끙거리면서 갑자기 힘이 솟은 노인처럼 내리막길을 만끽한다. 우리 차는 짐짓 뽐을 내면서 떨리는 바늘을 88킬로미터로, 다시 96킬로미터로 올리더니 100킬로미터에서 멈춘다. 굉음을 내며 언덕 밑을 지난 다음 다시 오르막길을 오르기 시작하자 밴은 다시 느려진다. 폴과 나는 이제 몸을 흔들지도, 미는 척하지도 않는다. 몇 초 전까지만 해도 재밌는 장난이었지만 이젠 재미가 없어졌다. 우리는 거북이처럼 올라갔다가 토끼처럼 내려오고 다시 거북이처럼 오르면서 다섯 개쯤 되는 언덕을 지난다. 언덕을 오를 때마다 우리는 말할 힘도 없을 만큼 풀이 죽는다. 폴은 말이 아닌 행동으로 걱정을 드러낸다. 손은 운전대를 꽉 쥐고 약간 주름 진 눈은 찌푸린 채 정오의 지평선을 향하고 있다. 여기가 아니라 다른 어딘가에 있기를 바라는 듯.

한 시간가량 고생 끝에 오클라호마에 도착한다. 폴과 나는 밴 문제에 정신이 팔려서 환영 인사가 적힌 표지판을 봐도 아무 느낌도 없다. 원래라면 표지판을 보고 "야호" 소리를 지르거나 몸을 흔들면서 별로 정확하지도 않은 오클라호마 뮤지컬 노래를 흥얼거렸겠지만 현재 상황 탓에 흥이 나지 않는다.

나는 30분 전에 나눈 대화를 떠올리며 폴에게 차를 잠시 세우고 밸브를 손봐야 할지 묻는다.

"음, 엔진이 식을 때까지 기다려야 해. 그러려면 몇 시간은 걸릴 텐데, 생각할수록 진짜 밸브 문제인지 확신이 안 서. 카뷰레터 때문일지도 몰라. 휘발유가 충분히 공급이 안 되는 것 같아. 페달을 밟을 때 느낌이 거의 안 와." 폴은 이렇게 말하면서 가속페달을 꾸욱 밟지만 추력이 전혀 생기지 않는다. 우리는 언덕 하나를 더 넘고 나서 다음 언덕을 오르기 시작한다. 언덕은 정말 길다. 내려갈 때는 몇 분밖에 안 걸리지만 올라갈 때는 20분쯤 걸린다. 보통 속도로 달리면 도로가 작고 좁아 보이지만 우리가 탄 굼뜬 밴에서 본 도로는 갓길이 널찍하고 차로도 넓고 차선은 길고 멀리 떨어져 있다. 밴의 속도는 어이없게도 시속 37킬로미터까지 떨어진다.

우리는 언덕에서 커브를 돌다가 작은 가게를 발견하고 먼지가 자욱한 노변 주차장에 차를 세운다. 낡은 픽업트럭이 몇 대 서 있다. 폴은 엔진을 끄고 앉아서 엔진이 식는 소리에 귀를 기울인다. 폴이 말없이 밴에서 내리고 내가 뒤따라 내린다. 가게를 향해 걸어가는데 두 청년이 사탕이 가득 든 작은 종이봉투들과 차가운 콜라 한 병씩을 들고 나온다. 그들이 우리 밴을 흘깃 보더니 말을 건다.

"어디서 오셨어요?"

두 사람이 친근하게 흥미를 드러내자 폴은 약간 놀라서 부드럽고 얌전한 목소리로 대답한다. "휴스턴이요."

질문을 던진 청년이 친구 쪽으로 몸을 기울이더니 두 사람이 동시에 입을 연다.

"여기 제시가 휴스턴에 간 적 있는데……."

"나 거기 간 적 있는데……." 한 청년이 말한다. "삼촌이 거기 계셔서 크리스마스 때 갔었어요. 대도시죠."

제시라는 청년이 말을 마치기도 전에 친구가 말한다. "난 댈러스에 가봤어요. 그 근처 식스 플래그Six Flags: 일종의 놀이동산 — 옮긴이도 가봤고요. 밴에서 잠도 자요?" 두 사람이 밴 쪽으로 걸어가더니 깜짝 놀라며 바라본다. 이름 모를 청년이 우리가 질문에 답하기도 전에 다시 말한다. "벤 보넘 아저씨도 이런 밴이 하나 있었는데 팔고 승용차를 샀죠."

제시가 어린애처럼 우쭐대면서 아니라고 말한다. "아니야, 벤 아저씨 아직 그거 갖고 계셔. 차가 두 대야. 승용차랑 밴이랑."

"파셨다니까. 한 대밖에 없어. 내기해도 좋아."

"아니야, 아직 갖고 계신다니까. 이틀 전에 봤어."

두 청년은 주차장을 가로질러 점점 멀어지더니 뒤쪽 숲으로 걸어가는 내내 벤 아저씨와 그의 자동차에 대해서, 우리 것과 똑같은 밴이 있는지 없는지 얘기한다. 폴이 나를 보며 어깨를 으쓱하고, 우리는 가게로 걸어 들어간다. 가게 내부의 흐릿한 불빛에 눈이 천천히 적응하는 동안 잠시 사방이 회색으로 뒤덮여 보인다. 카운터와 그 뒤에 선 여자를 지나 더 안쪽으로 들어가자 주변이 점점 또렷해지기 시작한다. 편의점 겸 식품점이었는데 선반은 전부 반쯤 비고 어수선하다. 마룻바닥에 오래된 먼지가 한 꺼풀 덮여 있고 사료 가게 같은 냄새가 난다. 우리는 짧은 복도를 걸어서 칩과 캔디를 지나 스티로폼 냉각 용기가 놓인 끝 진열대를 돈 다음 다시 고양이 사료와 아스피린 놓인 진열대를 지나 카운터의 여자에게 돌아온다.

"뭐 찾으세요?" 여자가 묻는다.

"아, 네. 카뷰레터 세척제 찾는데요." 내가 대답한다.

"자동차 용품은 뒤쪽에 있어요." 그녀가 내 어깨 너머를 가리키며 말한다.

뒤로 돌아가자 엔진오일과 소나무향 공기 청정제 샘플들이 보인다. 펑크 난 타이어를 때울 때 쓰는 픽서플랫이 한 캔 있지만 카뷰레터 세척제는 없다. 붉은 얼굴에 체크무늬 셔츠를 입고 카운터에 서서 줄곧 여자랑 얘기 나누던 남자가 문 쪽으로 걸어가더니 환한 빛을 받으며 주차된 차들을 내다본다. "저기 저 밴에 문제가 생긴 거요?"

폴이 복도를 지나 남자에게 걸어가면서 대답한다. "네, 카뷰레터가 문제인 거 같아서요."

"증상이 뭔데요?" 붉은 얼굴 남자가 묻는다.

"오르막 오를 때 힘이 없어요. 시속 40킬로미터 정도까지 떨어져요."

카운터 뒤 여자가 체크무늬 셔츠 남자에게 큰 소리로 말한다. "오늘 마이클 존슨네 가게 안 열었지?"

"어디 갔어. 화요일이나 돼야 와." 남자가 여자 쪽으로 고개도 돌리지 않고 밴을 빤히 보면서, 이쑤시개로 이를 쑤시며 대답한다. 그는 마른 데다가 평생 밭에서 일해서 그런지 햇볕과 비바람을 많이 쐰 모습이다. 그의 회갈색 얼굴을 비추는 햇빛 때문에 십 년은 더 늙어 보인다.

"벤 보넘이 도와줄 수 있을지도 모르겠군. 아마 집에 있을 거요."

여자가 문득 생각난 듯 끼어들면서 남자 말에 맞장구친다. "맞다, 벤 아저씨가 도와줄 수 있을 거예요. 저런 밴에 대해서는 모르는 게 없으니까. 비슷한 차가 한 대 있었거든요."

"그 사람이 저런 건 마이클 존슨만큼이나 잘 고치니까. 저기 도로를 따라 조금만 더 가면 돼요."

"그분이 가게를 하시나요?" 내가 남자에게 물어보면서 여자도 대화에 끼우려고 눈으로는 여자를 본다. 두 사람이 동시에 입을 열지만 여자가 말을 멈추고 남자가 대답하게 놔둔다. "집에서 일하지. 저기 고속도로에서 조금만 더 가면 돼요." 남자가 입에 물고 있던 이쑤시개를 빼들고 손짓으로 대충 길 건너 옆길 쪽을 가리키면서 가는 길을 설명하기 시작한다. 그런 뒤 이쑤시개를 다시 입에 물고 카운터로 가자 여자가 종이와 연필을 건네준다. 남자가 뭔가를 적으면서 설명하기 시작한다.

"길을 건넌 뒤에 대그 로드를 따라 가요. 바로 저기가 대그 로드요." 그가 연필로 문 바로 앞 먼지가 자욱한 도로와 포석이 깔린 길 건너편을 가리킨다. "대그 로드를 따라서 미들랜드까지 가요. 표지판은 없지만 대그 로드가 거기서 끝나니까 가보면 알 겁니다……."

남자는 이런 식으로 한참 설명하면서 거리 이름을 전부 꼼꼼하게 적어준다. 설명이 끝나자 폴이 고맙다고 인사한다. 우리가 악수를 청하자 체크셔츠 남자가 조심스럽고 남자답게 손을 맞잡고 흔들며 작별 인사를 한다. 우리는 밴에 다시 올라서 주차장을 천천히 가로지른 다음 덜컹덜컹 마른 먼지를 일으키며 거칠게 출발한다.

고속도로 옆에 찍은 점처럼 작은 이 마을은 이동식 주택과 픽업트럭으로 가득하다. 울타리와 색깔만 빼면 트레일러들은 다 똑같다. 돈 있는 집은 간이 차고와 울타리 같은 것을 만들어서 타이어나 트레일러 연결부를 가렸다. 폴은 군데군데 움푹 패고 흙과 조개껍데기가 깔린 긴 도로를 따라 길을 찾아간다. 마침내 벤 보넘의 집처럼 보이는 곳에 도착했다. 그의 트레일러는 마을 끝에 있다. 트레일러가 놓인 땅은 앞쪽이 높고 뒤로는 사람이 판 연못과 철사처럼 빳빳한 산딸기 덤불과 숲이 있다. 트레일러와 연못 사이에는 커다란 공구 창고가 있고 문에는 낡고 녹슨 연장들이 걸려 있다.

진입로에 들어서자 키 큰 잡초에 둘러싸인 채 버려진 폭스바겐 밴이 보인다. 폴이 씩 웃고 나는 누군가에게 사탕 한 개를 빚지는 법에 대해 얘기한다. 트레일러 앞에는 바닥부터 천장까지 연결된 가림막과 얇은 유리문으로 사방이 막힌 돌출 현관이 있다. 벤 보넘의 밴 말고는 자동차가 없기 때문에 집에 아무도 없는 건 아닐까 하는 생각이 든다.

낯선 사람에게 자기 문제를 떠넘기는 건 불편한 일이다. 의사와 변호사, 정비공들은 늘 공짜로 조언을 좀 해달라거나 일을 해달라는 부탁에 시달린다. 우리가 얼마나 한심한 상태인지는 우리 표정에 고스란히 드러난다. 상대방이 앞장서기를 기다릴 때 으레 그렇듯이 불편하고 짧은 정적이 흐른다. 폴이 앞장서고 내가 뒤따라서 유리문을 지나 포치로 들어간다. 그가 문을 두드리자 안에서 어수선한 소리가 들린다. 우리가 한발 물러서자 문이 열렸다가 다시 당겨지고 어두운 틈새만 남는다. 흐릿한 틈새로 통통한 여자의 그림자가 비친다.

"네?" 그녀의 목소리는 조용하고 은밀하다.

앞에 선 폴이 대화를 시작한다. "벤 보넘 씨 댁인가요, 부인?"

"제 남편인데요."

"마을 분들 말씀이 보넘 씨가 우리 밴을 고쳐주실 수 있을 거라고 하더군요. 저희는 지나가는 길인데, 마을 정비공이 지금 안 계시다고 해서요."

문이 조금 더 열리더니 친근하고 통통하고 나이든 목소리의 주인공이 얼굴을 내민다. "벤은 지금 외출 중인데, 곧 올 거예요. 어디서 왔어요?"

내가 폴 옆으로 가서 대화에 끼어든다. "휴스턴에서 그랜드 캐니언으로 가는 길이에요."

우리는 그랜드 캐니언에 대해 잠시 대화를 나눈다. 그녀는 그랜드 캐니언에 두 번 가봤는데, 한 번은 아이들이 어렸을 때 남편과 함께였고 한 번은 바로 3년 전이라고 한다. 잠시라도 정적이 흐르면 곧 다른 이야기나 그랜드 캐니언에 대한 사소한 이야기, 그녀의 그랜드 캐니언 여행 이야기가 나왔기 때문에 대화는 전혀 막히지 않는다. 몇 분 뒤 케이트 보넘이 아직 문간에 서 있는데 기다란 60년대 캐딜락이 와서 우리 밴 뒤에 선다. 케이트가 부드러운 미소를 짓는 것을 보니 벤이 온 모양이다. 그녀는 트레일러로 다시 들어간다.

우리는 밴 뒤로 가서 벤 보넘을 만난다. 우리 문제가 뭔지 내가 설명한다. 무척 친절하고 자신감 넘치는 벤이 캐딜락 후드에 외투와 도시락 통을 놓고 우리 밴의 엔진실을 연다. 기름때와 시간이 물든 그의 손은 최소한 여든 살은 되어 보인다.

"나도 이런 게 하나 있었지. 몇 년 전에 은퇴시켰지만, 달릴 땐 참 좋아했어. 트랙터가 뒤집혔을 때 밴으로 그걸 세우려다가 피스톤을 날려 먹었지. 자네들 문제는 뭔가?"

폴과 나는 아무 말 없이 일흔다섯 살 노인이 트랙터를 몰다가 폭스바겐 밴에 타서 트랙터를 세우려는 모습을 상상하려 애쓴다.

"자네들 문제가 뭐냐고."

폴이 몽상을 떨쳐내고 딴생각한 것을 벌충하려는 듯이 얼른 대답한다. "힘이 없어요. 오르막길에서 시속 40킬로미터 정도밖에 속력이 안 나요. 밸브 문제가 아닌가 싶은데……." 폴이 말을 마치기도 전에 벤이 끼어든다.

"밸브 문제라면 그렇지는 않아. 휘발유 문제야. 카뷰레터 때문인 거 같군." 벤이 길고 더러운 소매를 걷고 후드 밑으로 고개를 숙여 엔진을 본다. 그는 땅딸막해서 낮은 엔진실로 몸을 숙이기에 유리하다. 기다란 멜빵바지가 앞굽에 철을 댄 부츠 굽까지 내려온다. "이런 이중 카뷰레터는 손본 적이 없는데. 단일 카뷰레터로 바꿀 수 있는 장비가 있는 거 아냐? 내 것도 그렇게 고쳤었는데, 확실히 훨씬 더 낫더군."

"그건 몰랐네요." 폴이 주머니에 손을 넣고 벤의 어깨 너머로 그가 전선을 흔들어서 팽팽하게 잡아 빼는 것을 보면서 대답한다.

"가속페달을 밟을 때 퉁퉁 소리가 나던가?"

폴이 질문을 받고 머뭇머뭇 생각하다가 부드럽고 조심스럽게, 벤의 귓가에 말한다. "맞아요. 그게 문제예요."

벤이 장난스럽게 나에게 명령을 내린다. "시동 걸어봐, 젊은이."

나는 운전석으로 돌아가서 신호를 기다렸다가 키를 돌린다. 페달을 밟지 않았기 때문에 엔진이 맹렬하고 시끄럽게 돈다. 벤이 레버를 놓자 소리가 죽는다. "다시 걸어보게." 엔진실로 고개를 숙이고 있어서 그의 목소리는 무언가에 막힌 것처럼 희미하게 들린다. 고개를 돌려보니 폴이 손짓으로 밴에 시동을 걸라는 신호를 보낸다. 벤이 뒤에서 분당 회전수를 다시 조절하자 엔진이 시끄럽고 불규칙적으로 그렁거린다. 그가 가속장치에서 손을 떼자 엔진이 죽는다.

"여기 연결 부품이 빠졌네." 벤이 폴에게 오른쪽 카뷰레터의 레버를 보여준다. 리프트의 구멍 두 개가 비어 있다. "지금까지 카뷰레터 하나로 운행한 거야. 자 여기 보게……." 벤이 오른손으로 레버를 잡은 채 옆으로 비켜선다. "……이게 이쪽에 연결돼야 가속페달에서 힘을 받아서 캬뷰레터에 휘발유를 공급해주거든. 캬뷰레터 하나로 어떻게 시속 40킬로미터나 냈는지 신기하군." 문제가 간단하다는 걸 알고 마음이 놓인 듯한 폴이 몸을 굽혀 레버를 당긴다. 벤 아저씨가 우리 밴 뒤로 사라지더니 멀리서 다시 모습을 드러내고 연장 창고 쪽으로 걸어간다. 그런 다음 작은 전선 조각을 가지고 돌아온다. "좀 비켜 보게." 폴이 비키자 벤이 능숙한 손놀림으로 철사를 꼬아서 두 레버를 연결한다. 벤이 신호를 보내서 내가 시동을 걸고 가속페달을 밟자 밴이 이중 캬뷰레터가 작동하는 큰 소리를 낸다.

"내가 듣기로는 고쳐진 것 같은데. 이제 된 것 같네."

마침내 벤 아저씨가 선언하자 우리는 고맙다고 인사하면서 돈을 내겠다고 말한다. 그는 아무것도 한 게 없다며 화제를 돌려 아까 못 했던 자기소개를 한다. 우리가 어디에서 와서 어디로 가는 중인지 말하자 아저씨는 그랜드 캐니언에 두 번 여행 갔던 이야기를 또 해준다. 한 번은 오래 전 아이들과 함께 갔고 한 번은 바로 몇 년 전에 아내와 개를 데리고 갔는데, 개는 지난달에 트럭에 치어 죽어서 지금은 없단다. 베어라는 이름의 착한 개였는데, 다리는 처음부터 세 개밖에 없었다.

"자네들도 그랜드 캐니언이 마음에 들 걸세. 진짜 대단하지. 협곡 자체만도 깊은데 강까지 있으니 말이야! 맨 아래까지는 한 번도 안 가봤지만 그림엽서로 봤는데, 콜로라도 강이 가로질러서 흐르거든. 배를 타고 갈 수도 있지. 비디오에서 봤어. 자네들은 내려가 볼 건가?"

"그러려고요." 내가 대답한다. "상황 봐서 정하려고요. 아, 주소 알려주세요, 그랜드 캐니언에 도착하면 엽서 보내드릴게요."

"그러지." 벤 아저씨가 미소 지으며 대답하더니 헐떡이면서 종이와 연필을 가지러 트레일러로 간다. 그는 쓸모없는 우편물에서 찢어낸 편지봉투 조각과 뭉툭한 연필을 들고 돌아온다. 폴과 나는 말없이 서서 벤이 봉투에 인쇄된 이름과 주소 옆에 똑같은 이름과 주소를 적는 모습을 지켜본다. 크리스마스 날의 아이들처럼 그의 눈이 반짝반짝 빛난다. 벤이 나에게 봉투를 건네고 엽서를 보내기로 한 약속을 확인한다. "그림엽서면 좋겠군. 케이트랑 나는 그랜드 캐니언이 정말 마음에 들었거든."

"벤 아저씨, 정말 돈 안 받으실 거예요?" 폴이 묻는다. "저희한테 정말 큰일을 해주셨는데요."

"얼른들 가보게. 난 이제 좀 씻어야겠으니. 나한테서 노새 같은 냄새가 나는군. 그러면 케이트가 싫어하거든." 그는 여전히 함박웃음을 띠고서 닭들을 울타리 안으로 몰듯 손을 저어 우리를 쫓아낸다. 폴은 벤 아저씨의 눈을 마주본 다음 뒤

돌아 걸어간다. 나는 조수석 문을 닫고 손가락 세 개를 들어서 흔들며 빙긋 웃는다. 폴이 후진해서 진입로를 빠져나와 황폐한 풀밭 위 벤의 자동차 옆을 지나친다. 벤 아저씨가 포치 안 유리문을 통해 우리를 지켜보다가 아직 자기 쪽을 바라보고 있는 내게 손을 흔든다.

우리는 먼지가 자욱한 거리로 다시 나와서 주간고속도로로 이어지는 도로에 들어선다. "벤 아저씨는 정말 멋지게 사시는 것 같아, 그치?" 1분 정도 침묵 끝에 폴이 말한다. 나는 그렇다고 고개를 끄덕이면서 차창을 내려 신선한 바람을 쐰다.

"온종일 일한 다음 사랑하는 사람이 있는 집으로 돌아오는 것. 그보다 더 나은 삶은 없겠지." 폴이 말한다.

3. 살얼음

우리는 다시 빨라진 속도에 감사하면서 이쪽저쪽 언덕에 불을 놓으며 사그라드는 태양을 향해 달린다. 지는 해 때문에 구름은 강렬한 줄무늬 빛을 띠고, 길쭉한 나무들은 침대 위 잠옷처럼 도로에 그림자를 드리운다. 오클라호마는 밤이 가장 아름답다.

우리의 대화는 벤 보넘 아저씨에 대한 칭찬으로 시작해서 석양으로 넘어갔다가 침묵으로 바뀐다. 붉은 흙먼지가 자욱한 도로를 지날 때마다 조수석 창밖으로 녹지가 흐릿하게 보였다 안 보였다 한다. 나는 숲과 언덕과 그 사이를 가로지르는 이 도로 너머에 존재하는 삶에 초점을 맞춘다. 거기에는 숲으로 둘러싸인 작은 집이 있고 한 남자가 불 앞에 앉아서 전에 읽었으며 앞으로도 또 읽을 책의 책장을 넘긴다. 지쳐서 꾸벅꾸벅 졸고 있는 그는 한참 전부터 책을 읽고 있지 않지만 시선은 여전히 책에 적힌 말들을 어루만진다. 창밖 어스름한 저녁 빛과 난로의 온기가 남자를 감싸 잠으로 이끌고, 그는 내일 아침 무릎에 책을 덮은 채 잠들어 있는 자신을 발견하게 될 것이다. 나는 또 통나무집에서 몇 킬로미터 떨어진 곳, 저녁 식탁에 둘러앉아 기도드리는 가족을 상상한다. 일 때문에 여기저기 돌아다니던 남편이 집으로 돌아와서 아내는 기쁘다. 더 가까이, 아마도 우리가 달리고 있는 주간고속도로 근방 저 아래 구불구불한 언덕에 3월을 펼쳐놓은 단풍나무와 소나무 사이사이 먼지 자욱한 도로 근처 집에서는 어린 소녀가 책상 앞에 앉아서 제 마음을 앗아간 소년에게 편지를 쓴다. 그리고 내 차창 바로 옆에서는 도로를 따라 이어진 전화선을 타고 수십만 개의 목소리가 흘러간다. 목소리는 상대방에게 즉각 전달되고, 그 목소리를 듣는 상대방 역시 집에서 집으로, 사무실에서 사무실로 먼 거리를 이어주는 전선과 어깨가 널찍한 전신주를 믿고 제 대답을 그들에게 맡긴다.

이제 언덕이 태양을 서서히 삼키고, 왼쪽과 오른쪽 널찍한 공간에는 구름만 남아서 피처럼 붉은 빛과 후광이 남는다. 동쪽으로는 어둠과 그림자밖에 없다. 우리 차의 전조등이 다가오는 도로를 부드럽게 누른다.

밴에 기본으로 장착된 오디오에는 CD 플레이어가 없지만 카세트 플레이어는 있다. 나는 조수석 서랍에서 카세트테이프를 몇 개 찾아냈다. 나는 속으로 좋아하는 카세트테이프를 가져오지 않은 자신을 책망하면서 쓸모없는 보험증서와 부품 영수증들 틈에서 카세트테이프를 찾는다.

"레너드 스키너드 Lynyrd Skynyrd: 〈스위트 홈 앨라배마〉라는 노래를 불렀다 ─ 옮긴이라고?" 내가 큰 소리로 묻는다.

"스키너드보다 나은 건 없어." 폴이 항변한다.

"충분히 많을걸."

그밖에도 U2의 〈조슈아 트리〉와 조지 윈스턴이라는 테이프가 있다. "조지 윈스턴이 누구야?" 내가 묻는다.

"피아니스트."

"그럼 클래식?"

"그건 아니고, 그냥 말랑말랑한 곡이야. 모과이 Mogwai: 1995년에 결성된 스코틀랜드의 록 밴드 ─ 편집자에서 전자악기랑 타악기를 뺀 거라고 생각하면 돼."

"모과이에서 음악을 뺐다는 뜻이군."

폴이 싱글싱글 웃는다. "믿어봐. 좋다니까."

음악은 삶의 사운드트랙이다. 음악이 없는 자동차 여행은 용서가 안 된다. 지금은 제임스 테일러 James Taylor: 미국의 싱어송라이터가 어울리는 순간인데, 우리에게는 모과이 비슷한 음악을 하고 싶어 하는 피아노 연주자와 앨라배마가 사랑스러운 고향이라고 생각하는 남부 펑크 밴드밖에 없다. 귀에 쏙쏙 들어오지만 별 의미는 없다. 생각을 하게 만드는, 차분하고 절박한 음악이 필요하다. 바로 지금은 라일 로벳이 딱이다. 이런 여행의 배경음악으로는 존 고르카 John Gorka: 미국의 현대 포크 뮤지션나 클렘 스나이드 Clem Snide: 미국의 얼터너티브 컨트리록 밴드 ─ 이상 편집자가 어울릴 것이다. 하지만 셋 다 없는 지금, 시끄러운 것 다음으로 좋은 것은 정적이기 때문에 나는 아무것도 듣지 않기로 한다.

오늘밤의 정적은 도로와 타이어, 엔진과 바람이다. 너무나 차분하고 풍성하며 서로 잘 어울린다. 밴 아래쪽 덜컹거리는 소리와 사이드미러에 바람이 부딪혀 윙윙거리는 소리. 제각기 서로 앞서려고 겨루면서 하나가 앞섰다가 다시 다른 소리가 앞선다. 삑삑거리는 소리도 희미하게 들린다. 집중하면 그 소리가 압도적으로 크게 들린다. 도로와 타이어와 바람과 엔진 소리에 묻혀 들리지 않게 놔두는 것이 좋다. 잘 생각해보면 모든 소리가 어우러져서 교향곡을 이루는 것 같다. 새소리는 완벽하고, 귀뚜라미들의 합창은 축축한 숲에서 들려온다. 나는 생각한다. '이것도 우연이다. 우리에게는 들을 귀가 있고, 자연은 그 자체만으로 완벽하게 작용해 영혼을 평온하게 만든다. 토네이도는 완벽한 죽음의 소리를, 죽음과 같이 우르릉 쾅쾅대는 소리를 연속으로 낸다. 그리고 음악은, 음악이 만약 우연이라면, 무엇보다도 멋진 기적일 것이다. 사랑, 빛깔, 아니면 바다의 힘만큼이나 아름다운 기적 말이다.' 이 모든 정적이 깊게 웅성거렸기에 정적을 깨뜨리려면 애를 써야 한다. "다음에 듣자." 내가 테이프를 전부 조수석 서랍장에 다시 넣으면서 말한다. "지금은 조용히 가지 뭐."

폴은 무슨 일에든 금방 찬성해주는 길동무다. 필요한 게 많은 것 같지도 않고, 중간중간 멈춰서 유적을 보거나 몇 시간마다 커피를 마셔야 하는 유형도 아니다. 숲에 혼자 떨어뜨려 놓아도 미치지 않고 잘 살아가는 사람은 별로 많지 않지만, 폴이 그런 사람 같다. 그러니까 내 말은, 폴은 우리처럼 항상 탈출이, 마음 돌릴 곳이 필요한 수많은 유형에 속하지 않는다는 뜻이다. 폴은 꼭 대화 상대를 필요로 하지도 않지만 은둔자는 아니며, 항상 음악을 들어야 하는 건 아니지만 음악을 좋아하고, 정신을 딴 데 쏟기 위해 입에 뭔가를 달고 살아야 하는 건 아니지만 식사할 때는 가장 먼저 감사한다. 폴은 건강하다거나 뭐 그렇게 설명할 수 있는 사람이었다. 솔직히 말하자면 내 눈에는 그런 사람들이 수수께끼 같다. 나는 항상 탈출구를, 생각에서 벗어날 방법을, 혹은 현실의 둔중한 힘을 외면할 방법을 찾는 것 같다.

"앞으로 어떻게 살 생각이야, 폴?" 옆에 앉아 있는 이 수수께끼 같은 사람이 궁금해서 내가 묻는다.

수수께끼는 어깨를 숙이고 양손을 운전대에 놓으며 말한다. "뭐 이것저것 하면서."

"좋은 계획이네." 내가 더 구체적인 대답을 알고 싶다는 듯한 어조로 말한다.

"뭐 그런 거지. 학위 따고, 개도 키우고, 직업을 얻고, 아내와 아이를 갖고 그런 거." 폴이 말한다.

폴은 휴스턴에서 지낼 때 리네트라는 여자와 데이트를 했다. 두 사람은 잘 통하는 듯했다. 우리가 길을 떠날 때 폴이 리네트에게 어떤 약속도 하지 않았다는 사실은 알지만 두 사람이 어느 정도로 진지한 관계인지 전혀 짐작이 안 간다.

"리네트랑?"

폴이 잠시 침묵하다가 대답한다.

"그건 잘 모르겠어. 리네트는 정말 멋진 여자긴 하지만, 잘 모르겠어. 오리건에 살 때 사귀던 여자가 있었는데, 한 2년쯤 만났는데 그 여자가 내 짝이었을지도 모르지만, 그것도 잘 모르겠어."

"이름이 뭐야?"

"마이클 앤. 고등학교 때 처음 만나서 졸업할 때까지 만나다 말다 했어. 좋은 애야. 왜 있잖아, 굉장히, 음 뭐라고 하지, 활발하고 뭐 그런 애. 즐거웠지. 같이 잭 크릭 해변까지 가서 해가 뜰 때까지 낚시를 했어. 낚시할 때 데려갈 수 있는 여자였어, 무슨 말인지 알지?"

마지막 말은 마이클 앤뿐 아니라 폴에 관해서도 많은 것을 알려준다. 이 세상에는 두 종류의 남자가 있다고들 한다. 자기 삶을 완벽하게 만들어줄 여자를 찾는 남자와 자신의 완벽한 삶에 동참할 여자를 찾는 남자. 둘 중 어느 한쪽이 더 낫다고 생각지는 않지만 폴은 분명 후자다. 폴은 계속해서 낚시, 암벽등반, 하이킹 했던 이야기를 들려준다. 이야기 속에서 마이클 앤이 하는 역할은 아주 작다. 두 번째 이야기에서는 개울에 빠졌고, 세 번째 이야기에서는 스미스 암벽 꼭대기까지 폴보다 빨리 올라갔다. 이야기를 듣다 보니 확실히 마이클 앤은 폴에게 맞는 짝이 아니다. 완벽한 삶에 동참할 여자를 만나는 것과 그냥 따라다니는 여자를 만나는 것은 전혀 다르다. 폴이 네 번째 이야기를 마무리할 때쯤 나는 이야기를 더 들으려고 질문을 던진다.

"너의 완벽한 이상형은 뭐야?"

폴은 한숨을 쉬더니 잠시 말이 없다. "50단어 정도로 설명하자면 말이지?"

"몇 단어든 상관없어."

"어려운 질문이네. 만나면 알아볼 것 같아."

"그래도 대략적인 생각은 있을 거 아냐. 외모는? 행동은?"

"좋아, 생각났어. 미소가 멋져야 해, 맞아." 폴은 말하는 동시에 허공에 뭔가를 그리면서 입술이 중요하다고 강조한다. "모델처럼 마르고 몸매가 좋을 필요는 없지만 내가 끌려야 해. 당연한 말이지만. 운동을 잘하고 야외 활동을 좋아할 거야. 난 캠핑을 많이 다닐 생각이니까, 한 달 동안 샤워를 안 해도 보기 괜찮아야 해."

"한 달씩이나?" 내가 묻는다.

"응, 한 달. 왜 그런 여자 있잖아, 화장 같은 건 절대 안 하고 개울에도 얼마든지 뛰어드는 그런 여자."

"우리가 텍사스를 뜬 게 다행이네." 내가 말한다.

"내 말이. 텍사스 여자들은 중국 인형 같잖아. 껴안고 싶어도 부서지기라도 할 것 같아서 무섭지." 폴이 잠시 말을 멈추고 눈썹을 찡그린다. 아마도 자기 품에서 유리처럼 산산이 조각나는 여자의 모습을 그려보는 것 같다. 그가 다시 말을 이었다. "여행도 다니고 싶어. 그러니까 길에서 살아도 괜찮은 사람이어야 돼. 언젠가는 유럽으로 하이킹을 가고 싶어. 잠은 호스텔에서 자고, 다음날 뭘 먹을지 아무 계획도 없이 말이야. 그리고 사냥을 하면 잡은 사슴을 트럭으로 옮길 때 날 도와줘야 해." 폴은 말을 마친 뒤 내가 그런 여자를 어떻게 생각하는지 알아보려는 듯 나를 본다.

"그런 여자가 과연 너 같은 사람이랑 정착하려고 프로레슬링을 관두겠냐?" 내가 묻는다.

폴이 편히 기대어 앉더니 잠시 말을 멈춘다. 그런 다음 계기판을 내려다봤다가 다시 어두운 도로를 내다본다. "프로레슬링이란 말이지." 그가 말한다.

폴의 말투가 부드러워진다. "난 모든 남자가 원하는 걸 찾고 있나봐. 그러니까, 난 동지가 필요해. 삶을 함께할 수 있는 사람이면 돼. 그 여자가 내 최고의 팬이었으면 좋겠고, 나도 최고의 팬이 되어주고 싶어. 아이들이 엄마 아빠가 서로 사랑하고 또 자기들을 사랑한다는 걸 아는 가정에서 키우고 싶어. 그거면 돼."

나는 폴이 내 질문을 진지하게 받아들였음을 깨닫고 참회하듯이, 속삭임보다 약간 크게, 폴에게 들릴 만큼 큰 소리로 말한다. "좋은 꿈인 거 같네."

"나쁘지 않지." 폴이 말한다. "지나친 욕심은 아닌 것 같아. 완벽한 여자를 바라는 건 진짜 아니야. 여자들은 다 예쁘잖

아. 어떤 여자가 다른 여자보다 낫다고 생각하는 건 우리가 오만하기 때문이야."

"무슨 뜻이야?" 내가 묻는다.

"잘 모르겠지만, 그냥 저번에 여자에 대해 생각해봤거든. 왜 어떤 여자들은 무시당하고 어떤 여자들은 숭배받을까? 뭐 그런 생각. 그런데 마음속으로 잘못됐다는 느낌이 들더라고. 그럴 리 없다고, 말이 안 된다고 말이야. 내 말은, 완벽하지 않은 여자를 사랑할 수 없다면 완벽한 여자도 정말로 사랑할 수 없다는 거야. 그건 진짜 사랑이 아니지. 무조건적인 사랑이 아닌 거야."

"굉장히 심오한데, 폴." 내가 잠시 침묵한 후에 말한다.

"넌 어때, 돈? 여자한테 바라는 게 뭐야? 뭘 보면 불타오르냐?"

"아, 너도 알잖아. 여러 가지지."

"난 대답했잖아. 너도 대답해야지." 폴이 단도직입적으로 말한다.

나는 밴이 400미터쯤 달린 다음에야 입을 연다. "음, 아마 잠을 진짜 좋아할 거야."

"잠?" 운전하던 폴의 눈이 빛난다.

"응, 난 자는 거 진짜 좋아하거든. 잠이 제일 좋아. 왜, 잘못됐냐?"

"아니, 네가 그렇다면야 뭐." 폴은 웃음을 참으려 하지만 싱긋 웃는 바람에 목소리가 떨린다. "좋지, 잠. 나도 거의 매일 밤 자는데 뭐."

"그렇겠지. 우리는 잠을 과소평가하고 있어. 토니 로빈스Anthony Robbins: 《네 안에 잠든 거인을 깨워라》 등 자기 계발서를 쓴 작가 — 옮긴이 추종자들은 다들 일찍 일어나는 새가 벌레를 잡는다는 둥 얘기하잖아. 잠 안 자고 얼마나 버티나 일주일만 해보라지."

"위대한 강론이십니다!"

"그러니까 내 말은, 아침 일찍 일어나서 내가 열 시까지 잔디를 깎았으면 하는 여자는 싫어."

폴이 소리 없이 웃는다. 이를 드러내며 빙그레 웃다가 가볍게 숨을 들이킨다. "눈에 보인다, 보여. 해가 중천에 떴는데 넌 파자마 차림으로 잔디나 깎고 있겠지!"

나는 안 지 얼마 안 된 친구한테 체면이 깎일까 봐 분위기를 바꾼다. "농담이야. 열 시까지 자도록 놔두는 여자가 어디 있냐. 다 환상이지 뭐. 안 그래?" 내가 묻는다.

"그래, 환상이지." 폴이 대답한다.

"내가 여자한테 뭘 바라는지 알아?"

"뭔데?"

"친구. 진정한 친구. 날 알지만 사랑해주는 사람. 내가 좋은 인상을 주려고 애쓸 때만이 아니라 그 뒤에도 계속 같은 모습으로 곁에 있어주는 사람 말이야. 난 지금까지 여러 사람을 만났지만 네 말처럼 다 조건부였어. 다들 나름대로 이유가 있어서 나랑 친구가 된 거지. 자기들이 생각하는 이미지에 내가 맞으니까 친구가 되는 거야. 그건 이기적이잖아. 무슨 말인지 알겠어? 그런 식으로 생각하지 않는 여자를 만나고 싶어. 날 오해하지 않는 사람. 물론 내가 자랑스러워야겠지, 그건 알아. 자랑스러운 사람이 되기 위해서 노력하는 것 정도는 할 수 있어. 하지만 결국 영혼의 짝 같은 면이 있으면 좋겠어. 그러려면 아마 노력이 필요하겠지. 이 세상에는 자신에게 원하는 삶을 주기 때문에 남편이나 아내를 사랑하는 사람도 있고 자신이 선택했기 때문에, 아니면 사랑에 선택받았기 때문에 남편이나 아내를 사랑하는 사람도 있어. 오래 전에 어떤 이유로 서로 사랑하게 되었고 그래서 그걸 지키기로 결정한 거지."

폴이 알겠다는 듯 고개를 끄덕이며 말한다. "내가 두려운 것도 그런 거야. 나한테 너무 몰두하는 여자는 싫거든. 그러면 실망할 테니까. 여자랑 같이 사는 건 힘들 거야. 여자들은 보통 너무 가정적이잖아. 항상 빨래 개고, 청소하고, 식사 시간이 되기 훨씬 전부터 그날 저녁에 뭘 먹을지 계획을 세우지. 가끔은 과연 내가 그런 식으로 살 수 있을까 싶어. 여자가 날 견딜 수 있을지 모르겠어. 네 말이 그런 거 아냐?"

"아마도. 빨래 개는 얘기가 왜 나왔는지는 모르겠지만. 내 말은, 내가 최악의 상태일 때도 날 사랑해주면 좋겠다는 거야. 내가 자존감이 낮아서 그런 건지 다른 이유가 있는 건지 모르겠지만."

폴이 고개를 갸우뚱하더니 아니라는 듯이 천천히 고개를 젓는다. "그런 것 같진 않아. 어쨌든 완벽한 사람은 없잖아. 완벽해질 수는 없어."

나는 잠시 말없이 앉아서 폴과 내가 왜 이런 대화를 하고 있는지 생각한다. 내가 말했던 것처럼, 우리는 삶에서 항상 **어떻게**만 생각하지 **왜**는 생각하지 않는다. 우리는 짝을 어떻게 만날지, 섹스를 어떻게 할지, 뭐든 어떻게 할지 알고 싶어 하지만, 왜 그럴까? 왜 우리는 관계를 맺게 되어 있을까? 왜 여자가 남자보다 훨씬 아름다울까? 왜 우리 삶에 섹스 이상의 것이 존재할까? 왜 사랑이 존재할까? 왜 남녀가 하나가되고, 가까워지고, 영혼의 짝이 될까? 이에 대해서는 다윈의 이론도 설명하지 못 한다.

"아직 대답 안 했잖아, 돈." 폴이 침묵을 깨뜨린다.

"뭐가?"

"여자 말이야. 넌 여자한테서 뭘 원해?"

"네 생각이랑 비슷해." 나는 아까 떠오르던 여러 가지 생각으로 서서히 돌아간다. "난 책을 좋아하니까, 내가 만날 여자도 그렇겠지. 정확히는 모르겠어. 상상이 잘 안 돼. 그 말도 안 되는 시스템 말이야. 뇌에 화학작용이 일어나서 우리가 다른 인간을 사랑하게 만들잖아. 그건 정말 완벽한 미스터리야. 그러니 우리가 어떤 여자한테 끌리게 될지 모르지. 화학작용이 그걸 결정하는 건데, 아무도 과학적으로 밝혀내지 못

했잖아. 누가 알겠어? 갈색 머리를 볼 때 화학작용이 일어날 수도 있지만, 사팔뜨기 눈이나 작은 가슴, 큰 가슴, 목소리나 향기에 그럴 수도 있잖아. 모르는 거야. 말이 안 되지만 우리는 화학작용에 따라서 살아. 이런 이야기를 나누면서도 그런 생각이 어디서 왔는지 묻지도 않고 그냥 그 속에 살아. 그러니까 우리는 꼭두각시일 뿐이야, 화학작용의 꼭두각시."

"꼭두각시라……." 폴이 숨죽인 목소리로 따라 말한다. 그는 고개를 살짝 끄덕이더니 룸미러를 들여다보며 조정한다. "꼭두각시." 폴이 한 번 더 말한다.

"꼭두각시지." 내가 이렇게 말하자 폴은 편안하게 앉아서 고개를 조금 더 끄덕인다.

"확실히 말하자면 그래도 난 상관없어." 폴이 말한다.

"뭐가 상관없어?" 내가 묻는다.

"꼭두각시가 되는 거. 여자 문제 말이야. 꼭두각시 여자에게 끌리는 꼭두각시 남자라고 해도 말이야. 전혀 상관없어."

나는 잠시 생각해본다. "나도 별로 상관없는 거 같아." 내가 미소 지으며 말한다.

"꼭두각시 같은 멋진 여자가 꼭두각시 같은 옷을 입고 꼭두각시 같은 향기를 뿜으면서 꼭두각시 같은 미소를 짓는 거야."

"꼭두각시 같은 긴 눈썹도 있고 말이지." 내가 덧붙인다.

"다 꼭두각시 같지." 그가 싱긋 웃으며 말한다.

폴이 미소를 지으며 차창을 올린다. 그 모습을 보고서야 나는 공기가 희박하고 건조하고 차갑다는 사실을 깨닫는다. 나는 좌석 뒤에 걸쳐둔 재킷을 가져다가 천천히 입는다. 지평선은 더 이상 빛나지 않는다. 우리의 여행은 또 하루가 지났다. 오늘은 시간이 빨리 흘렀다. 속삭임처럼 조용히 지나갔다. 산이 태양을 완전히 삼켰다. 우리 곁을 스쳐가는 길가의 집들은 텔레비전 10시 뉴스 때문에 창문이 빛난다. 폴은 조용히 생각에 잠겨 앉아 있다. 나는 무릎 위에 도로 지도를 펼치고 가느다란 35번 주간고속도로를 따라 손전등을 비춘다. 35번은 오클라호마시티까지 곧게 뻗어 있다. 우리는 오클라호마시티에 도착하면 서쪽으로 방향을 바꿔서 뉴멕시코와 애리조나를 거친 다음 그랜드 캐니언을 향해 다시 북쪽으로 갈 생각이다.

"지도 보니까 어때, 돈?"

"오클라호마시티에서 40번 주간고속도로를 타면 되겠다. 그럼 그랜드 캐니언까지 쭉 갈 수 있어. 뒷길이 좋겠어?" 내가 묻는다.

"아니, 그냥 쭉 가자. 애리조나 진짜 보고 싶다. 내일 오후면 애리조나에 도착할 거야. 야간 운전은 네가 할래?"

"상관없어." 내가 대답한다.

문득 차를 세우지 않은 지 한참 됐다는 생각이 든다. 벤 보넘 아저씨 집에 잠깐 들른 것만 빼면 800킬로미터 넘게 달렸는데, 우리 밴이 얼마나 느린지 생각하면 진짜 먼 거리다. 어딘가로 떠나고 있다는 느낌, 예전 우리 모습을 떠나 앞으로 우리가 될 모습을 향해 나아가고 있다는 느낌이 다시 든다. 나는 우리가 **왜**에 대한 대답을 가진 사람, 아름다움과 섹스와 로맨스와 중력과 산소를 이해하는 사람이 되기 바란다. 모든 것을 하나로 묶어주는 것, 폴의 얼굴에 비치는 붉은 빛을 설명하는 뭔가가 있다면 나쁘지 않을 것 같다. 계기판에서 나오는 빛인가…….

몸을 숙여 계기판을 보자 엔진 점검등이 켜져 있다. 폴은 내가 계기판 보는 것을 알아차리지만 모른 척한다.

"엔진 점검등 들어온 거 알고 있었어?" 잠시 침묵 후에 내가 말한다.

폴이 점검등을 내려다본다. 그런 다음 창밖을 본다. 대답하고 싶지 않은 거다.

"폴, 엔진 점검등 들어온 거 알고 있었냐고."

"응. 그래서 짜증나던 참이었어." 그가 말한다.

"얼마나 됐는데?" 내가 묻는다.

"30킬로미터 정도." 폴이 말한다.

"30킬로미터?" 내가 말한다.

"응, 30킬로미터." 폴이 말한다.

"30킬로미터라고?" 내가 묻는다.

"그래, 30킬로미터. 10킬로미터가 세 번이지." 폴은 내가 자꾸 캐물어서 짜증난다는 티를 낸다.

"30킬로미터나 엔진 점검등이 켜져 있었다고?"

"그래, 30킬로미터. 네가 질문을 끝낼 때쯤이면 31킬로미터 되겠네."

"31킬로미터란 말이지." 내가 대답한다.

"아마 그쯤일 거야. 응."

"차 세우고 엔진을 점검해야겠다는 생각이 안 들었어?" 내가 묻는다.

"들었지." 그가 말한다.

"들었다고?"

폴이 깊이 한숨을 쉰다. "또 이래야 되겠어?"

"알아듣게 말해봐. 왜 엔진 점검 안 했어?"

"난 이 밴이랑 이제 끝이야, 돈. 이 차가 눈앞에서 활활 타올라도 난 상관없어."

"진심이야?"

"응. 나한테는 이 밴이 무엇보다 큰 골칫거리였어. 그냥 고장 날 때까지만 타면 되겠다 싶었지."

"폴, 밴이 갑자기 고장 나면 어떻게 할 건데?"

"걱정 마. 생각이 있어." 폴이 잠시 후에 이렇게 말한다.

"무슨 생각인데."

"넌 맘에 안 들 거야."

"한번 말해봐."

"음, 저기 철로 보여? 한참 동안 도로랑 나란히 나 있거든. 그러니까 서쪽으로 가는 기차에 올라타면 되겠다 싶었지."

"기차에 올라탄다고!"

"생각이 있다고 했지 좋은 생각이라곤 안 했어."

"너 진심이구나?"

"항상 기차에 한번 올라타 보고 싶었거든. 돈, 상상해봐. 기차를 타는 거야. 유개 화차 지붕이 있는 화물열차 ─ 편집자 가장자리에 앉아서 다리를 달랑거리면서 오색사막the Painted Desert: 애리조나 중북부 고원지대로 선명한 빛깔의 암석으로 유명하다 ─ 옮긴이을 가로지르는 거지."

이런 때는 아무 말도 하지 않는 것이 내 전술이다. 그러면 선동자는 가만히 앉아서 정신 나간 자기 계획을 생각하게 된다. 누구든지 어떤 생각이 논리적이라고 자신을 설득할 수는 있다. 하지만 지금 폴이 그렇듯이 그 생각을 입 밖에 내면, 그 생각이 더 이성적인 사람의 귀에 들어가면, 선동자는 이성적으로 생각할 수밖에 없다. 나는 폴의 의견에 반박하지 않는다. 그건 그의 생각에 장점이 있다는 걸 암시한다. 장점이 많은 건 아니지만 이런 반응을 정당화할 정도는 된다. 나의 침묵은 말보다 더 많은 것을 말한다. 이 침묵 때문에 폴은 혼자 앉아서 자기 생각을 되짚어볼 수밖에 없고, 내가 그에게 동참하지 않으리라는 사실을 깨닫는다. 적어도 나는 그러기를 바란다. 게다가 나는 뭐라고 말해야 할지도 모르겠다.

폴의 계획이 완전히 나쁜 것 같지는 않다. 내가 밴을 특히 더 좋아하는 것도 아니다. 앞으로 몇백 킬로미터마다 밴을 세우고 고쳐야 하리라는 사실도 안다. 게다가 우리가 기차에 올라탄다면 나는 언제든지 여자애들에게 자랑삼아 이야기할 수 있을 거다. 그리고 폴에게 말하지는 않을 생각이지만, 철로 근처에서 자란 나는 기차에 올라타는 사람들 이야기에 항상 매료되었다. 하지만 폴이 미리 계획을 알려주지 않아서 실망했다.

"나한테 언제 말하려고 했는데?"

"곧 하려고 했어. 정말이야. 네가 어떻게 생각할지 몰라서……."

"기차에 올라타는 건 좀 위험하지 않아? 부랑자를 만나면 어떻게 해?"

"그런 일은 없을 거야. 요즘 부랑자들은 기차를 안 타거든."

"안 타? 음, 그럼 뭐 괜찮겠네."

내 친구의 계획이 얼마나 미친 짓인지 점점 희미해지기 시작한다. 나는 눈앞을 지나가는 오색사막을 상상한다. 천천히 움직이는 기차의 흔들림, 빨강과 주황과 보라색 지평선, 지상에서 색을 밀어내는 사막의 세계.

"근데 부랑자들이 왜 기차에 안 타는데?" 내가 다시 묻는다.

"너무 위험해서."

"뭐가 너무 위험해?"

"갱들이 기차를 차지했거든. 그래서 부랑자들은 안 타."

"갱이라고?" 내 목소리에 놀라움이 묻어난다.

"그래, 갱."

상상이 안 된다. 은행 강도는 기차를 탄다. 부랑자들도 탄다. 카우보이도 기차를 탄다. 하지만 갱들은 차대가 낮은 차를 타고 다니면서 다른 갱 멤버들한테 무차별적으로 총질을 한다. 갱은 기차에 타지 않는다.

"폴, 갱들은 기차에 안 타." 내가 말한다.

"탄다니까. 어디서 읽은 적 있어. 기차에 올라타서 LA를 빠져나간다든가 뭐 그렇다던데. 미친 소리 같겠지만 진짜야."

나는 폴과 말싸움할 기분이 아니다. 폴이 자기 밴이 부서지도록 놔두고 싶다면 그건 그의 사정이다. 그러므로 이유야 어찌 됐든 나는 말없이 앉아서 엔진이 죽지 않는지 귀를 기울인다. 하지만 엔진은 멀쩡하다. 몇 킬로미터를 지나도 여전히 멀쩡하다. 나는 폴을 본다. 그는 생각에 깊이 잠긴 채 붉은 빛을 받아 번쩍인다. 밴이 고장 나기를 바라는 표정이다. 일종의 복수다. 이 낡은 고철덩어리는 몇 달 동안이나 폴을 괴롭혔고, 이제는 폴이 밴을 죽이고 있다. 천천히 하지만 확실하게, 밴이 부서지도록 달리는 것이다. 엔진 점검등이 그의 눈에 악마처럼 붉은 빛을 드리운다. 꼭 악마에 들린 것 같다.

나는 조수석 서랍에 손을 뻗어서 껌을 하나 꺼내 포장을 벗긴다. "껌 하나 줄까, 폴?" 내가 질문을 던져 다가오는 도로를 노려보는 폴의 시선을 흩트린다.

"아니 됐어." 폴은 내가 옆에 앉아 있다는 사실이 문득 생각났다는 듯 나를 보며 말한다.

"민트향이라서 상쾌해." 내가 껌을 내밀며 말한다.

"괜찮아." 폴이 도로로 시선을 돌리며 말한다.

악마 들린 남자는 엔진 점검등을 내려다보고 철로를 다시 보더니 운전을 계속한다. 그는 밴의 고통을 생각하면서 자신이 밴을 구하기 위해 차를 세워야 했던 모든 순간을 떠올린다. 하지만 이젠 아니다. 절대 아니다. 이번에는 고물상으로 보내버릴 거다.

"너 엄청 화난 것 같아." 내가 침묵을 깨며 폴에게 말한다.

"화 안 났어." 그가 말한다. "점검등이 눈을 비춰서 짜증나서 그래. 도로에 집중을 못 하겠어."

나는 입에서 아직 즙이 다 빠지지 않은 껌을 꺼내서 몸을 기울이고 동그랗게 빛나는 엔진 점검등 위에 대고 단단히 누른다.

폴이 고개를 끄덕이며 잠시 미소 짓는다. "이런 건 진짜 고치기 쉬운데 말이야." 그가 껌을 가리키며 말한다.

"그러게 말이야." 나도 맞장구친다.

80킬로미터를 더 달리자 추워지기 시작한다. 나는 양손을 문질러서 온기를 낸다. 그런 다음 폴에게 이 멋진 자동차에 히터도 장착되어 있냐고 묻는다. 폴이 아무 대답 없이 손을 뻗어 파란색 쪽에 놓인 손잡이를 빨간색 쪽으로 밀고 스위치를 켜자 차가운 바람이 적당한 세기로 나온다. 바닥이 아니라 대시보드의 둥글고 조정 가능한 환기구에서 나오는 것 같다. 독일인들은 효율성을 위해서 히터를 공기냉각 방식으로 만들었다. 밴 뒤쪽에 튀어나와 있는 환기구 두 개가 바람을 모아서 엔진실로 보내면 그 공기가 적어도 개발자의 생각으로는 축을 타고 엔진에 의해 데워진 카뷰레터로 간다. 폭스바겐 히터는 그런 식으로 작동한다. 한낮에 사막을 횡단하는 중이라면 이런 기술이 잘 통한다. 하지만 오늘밤은 아니다. 히터는 자연에게 지고 있다.

"잘 안 되네." 폴이 인정한다. "내 플리스 재킷 좀 줄래? 침대에 있어." 나는 좌석 사이를 지나 담요와 흩어진 옷가지 틈새로 파고든다. 폴의 재킷은 침대와 옆판 사이 틈에 있었다. 담요의 온기와 베개의 포근함을 거부하기 힘들다. 나는 폴의 뒤통수를 향해 재킷을 던진 다음 베개에 마음을 누이고 차가운 차창 밖으로 스치는 도로를 본다.

4. 조지 윈스턴의 발견

내가 잠자는 동안 폴은 오클라호마 주를 지나 텍사스 주 북
쪽에 불룩 튀어나온 팬핸들Panhandle 지역까지 운전했다. 화
물자동차 휴게소의 가로등에서 나오는 노란 불빛이 밴을 가
득 채운다. 트럭들은 기어를 삐걱거리며 코끼리들처럼 줄 지
어 주차장으로 들어간다. 불빛과 소음이 나를 깨운다. 나는
차창에 코를 박고 뒤얽힌 담요와 옷가지들 틈에서 팔꿈치를
빼내려고 애쓴다.

"여기가 어디야?" 내가 주차장을 향해 천천히 눈을 뜨면
서 묻는다.

폴이 침대에 털썩 누워 몸을 굴리더니 한쪽 발끝으로 다른
쪽 발뒤꿈치를 밀면서 부츠를 벗으려 애쓴다. 밴이 덜컹거린
다. "외로운 별의 주로 돌아왔어. 거름 냄새 안 나?"

"아직 텍사스야?"

"밤이면 별이 크고 밝게 빛나는 곳이지." 폴이 말한다.

"오클라호마인 줄 알았는데."

"그랬지. 지금은 팬핸들 지역이야. 다시 텍사스지."

"텍사스 주는 정말 크구나." 내가 여전히 창에 매달려서
말한다.

"그러게 말이야. 며칠이나 차를 달렸는데도 벗어나질 못

하네.”

또 다른 트럭이 삐걱삐걱 쉭쉭 소리를 내며 다가와 우리 옷가지와 담요에 빛을 뿌린다. 트럭 불빛 때문에 밴 안에 그림자가 져서 흔들린다. 불빛은 밴을 지나 저쪽 휴게소 펌프와 가게, 식당에 초점을 맞춘다.

“차 고장 났어?” 차를 왜 세웠을까 싶어서 내가 묻는다.

“새끼 고양이처럼 가르릉거리고 있어.”

“나 왜 깨웠어? 꿈에 멋진 여자가 나오고 있었는데.”

“날 두고 바람 피웠구나!” 폴이 베개에 머리를 누이며 말한다. “우리가 잘되고 있다고 생각했는데 말이야.”

“너 진짜 못 생겼어. 남자들은 절대 널 안 좋아할걸.” 내가 말한다.

폴이 담요 속으로 들어가서 머리를 옆판에 기댄다. “내 가슴이 너무 작아서 그런 거지?” 폴이 셔츠 두 군데를 집어서 들어 올리며 말한다.

“그게 첫 번째 문제지.”

“그래서, 그 여자 누구야?” 폴이 여전히 셔츠를 집어 올린 채 묻는다.

“어느 여자?”

“꿈에 나온 여자 말이야. 이름은 있어?”

“웃을 거야.” 내가 그에게 말한다.

“안 웃을게. 진짜로.”

내가 일어나 앉아서 담요를 젖히며 말한다. "카우걸이었어." 폴이 베개로 얼굴을 덮는다.

"안 웃는다고 했잖아." 내가 말한다.

"카우걸이라." 폴이 베개에 대고 말한다.

"샤이엔이야. 이름으로 불러."

폴이 얼굴 아래로 베개를 내리고 눈을 동그랗게 뜨며 나를 쳐다본다. "예쁜 이름이네, 돈. 고속도로 옆 목초지에서 나는 냄새 때문에 그런 꿈을 꾼 거 아냐?" 폴이 정색을 하고 당돌한 질문을 하더니 싱긋 웃으며 내 대답을 기다린다.

"예쁜 여자한테 어울리는 예쁜 이름이네. 하지만 넌 그런 여자 절대 못 만날걸."

폴이 계속 웃는다. 나는 창밖을 내다보면서 멍한 채, 낮은 목소리로 비꼬는 것처럼 말한다.

"샤이엔에게는 내가 필요했어. 우리는 리틀 록 외곽 목장에서 그녀의 아버지를 죽인 나쁜 놈들을 피해 달아나고 있었어."

폴이 매트리스로 쑥 내려가더니 머리 밑에 베개를 괸다. "리틀 록 외곽의 목장이라." 그가 따라서 말한다. "말은 탈 줄 알아, 돈?"

"말 무서워." 내가 사실대로 말한다.

"그렇겠지."

나는 창밖에서 시선을 돌리지도 않고 베개를 잡아서 폴의 얼굴에 정통으로 휘두른다. "말을 타고 바람처럼 달렸다니까, 진짜야." 내가 최대한 찰턴 헤스턴 Charlton Heston: 〈십계〉 〈벤허〉 등에 출연한 미국 영화배우 — 옮긴이 같은 목소리로 말한다. 그는 꼼짝도 않고 누워 있다. 나는 다시 누워서 이야기를 계속한다. "세 명이었어. 말을 타고 우릴 쫓아왔지. 다 총을 가지고 있었어. 우린 바위 뒤에 숨었고, 나는 샤이엔이 안전하다고 느끼도록 내가 역기 들기를 얼마나 할 수 있는지 얘기했어. 놈들은 총을 들고 쫓아오고 있었고, 샤이엔은 겁을 먹었지."

"네가 자그마치 30킬로그램이나 들 수 있다는 말을 들었으니 마음이 놓이기도 하겠지."

폴은 나를 놀리지만 나는 다시 꿈을 꾸고 싶다. 결말 때문에 신경 쓰인다. 하지만 오늘밤은 샤이엔 구하는 일을 포기하기로 하고 혼자 밴에서 내려 주차장을 가로질러 휴게소로 향한다. 회색 자갈과 한참 전에 떠난 트럭들이 흘린 기름 자국이 주차장에 무늬를 그리고 있다. 머나먼 캐나다 빙하에서 불어온 바람이 차가운 손으로 주차장을 훑으며 지나간다. 바람은 나무가 없는 초원을 지나면서 힘을 얻어 조명이 흐릿한 주유소와 가게를 강타한다. 텍사스는 앤 리처즈 Ann Richards: 미국 정치가이자 텍사스의 두 번째 여성 주지사로, 1991년부터 1995년까지 재임했다 — 옮긴이가 주지사였던 시절 이후로 이렇게 추운 적이 없었다. 톰 소여와 허클베리 핀도 오늘밤 우리만큼 고생하지는 않았다.

나는 주머니에 든 잔돈을 짤랑거리면서 손가락으로 세어

본다. 75센트 정도다. 커피 한 잔은 살 수 있겠다.

이번 여행은 돈이 문제다. 나는 300달러를 양말에 싸서 배낭에 넣어두었는데, 대부분 휘발유 값으로 나갈 것이다. 4,800킬로미터를 달리는 휘발유 값 중 내가 부담해야 하는 절반은 200달러가 될 것이다. 그러면 거의 여유가 없다. 고향에 두고 온 트럭이 팔리면 돈이 생긴다. 자동차 대출을 해결하고 나면 1,000달러는 생길 것이다. 트럭이 팔릴 때까지는 지금 가진 300달러를 다 써버리지 않는 게 내 계획이다. 도박에 가까운 일이다. 하지만 커피 정도는 마셔줘야 한다. 분명 나는 오늘 밤새 운전할 것이다. 게다가 따뜻한 걸 좀 마시지 않으면 몸속이 얼어붙을 것만 같다.

"커피는 어디 있죠?"

점원이 눈짓으로 제일 가까운 벽을 가리킨다. 갈색 버너 위에 유리 주전자 두 개가 놓여 있고 한쪽에는 디카페인이라고 적혀 있다. 나는 다른 쪽으로 손을 뻗는다. "한 잔에 얼마예요?"

"50센트입니다." 점원이 통로 저편에서 소리친다. 나는 검은 액체 만든 지 몇 시간은 지난 것 같다를 스티로폼 컵에 따른 뒤 뚜껑을 찾는다. 통로를 돌아 카운터로 걸어가면서 점원을 마주본다. 본 조비 티셔츠를 입은 갈색 머리의 젊은 여자다. 그 앞에는 나보다 적어도 7센티미터는 크고 유들유들한 남자가 카운터에 기대고 있다. 갈색 컵을 든 손은 손가락이 까맣게

더럽혀져 있다. 나는 생각한다. '트럭 운전사들은 자기 컵을 가지고 다니는구나.' 여자의 표정과 남자의 수줍은 미소를 보니 남자가 그녀에게 반했음을 알 수 있다. 갈색 머리에 날 씬하고 꽤 예쁜 여자는 이런 일에 익숙한 듯하다. 아마 트럭 운전사들은 항상 면도와 샤워를 하러 이 휴게소에 들어올 것 이고, 1,600킬로미터 정도는 여자를 못 봤을 거다.

"이 사람이 당신 괴롭히는 거 아니죠?" 내가 잔돈을 손에 올려놓고 세면서 작게 말한다. 나는 농담을 한 것이지만 여 자가 약간 조심스럽게 나를 본다. 시골 사람들은 도시 사람 들의 농담을 잘 못 알아듣는데, 정말 그렇다. 잘 모르면 끼어 들지 않는 게 상책이다. 그녀는 내가 미친 사람이라도 되는 양 내 몸집을 보고, 그의 몸집을 보고, 다시 나를 보더니 말 없이 커피 코드를 입력한다. "개인 컵을 안 가져와서요. 컵 값도 쳐야죠." 내가 트럭 운전사의 컵을 가리키며 그녀에게 말한다. 그런 다음 남자에게 묻는다. "컵 어디서 났어요?" 남 자는 말없이 서서 먼 곳을 응시하다가 다시 여자를 본다. 내 가 꺼낸 농담이 전부 맥없이 바닥에 떨어진다.

"컵은 무료입니다." 여자가 천천히 말하면서 운전사의 반 응을 살핀다. 그는 그녀의 표정을 나에 대해 어떻게 생각하 느냐는 질문으로 받아들이고 위협으로 대답한다.

그가 내 옆얼굴 쪽으로 몸을 숙인다. "나한테 무슨 불만 있 어, 히피 청년?"

무거운 침묵이 흐른다. 카운터 뒤 여자의 발치에 휴대용 히터가 있다. 히터는 열에 달아오른 철선을 빛내면서 털털거리며 돌아간다. "불만이라뇨. 전혀요." 내가 25센트짜리 두 개와 약간의 세금을 카운터에 올려두며 말한다.

"너 뭐야?" 그의 숨결에서 악취가 난다. 남자가 너무나 가까이 다가왔기 때문에 내 귀를 물려는 줄 알았다. "밴에 올라타서 오스틴으로 돌아가지 그래?" 그가 말한다.

"오스틴에서 온 거 아닌데요." 내가 천천히 잔돈을 집어 드는 여자를 보면서 말한다.

"어디서 왔든 상관없어, 돌아가기만 한다면 말이야."

내가 반쯤 미소 지으며 그를 본다. "이봐요, 벅." 그의 셔츠에 이름이 수놓여 있다. "농담 좀 한 거예요. 웃기려고 한 말이라고요. 두 사람을 방해하려던 건 아니었어요. 이 여자분을 유혹하는 중이신 거 같은데, 절대 끼어들려던 건 아니었어요." 남자가 다시 고개를 들고 혼란스럽다는 듯이 여자를 봤다가 다시 나를 보더니 목소리를 가라앉히고 자신의 멍청함을 드러낸다. "내 이름 어떻게 알았지?" 여자는 그의 가슴에 붙어있는 이름표를 눈치 채고 미소 짓는다.

"우리 히피들은 뭐든지 다 알거든요, 벅." 나는 한 걸음 물러나 약간 거리를 둔다. 그런 뒤 커피를 한 모금 마시고 여자를 보면서 대화에 끌어들인다. 내가 부드럽게 말한다. "가만있자…… 몬티라는 스승한테서 사람들 이름 맞추는 법을 배웠거든요. 몬티는 인디언인데, 사람들 냄새를 맡아서 이름을 파악하는 능력을 가졌죠. 딱 보니까 당신은 벅 아니면 프랜시스더라고요. 그래서 좋은 쪽으로 생각하려고 벅을 골랐어요." 나는 흥미로운 사실을 털어놓는다는 듯 고개를 끄덕이며 말한다.

"장난치지 마. 난 너 몰라. 내 이름 어떻게 알았어?" 남자가 다시 묻는다.

"난 당신에 대해서 많이 아는데, 벅." 내가 그의 눈을 똑바로 들여다보면서 말한다.

점원에게 내가 낸 돈이 커피 값으로 충분한지 묻자 그렇다고 답한다. 나는 문 쪽으로 걷기 시작한다. 벅은 둔한 머리를 굴려서 내가 자기 이름을 어떻게 알았는지 겨우 깨닫는다. 그가 셔츠에 수놓인 이름을 손으로 탁 치더니 나를 쫓아온다. 문을 나서서 차가운 바람 속으로 들어가자 내 모든 신경이 어깨에 드리워진 그림자가 무엇인지 확인하고 싶어서 안달이다. 나는 문 닫히는 소리를 분명히 들었지만 빨리 걷는 중이어서 문이 다시 열렸다 해도 그 소리를 듣지 못했을 것이다. 이미 멀어진 데다 바람 소리가 컸다. 벅이 나를 따라오고 있다면 밴 안에 있는 폴이 그 모습을 볼 수 있지 않을까 싶어서 나는 폴을 찾는다. 확인하려고 뒤돌아보면 갑자기 주먹이 날아올지도 모르니 폴이 충격 받은 표정으로 나에게 경고해주면 좋겠다. 이제 뒤에서 벅이 달려오는 소리가 들리지만 나는 그래도 돌아보지 않는다. 발소리가 들리고 또 들린다. 그제야 발소리가 내 상상이라는 사실을 깨닫는다. 나는 밴을 향해서 걸어갈 뿐 돌아보지 않는다. 벅이 재빨리 쫓아와서 내 뒤통수에 주먹을 날리는 모습을 마음속으로 그려본다. 심장이 달음박질하고 팔에서 아드레날린이 솟구친다. 그래도 나는 같은 속도를 유지하면서 뒤돌아보지 않는다. 밴은 주차장 저 멀리 서 있다. 앞서 걸어올 때보다 거리가 두 배는 되는 느낌이다. 정말이지 밴이 점점 더 멀어지는 것만 같다.

나는 밴을 멀찍이 돈다. 흘깃 보니 뒤에 아무도 없다. 밴 옆에 서서 운전석과 조수석 창을 통해 보니 벅이 유리문 안에서 이쪽을 보고 있다. 나는 벅을 향해서 평화의 표시로 손가락 두 개를 들어 보인다. 그는 꼼짝도 않고 서서 검은 눈으로 나를 내다본다.

밴은 금방 시동이 걸린다. 나는 벅이 문간에서 떨어져 다시 카운터에 자리 잡는 모습을 보면서 잠시 시동을 켠 채 놔둔다. 벅은 어색하게 빙긋 웃어 커피 얼룩이 진 치아를 드러내며 여자 꾀는 대사를 중얼거리고 있다. 몇 분이 지났지만 나는 시동을 켠 채 가만히 앉아서, 다시 한번 바람을 느낀다. 바람은 밴을 살살 흔들고, 침대에 누운 폴도 흔든다. 유리창에 느껴지는 온도가 너무 낮아서 눈에 보일 것만 같다.

허클베리 핀은 뒷좌석에서 잠들었고 나는 주변을 한 번 더 둘러보면서 김이 춤추듯 올라오는, 아직 따뜻한 커피를 한 모금 마신 뒤 멀리 보이는 후미등과 바퀴 열여덟 개가 달린 그림자들이 흘러가는 강으로 우리의 배를 출항시킨다. 별들이 자유롭게 떠다니는 어둡고 짙은 하늘 아래에 온갖 그림자가 진다.

나는 놀고 있는 손을 뻗어 조수석 서랍에서 테이프를 꺼내고 라디오를 켠다. 오디오가 피를 흘리듯 빨간 빛을 내자 테이프를 넣는다. 조지 윈스턴이 개인 콘서트를 시작한다. 밤과 잘 어울리는 음악은 어느 정도 마음을 편안하게 한다. 다른 모든 것처럼 밤과 음악은 뒤로 물러나서 생각 뒤의 벽을 색으로 물들이고, 밴은 털털거린다.

왼쪽으로 거리를 두고 달려오는 차선과, 밭 너머 헛간 지붕인지 곡물 저장용 탱크인지 가공 공장인지 모를 불빛들이 보인다. 지평선에서 빛 무리가 별자리처럼 반짝이지만 마을이라기에는 좀 작다. 농장이나 곡물 저장 탱크 옆 트럭 휴게소일지도 모른다. 나는 생각한다. '우리나라가 가진 게 하나 있다면 그건 땅이야. 휑뎅그렁하고 텅 빈 땅밖에 없어.' 휴스턴에 살 때는 모든 것이 확고하다고 생각했지만 사실은 그렇지 않다. 휴스턴은 끝없이 텅 빈 벌판 한가운데 놓인 바위에 지나지 않는다. 도시는 대양에서 솟아오르지만 그 사이에는 몇백 킬로미터나 뻗은 흙과 작물, 농장, 정부 소유지가 뻗어 있다. 빨간 불빛 하나가 '별자리' 속 어느 건물 꼭대기에서 반짝이고, 하얗고 노란 다른 불빛은 연기를 내는 재처럼 땅에 붙어 있다. 지평선 오른쪽으로 완만한 언덕 경사를 따라 올라가는 다른 '별자리'들도 천천히 시야에 들어온다. 조지 윈스턴이 운전석 쪽 작은 스피커와 반대쪽 좌석 도어 패널의 큰 스피커를 통해서 나에게 세레나데를 바친다. 그렇게 몇 킬로미터고 계속된다. 테이프는 저절로 뒷면으로 넘어가기 때문에 음악은 끝없이 반복된다. 이제 도로 전방을 비추는 폭스바겐의 부드럽고 흐릿한 노란 불빛 외에 빛이 전혀 없다.

폴이 아직 자고 있는지 어깨 너머로 확인하면서 내가 조용히 말한다. "꼭두각시가 되는 것도 나쁘지 않아."

예쁜 것들을 보는 것도, 내 머릿속에서 화학작용이 일어나 어떤 게 좋다고 날 속이는 것도, 어떤 밤을 좋은 밤이라거나 추운 밤이라고 생각하게 만드는 것도 나쁘지 않아. 어떤 여자는 예쁘지. 그것도 나쁘지 않아. 반갑습니다, 저는 돈이라고 해요. 이름이 뭐예요? 반가워요, 샤이엔. 있잖아요, 샤이엔, 한밤중에 이렇게 탁 트인 길에 나오면 모든 것에 대한 설명을 원하게 되죠. 외계인이 우릴 여기에 놓고 갔다고 해도, 그들이 자기 애완동물을 사랑하는 착한 외계인이라면 난 상관없어요. 영화에서처럼 뇌를 꺼내서 배터리로 사용하는 건 싫어요. 하지만 사랑을 하는 외계인이라면 그것도 괜찮아요. 샤이엔, 외계인을 믿어요? 아니면 신을 믿어요? 난 신을 믿어요. 신은 저 우주 암흑의 바깥 어딘가에서 우리를 올려다보고 있을 거예요. 아니면 내려다보든지.

"어떻게 생각해 폴? 우리의 기원이 외계인일까?" 나는 어깨 너머로 여전히 꼼짝없이 누워 있는 폴을 본다.

5. 태양신 라의 시선

고대 그리스신화에 따르면 프로메테우스는 하늘에서 불을 훔쳤고, 그것이 문명으로 가는 길을 밝혀주었다. 그러니 태양을, 말에 올라 등을 높이 쳐들고 행성들을 향해 시공간을 달리는 프로메테우스라고 볼 수도 있다. 태양의 일부는 쪼개져서 지구의 뱃속 아궁이로 들어가 철을 벼리고, 튀어나온 철 파편은 대장간 바닥에서 불꽃을 내며 죽는다. 그것은 희미해져가는 천국의 조각, 하나님의 번쩍이는 머리카락에서 뽑혀져 나온 우주의 작은 수수께끼다. 이집트에서는 태양을 신의 눈이라고 믿었다. 태양신 라Ra는 저녁이면 눈을 감고 아침에 다시 눈을 뜨므로 우리는 신의 시선 속에서 일하고, 보고, 존재한다. 나는 힌두 신화를 좋아하는데, 거기서는 시바와 그의 연인 파르바티가 전희를 즐길 때 파르바티가 시바 뒤에서 그의 눈을 가리면 히말라야 산맥 위에서 내려 쬐는 빛이 멈춘다. 신들이 벌이는 에로틱한 의식 이야기를 들으면서 잠드는 인도 아이들을 상상해보라. 신들이 밤이면 밤마다 난잡한 행동을 한다니, 십대 아이들은 분명 웃을 것이다. 그것은 힌두 사람들의 얼굴을 붉히기에 충분하다.

　내가 자란 기독교 전통의 기원인 히브리 전통에서 빛은 은유다. 신은 무無에서 우주를, 또한 분자구조를 만들지만, 그분은 분자구조로 이루어진 것도 아니고 그런 적도 없다. 모든 것은 한계가 있지만 하나님은 한계가 없기 때문이다. 이런 의미에서 하나님은 존재하지 않는 동시에 존재하신다. 시적 상상은 참으로 아름답다. 시적 상상은 우리가 보고 느끼고 만지는 모든 것이, 단단하게 밀집된 원자가, 부드러운 산들바람의 부드러움이 신의 숨결이라고 말한다 바람의 원자는 아마도 이리저리 움직이며 노는 것처럼 느슨할 것이다. 그리고 하나님은 제일 먼저 빛을 만드신다. 이 빛을 태양이나 달, 별과 혼동해서는 안된다. 그것들은 더 나중에 만들어지기 때문이다. 하나님은 빛을, 입자나 파동과 **비슷하지만** 어느 쪽도 아니며 일종의 여행하는 에너지에 지나지 않는 비물질을 만드셨다. 일종의 자기파magnetic wave와 같다. 그렇다면 빛은 존재인 동시에 존재가 아닌 하나님에게 적절한 은유가 된다. 하나님이 빛과 같다면 빛의 속도로 이동하실 것이다. 시간과 공간은 속도와 섞이므로 빛의 속도는 마법이며 시간으로부터 일종의 탈출을 허락하는 정확한 숫자이다.

과학자들이 한 가지 실험을 했다. 원자시계로 시간을 정확히 재면서 한 사람은 비행기에 타서 지구를 한 바퀴 돌고, 다른 사람은 제자리에서 상대방이 돌아오기를 기다리는 실험이었다. 두 사람이 다시 만날 때 지구를 한 바퀴 돌고 온 사람은 제자리에 가만히 있던 사람보다 천 분의 일 초 뒤쳐진다. 물리학자들의 발견에 따르면 우리는 빨리 움직일수록 더 적은 시간을 경험한다. 그리고 빛의 속도로 움직이면 절대 나이를 먹지 않는다. 시간 바깥에 존재하기 때문에 영원한 존재가 되는 것이다. 하지만 빛의 속도로 달리려고 운동화 끈을 단단히 묶기 전에 먼저 알아야 할 것이 있다. 과학자들은 빛의 속도에 다다르면 물질의 밀도가 높아지므로 당신이 빛의 속도로 움직이려고 하면 위치타 Wichita: 캔자스 주의 도시 — 옮긴이에 도착할 때쯤엔 폭발할 것이고, 당신을 구성하는 원자들은 볼링공처럼 밀도가 높아진다고 경고한다. 설상가상으로 밀도는 곡선을 그리며 상승한다. 즉, 빨리 움직일수록 밀도가 더 높아지고 빛의 속도에 가까워질 수는 있지만 물질과 그 마법의 속도는 결코 만나지 못한다는 말이다. 빨리 움직일수록 그래프의 곡선이 더 가팔라지기 때문이다. 분자로 이루어진 당신과 나는 빛의 속도로 움직일 수 없고, 따라서 시간으로부터 달아날 수 없다. 적어도 이 육체를 입은 채로는 말이다.

빛의 복잡성을 히브리의 은유에 비추어서 생각해보자. 우리가 보는 것은 빛이 아니라 빛이 닿는 곳이다. 무無로 이루어진 빛은 눈에 보이지 않고, 목적을 가지고 집중된 에너지로, 무한한 힘을 갖는다 빛을 진공에 쏘면 절대 지치지 않고 영원히 움직인다. 그렇다면 하나님이 존재를 창조하신 다음 마치 "자, 여기 너와 전혀 다른 것이, 시간 바깥에 존재하며 무한한 힘과 추력을 가진 것이 있다. 네가 경험할 수는 있지만 이해할 수는 없는 것이 있다"라고 말씀하시듯 은유를 만드신 것은 얼마나 적절한 일인가. 성경의 나머지 부분에서 하나님은 당신 자신을 빛이라 부르신다. 히브리의 은유는 기이하게 완성된다. 특히 에라토스테네스가 몇천 년 전에 막대와 그림자로 연구하여 태양신 라가 결코 눈을 감지 않는다는 사실을 발견했음을 생각하면 더욱 그렇다.

나는 밴에서 백 미터 정도 걸어간 뒤 걸음을 멈추고 지평선을 흠뻑 받아들인다. 차가운 공기가 폐로 흘러 들어오고 짙은 파란색 네온이 멀리 떨어진 산의 윤곽을 그린다. 봉우리는 전부 검고 울퉁불퉁하다. 나는 생각한다. '정말 멋질 거야.' 숨을 쉬어도 입김은 나오지 않지만 공기는 확실히 차다. 너무 건조해서 그런지도 모른다. 뒤를 돌아보니 흰색 밴이 텅 빈 고속도로 옆 어스름한 곳에 서 있다. 지금까지 몇 킬로미터 동안 차 한 대도 지나가지 않았다. 트럭도 소음도 없다. 언덕을 타고 흐르면서 점점 불어나는 물처럼 바람이 고기압에서 소용돌이치는 저기압으로 흘러가는 희미한 소리만 들릴 뿐이다. 주간고속도로는 모래밭을 가로질러 뒤쪽 멀리 보이는 산길을 올라간다. 그리고 아직 밤 그림자 때문에 어두운 사막 평지는 몇 킬로미터나 평평하게 펼쳐지다가 동쪽의 잠든 봉우리들을 향해 치솟는다. 모래는 텅 빈 캔버스처럼 유령 같은 모습이다. 마치 표면에 뭔가 아름다운 그림이 그려지기를 바라는 듯, 육신을 원하는 것 같다.

나는 일출을 볼 장소를 찾아 사막으로 간다. 열 걸음 걸을 때마다 동쪽을 확인하면 그때마다 하늘이 변해 있다. 검은색이 점점 파래지더니 어떤 그림이나 사진에서도 본 적 없는 청색이 된다. 이것은 오직 이른 아침에만 서서히 일어나는 변화, 한 색조에서 다른 색조로 변하는 살아 있는 푸른색이다.

그런 다음 깊고 풍성한 어둠의 건조한 그림자가 갈색 모래 위로 호수처럼 쏟아진다. 이것이 바로 빛의 부재다. 내 발자국이 내가 걸어온 길을 보여준다. 뒤를 돌아보자 밴은 검은색 실처럼 풀려 있는 길옆의 작은 점 같다. 동쪽을 보니 압도적인 파란색 사이로 붉은 색이 스미기 시작한다. 이제 구름도 있다. 빛이 서서히 떠오르자 거대한 수증기가 형태를 이룬다. 10킬로미터나 솟아오르는 기다란 구름이다. 어마어마한 크기이지만, 구름은 산으로 가려진 검푸른 하늘의 길이와 깊이에 보호받고 있다.

아침이 손가락을 먼저 든 다음 구름을 향해 긴 뼈를 내뻗는다. 나는 이 장관에 정신이 팔려 차가운 아침 모래밭에 앉는다. 양옆에 놓인 손이 얼어붙은 모래 속에 반쯤 묻힌다. 나는 손을 들어 모래를 탁탁 털고는 재킷 주머니에 넣는다. 유령 같은 검은 산들이 회색으로 살아나더니 정상을 향해 뻗은 절벽과 우뚝 솟은 바위들을 드러낸다.

갑자기 누군가가 내 이름을 부른다. 자리에서 일어나 바지에 손을 문지르면서 보니 폴이 밴 앞에 서서 내가 사람인지 바위인지 가늠하는 듯 이쪽을 보고 있다. 내가 팔을 흔들자 그가 도로를 건너 수로 속으로 사라진다. 잠시 후 폴의 모습보다 소리가 먼저 다가온다. 모래를 밟는 가벼운 발소리. 폴은 지평선에 시선을 고정한 채 천천히 온다. 단단히 팔짱을 끼고서 목을 따뜻하게 하려는 듯 어깨를 바짝 움츠린다. 그러다가 팔짱을 풀고 눈을 비비며 하품을 하더니 떠오르는 태양을 향해 고개를 돌린다. 가까이 다가올수록 보폭이 줄어들고, 폴이 내 곁에 3미터쯤 떨어져 선다. 우리는 프로메테우스가 산을 점령하는 모습을 함께 감상한다.

6. 난관

덜컹거리는 밴은 지독한 골칫거리다. 이상한 틱틱 소리와 소음기가 내는 탁탁 소리가 사막에 울린다. 아스팔트는 길고 곧으며 많이 뜨겁지 않지만 항상 여름의 기억을 품고 있다. 고온에 대한 일반적인 존중뿐 아니라 두려움까지도. 차창 밖으로 스쳐가는 방목장들은 이전 골짜기와 같은 풍경을 보여주고, 1킬로미터를 지나도 그 전 1킬로미터와 완전히 똑같다. 폴에게 꼭 화성 같은 풍경이라고 말하자 그도 고개를 끄덕여 동의한다. 아까 우리는 사막에 30분 동안 서서 태양이 느긋하게 자기 할 일을 하게 놔두었다. 태양이 갈색 풍경에 아름다움을 쏟아붓자 나는 그 은유에 감탄했다. 태양이 높이 뜰수록 색이 바래고 땅은 무無에 자리를 내주었다. 마치 색깔이라는 것은 속임수이고, 태양은 우리에게 아름다움 같은 건 없으며 자기가 어떤 곳에 어떤 빛을 비추기로 선택하면 그것이 우리 뇌의 어떤 화학작용을 자극할 뿐이라고 가르쳐주는 것 같았다. 태양과 풍경은 서로를 놀리며 잊힌 기억을 다시 반복하는 오랜 연인 같았다.

하지만 만약 둘이 서로를 놀리고 있었던 거라면 이제는 확실히 놀림을 멈추었다. 여기 이 죽은 흙먼지 속에서 우리에게는 생명의 불꽃이 사라진 생명의 질료밖에 없다. 우리 모두는 이것으로, 이 흙먼지로 만들어진다. 삶의 모든 것은 이 마법 같은 흙, 요정의 가루일 뿐이다. 땅에 씨앗을 심으면 그 씨앗은 나무를 만들기 위해 주변에서 마법의 힘을 찾는다. 씨앗은 시간이 지나면 주변의 요정 가루에서 힘을 모아 나무가 되고, 물과 더 많은 흙과 수백 년이라는 시간의 도움을 받아 마천루처럼 높고 집 한 채 만큼 두꺼운 나무가 된다. 이 모든 것이 흙먼지에서 나온다. 풀이 자라는 것도 마찬가지고 당근, 감자, 양파, 나무에 달린 사과, 맥주를 만드는 보리도 그렇다. 지구의 뱃속 아궁이에서 흙먼지가 달아올라 바위가 되고, 바위를 가공하면 철이 되고, 바위를 지구의 중량으로 압축하면 다이아몬드가 된다. 사람들, 당신과 나는 우리가 무엇을 믿느냐에 따라 다른 것으로 불이 밝혀진 흙먼지다. 외계인이 가져온 마법의 씨앗, 다윈의 꿈에 등장하는 우연한 무無, 하나님의 따뜻한 숨결, 태아에게 심장박동을 주는 생명의 불꽃, 흙먼지에 생명을 주고 DNA에 방향과 신비한 움직임을 새겨서 나무보다 훨씬 더 복잡하게 만드는 마법의 빛. 이로 인해 우리는 존재에 의문을 제기하고, 우리가 어떻게 만들어졌는지 추측하고, 사랑하고 미워할 수 있다. 영감이 충만한 삶을 살다가 죽어서 흙먼지로, 태양이 눈을 속일 때와 장난기 가득한 빛의 은유 속에서만 아름다운, 갈색 바다와 한낮의 사막 같은 광대한 무無의 심연으로 돌아갈 수 있다.

온갖 기술을 발전시키면서 우리는 땅과의 접촉을 잃었다.

히터와 에어컨은 계절의 드라마를 앗아갔고, 자동차 때문에 우리의 발은 땅을 달리지 못하며, 콘크리트와 신발과 카펫 때문에 우리는 가공되지 않은 땅의 감촉을 느끼지 못한다. 우리는 창조된 세상 속이 아니라 그 위에서 살아간다고 나는 생각한다. 그리고 폴의 밴, 라디오와 침대가 딸린 이 거대한 휠체어는 우리를 태우고 생각도 할 수 없을 만큼 빠른 속도로 우리 선조들이 한 계절은 걸려서 건넜을 사막을 가로지른다. 바퀴가 발명되면서 땅은 궁지에 몰렸다. 나는 생각한다. '꼭 타임머신 같아. 평생은 걸렸을 길을 고작 일주일 만에 가게 해주잖아.' 하지만 우리 밴보다 20년은 더 늦게 나온 다른 차가 지나갈 때면 나는 우리의 운송 수단이 얼마나 낡은 건지 기억해낸다. 모든 것은 상대적이다. 밴은 통통거리며 동정을 갈구한다. 진짜 늙고 관절염에 걸린 것 같기에 어쩌면 동정받을 만한지도 모르겠다. 세심한 독일인들의 손에서 만들어져 녹음과 산에 둘러싸여 살다가 오랜 세월의 봉사를 끝내고 은퇴하는 게 아니라 카우보이들처럼 메마른 사막을 가로질러 여행하는 거친 녀석들한테 팔리다니. 이 물건은 주인을 얼마나 경멸할까.

 "세 시간은 더 가야 앨버커키에 도착할 거고, 플래그스태프까지는 거기서 몇 시간 더 걸릴 거야." 폴의 목소리가 세찬 바람 소리를 뚫고 반쯤 연결된 것처럼 들려온다. 밴 안에서 소용돌이치는 공기는 해변 모래처럼 꺼끌꺼끌하다. 지나가는 자동차들은 합금 부분이 표백한 것처럼 환하게 빛난다.

"이제 사막이 지겨워?" 내가 묻는다.

"별로 상관없어." 폴이 도로의 소음에 지지 않으려고 큰
소리로 말한다. 그가 무릎으로 운전대를 고정시키더니 셔츠
를 벗어서 어깨 너머로 던진다. "오리건에도 꽤 멋진 사막이
있거든. 이렇게 건조하지는 않지만 비슷해."

"오리건에는 항상 비가 오는 줄 알았는데." 내가 말한다.

"캐스케이드 산맥 너머에는 항상 비가 오지만 중앙 오리
건은 안 그래. 포틀랜드랑 유진에는 항상 비가 오지. 겨울에
윌래밋 밸리는 열대우림 같지만 동쪽으로 160킬로미터만 지
나서 캐스케이드 산맥을 넘으면 온통 사막이야." 고향 이야
기를 하자 폴의 얼굴이 밝아진다.

"그건 몰랐네. 오리건은 겨울에는 툰드라 같고 여름에는
내내 비가 오는 줄 알았어."

"오리건의 여름은 너도 정말 좋아할 거야." 그가 말한다.
"완벽하지. 기온은 25도에서 35도 정도에, 건조하고, 하늘은
파랗고 시냇물은 청명하고. 마운틴 듀 광고 속에 사는 것 같
지. …… 아, 내 친구 하나가 나왔었다고 얘기했었나?"

"마운틴 듀 광고에?" 내가 묻는다.

"응. 헨리라는 친구야. 사람들이 부둣가에 모여서 바다에
밧줄 던지는 광고 본 적 있어?"

"응, 본 것 같아."

"헨리가 그 광고에 나왔어. 블랙 뷰트 바로 옆에 있는 블루 레이크에서 찍었지."

"어떻게 출연하게 됐어?" 내가 묻는다.

"시스터스오리건 주의 도시 — 옮긴이에 촬영 스태프들이 와서 길가에 차를 대고 광고에 출연할 사람들을 찾기 시작했거든. 헨리가 스리프트웨이라는 잡화점에서 나오는데 그 사람들이 부르더래. 갠 초콜릿 바를 손에 쥐고 있었는데, 그 사람들이 뭘 부탁하는지 깨닫고 그걸 하도 세게 쥐어서 초콜릿이 포장지 밖으로 튀어나왔대. 그래서 헨리는 그 사람이랑 악수하면서 초콜릿을 묻혔지. 헨리는 거기 가서 밧줄을 흔드는 대가로 200달러를 받았어. 촬영은 온종일 걸렸고, 끝난 다음에는 스태프들이랑 저녁을 먹고 같이 어울렸지. 그 중 한 명은 〈굿모닝 베트남〉베트남 전쟁을 배경으로 하는 1987년 개봉 영화로 로빈 윌리엄스가 골든글로브 남우주연상을 수상했다 — 편집자 세트장에서 로빈 윌리엄스를 만난 적이 있대."

"멋진데." 내가 말한다. "밧줄을 흔들고 텔레비전에 나오는 대가로 200달러라." 나는 좌석 깊숙이 기대어 앉아 차창에 팔을 걸친다. "하나님께서 내게 원하시는 게 바로 그 일이야. 분명 내가 록스타나 배우가 되기를 바라실 거야."

"진짜?" 폴이 말한다.

"응, 진짜." 그가 말을 끝내기도 전에 내가 말한다. "록스타나 배우. 오리건에 가면 그 헨리라는 친구를 꼭 만나야겠어.

마운틴 듀 광고 정도면 첫 작품으로 괜찮을 것 같아." 나는 교활한 웃음을 지으며 뱃살을 잡아당기고 근육에 힘을 주면서 바니 파이프Barney Fife: 미국 텔레비전 코미디 프로그램의 등장인물 — 옮긴이처럼 콧바람을 분다.

"눈에 선하다, 돈. 넌 마운틴 듀 광고에 잘 어울릴 거야. 해변의 여자들 주변으로 카메라를 이동하다가 털이 무성한 네 등에 초점을 맞추면 바로 그때 네가 뒤돌아서 벨트 위로 배를 쑥 내밀며 카메라를 보는 거야."

"바로 그거야. 너도 이제 잘 아는구나. 사람들은 평범한 남자를 좋아하는 법이거든." 내가 말한다.

"그런가?"

"그럼. 그다음으로는 털이 무성한 등을 좋아하고. 여자들은 남자를 딱 보면 알아보거든."

"야, 토 나올 거 같아."

"질투하지 마, 폴. 아주 긴 여행이 될 텐데, 난 그런 갈등은 싫거든."

"알았어. 침착함을 잃지 않도록 노력할게. 넌 등에 털도 있고 하니 어렵겠지만. 넌 셔츠를 벗은 록스타나 마운틴 듀 광고 출연자가 될 텐데, 난 결국 이름 없는 사람으로 끝나리라는 걸 아니까 말이야." 폴이 뿌루퉁한 입술 모양을 해보인다.

"그런 식으로 생각하지 마. 난 하찮은 사람들을 절대 잊지 않을 거야. 하찮은 사람들이야말로 이 세상을 만들어가는 사람들이니까. 내가 영화 상을 처음 타면, 왜 그 조그만 황금 트로피 말이야, 단상에 서서 이렇게 말할 거야. '하찮은 사람들, 저의 오랜 친구 폴처럼 아주 하찮은 사람들에게 감사드립니다.'"

"정말 그래줄 거야? 단상에서 내 이름 말할 거야?"

"물론이지. 너라도 그렇게 할 거 아냐."

폴은 교활한 웃음을 지으며 한동안 조용히 앉아 있다.

"사실 난 안 그럴지도 몰라, 돈. 난 상을 받아도 네 이름을 말하지 않을 거야, 아마."

"말 안 한단 말이지?"

"응, 안 할 것 같아." 폴이 말한다. "그러니까 내 말은, 제작자나 감독이랑 다른 배우들, 레지스와 켈리Regis and Kelly: 아침 생방송 토크쇼 사회자 — 옮긴이랑, 또 가족들한테도 고맙다고 인사해야 되잖아. 난 아마 그냥 '저는 또한 하찮은 사람들에게도 감사드립니다'라고만 할 거 같아. 모든 사람을 뭉뚱그려서 덮는 담요 같은 말이지. 아무도 기분 나쁘지 않게 말이야."

나는 곤혹스러운 표정으로 입을 약간 벌린다. 그런 다음 고개를 돌려 폴을 보며 동의한다. "무슨 말인지 알겠다. 누구 한 사람한테 고맙다고 말하면 다른 사람들한테도 인사를 해야 되고, 그러다 누구 하나 빼놓기라도 하면 감정이 상하니까. 그렇다면 나도 너처럼 할까 봐."

"무슨 뜻이야?" 폴이 말한다.

"필요한 사람들한테만 인사하고 하찮은 사람들은 일일이 나열하지 않는 거지."

"약속을 물리면 안 되지." 그가 말한다.

"분명히 말하지만 너한테 고맙다고 안 할 거야."

밴이 갑자기 이상하게 덜컹 하더니 느려진다. 폴이 페달을 밟는다…… 그대로다. 밴을 움직이는 힘은 관성뿐이다. 우리는 허허벌판에서 천천히 나아가고 있지만 밴은 분명 곧 멈춰 설 것이다. 폴이 페달을 바닥에 닿을 만큼 깊숙이 밟자 끼익 소리를 낸다. 엔진은 돌아가지만 분당 회전수는 올라가지 않는다.

"너 때문에 밴이 화났잖아, 돈. 네가 이기적으로 굴어서 밴이 화난 거야. 네가 무슨 짓을 했나 좀 봐."

"나랑은 상관없어." 내가 웃으면서 말한다. "너 껌 안 뗐지?"

"건드리지도 않았어." 껌 덩어리는 아직 단단히 붙어 있다. 폴이 밴을 갓길로 몬다. 그가 차를 천천히 세운 다음 엔진을 끄자 엔진은 열기 때문에 틱틱 소리를 낸다. 차 몇 대가 붕붕 지나가면서 돌풍을 일으켜 밴이 흔들린다. 사막은 조용하다. 선인장 몇 그루와 흩어진 바위와 붉은 자갈이 약간 있지만 주유소도 가게도 없고 화성 같은 땅이 몇 킬로미터나 펼쳐져 있을 뿐이다.

"좋은 수가 있어." 내가 차분하게, 음울하게 말한다. "기차에 올라타자. 이제부터 네 별명은 빅 폴리 폴, 난 스맥 대디 팝이야. 크립 갱단이나 블러드 갱단을 우연히 만나겠지……."

"참도 재밌네, 돈. 연결이 잘못돼서 그래. 그것만 고치면 돼." 폴이 말한다.

개의치 않고 내가 계속 말한다. "사막을 가로질러 걸어가면 기차가 나올지도 몰라. 난 차장 칸에 타고 싶어."

"연결 문제라니까, 돈. 별거 아냐. 이제 그만해."

폴이 몸을 숙이고 사이드미러를 보면서 차가 오는지 확인한다. 그런 뒤 문을 열고 밴 앞쪽을 돌아 조수석 문을 지나서 뒤로 가지만 내 시선을 피한다. 나도 문을 열고 따라간다. 엔진실을 여는 폴의 표정이 조금 괴로워 보인다.

"약간 조이기만 하면 될 거야." 내가 위로하듯 말한다.

"응, 그게 문젠 거 같아."

내가 고개를 끄덕인다. 폴이 한쪽 무릎을 꿇고 엔진실에 손을 넣다가 갑자기 빼서 마구 흔들며 후후 분다.

"식혀야겠네." 내가 말한다.

"할 수 있어." 폴이 다시 손을 넣는다. 나도 같이 몸을 숙인다. 연결부가 상당히 느슨해져서 양쪽 카뷰레터가 빽빽하게 막혀 있다.

"이건 내가 고칠 수 있어. 벤 아저씨가 전선을 충분히 남겨 놨거든. 그런데 반대쪽도 상당히 낡았는데." 폴이 다른 연결

부를 가리킨다. 그의 말이 맞다. 원래 길이가 딱 맞게 전선이 조여져 있었는데 연결이 느슨해졌다. 지난번처럼 다시 조여야 한다. 새 전선이나 뭐 그런 게 필요하다.

"낡은 선은 잘라내야 할까?" 내가 묻는다.

"아마도."

"그럼 전선이 더 필요하겠네."

"전선 조각 없나 좀 둘러봐줄래?" 폴이 묻는다.

나는 일어나서 기다란 고속도로를 본다. 길은 몇 킬로미터를 지난 다음에야 시야에서 사라진다.

"차 안에 적당한 게 없나 볼게." 내가 폴에게 말한다.

밴은 고장 나고 싶었던 것 같다. 마치 자기가 달린다는 사실에 우리가 감사하기를 바라는 것처럼 일부러 멈춘 것 같다. 우리가 잠시 멈춰서 자기를 얼마나 함부로 대했는지 반성하고 더 현대적인 자동차들과 비교하는 짓을 그만두기를 바라는 것 같다. 나는 문을 열고 환기를 시킨다. 이어서 혼잣말을 한다. "여기 전선은 없어." 조수석 서랍에는 지난번에 열었을 때와 똑같은 물건들만 있을 뿐 전선은 없다. 나는 바닥, 좌석 밑, 싱크대 밑, 그리고 식료품이 든 상자를 전부 뒤진다. 상자에 든 건 대부분 콩과 쌀이고 타바스코 소스 작은 병이 일고여덟 개 있다.

"갓길을 좀 살펴볼게. 뭐가 있을지도 몰라." 내가 말한다.

"응. 여기 반대쪽에 전선이 꼭 필요해." 폴이 밴 뒤쪽에서 외친다.

갓길은 깨끗하다. 뜨겁고 번쩍인다. 멀리서 수증기가 소용돌이친다. 관목은 단단히 뿌리내려서 온종일 잡아당겨도 꿈쩍도 하지 않을 것 같다. 그다지 많지는 않고 몇 킬로미터나 이어지는 갈라진 모래밭에 점점이 나 있다. '여기 전선이 있을 리 없지' 하고 나는 생각한다. 손가락으로 산쑥을 꺾는다. 소나무 향이 난다. 콜로라도를 통째로 병에 담아놓은 듯 깨끗하고 좋은 냄새다. 멀리서 세미트레일러가 바람처럼 다가오더니 경적을 울리며 지나간다. 우리는 차를 갓길에 바짝 대놓았다. 돌풍이 지나간다. 또 다른 세미트레일러와 자동차 한 대가 지나간다. 조금 떨어진 곳에서 뭔가가 번쩍이는데, 유리나 도로 파편은 아닌 것 같다. 가까이 다가가 보니 플라스틱 조각이다. 나는 그것을 집어서 어깨 너머로 던진다.

폴은 연결 부위를 손으로 단단히 잡고 있다. 한 손으로 연결 부위를 카뷰레터 쪽으로 바짝 밀면서 다른 손으로 연결 부위를 단단히 잡고 돌려서 끼운다. 그렇게 두 번 한 다음 한 번 더 하려고 세 번째로 잡아당긴다. 폴은 반대쪽 카뷰레터로 시선을 돌리더니 이번에는 그쪽이 느슨해진 것을 보고 한숨을 약간 내쉬며 고개를 젓는다. 그는 고개를 숙이고 한 손으로 누르더니 반대쪽을 또 끼운다. 폴은 세미트레일러가 다가오는 소리를 듣고 고개를 숙여 팔에 붙이고 눈을 감는다.

트럭이 굉음과 함께 지나가면서 폴의 등과 팔과 엔진 주변에 따끔할 정도로 모래를 튀긴다. 그는 몸을 흔들어 모래를 털어내고 다시 작업을 시작한다.

나는 뒤를 돌아보고 밴이 생각보다 도로 가까이 서 있다는 사실을 깨닫는다. 밴 뒤쪽의 폴은 보이지 않는다. 자동차 한 대가 다가오면서 속력을 조금 줄이더니 반대 차선으로 반 정도 넘어가 전속력으로 밴 옆을 지나간다. 갓길은 이상하리만치 깨끗하다. 마치 우리가 여기에 설 것을 미리 알고 운명의 여신이 훑고 지나간 것 같다. 아마 사흘 전에는 쓰레기가 잔뜩 있었을 것이다. 쓸 만한 전선 조각도 있었을 거다. 어느 도로 청소부가, 혹은 노란 재킷을 입고 쓰레기봉투를 든 죄수들이 여기를 청소한 거다. 우리는 참 운도 없다.

나는 잠깐 기도하며 하나님께 도움을 청한다.

난관은 의문으로 이어지고 의문은 기도로 연결된다. 삶이 산산이 조각날 때까지, 어떤 난관에 맞닥뜨릴 때까지는 믿음에 대해 전혀 신경 쓰지 않는다는 사실이 얼마나 웃긴지. 그래서 나는 잠시 기도를 드린다. 곧이어 우리 문제를 해결할 좋은 수가 떠오른다. 나는 그 생각에 저절로 껑충껑충 뛰면서 밴으로 돌아간다.

"스테레오 좋아?" 내가 묻는다.

"무슨 말이야?" 폴이 말한다.

"저 스테레오를 얼마나 아끼느냐고. 스피커 한쪽이 안 나와도 괜찮아?"

"그거 좋은 생각이다, 돈."

나는 조수석 문의 패널을 벗겨내고 스피커 전선을 끊는다. 그런 다음 구멍에서 스테레오를 떼어내고 전선을 전부 당겨서 1미터는 족히 될 만한 전선을 손에 둘둘 감은 다음 밴 뒤쪽으로 간다. 폴이 한쪽 연결 부위를 꽤 단단하게 고쳐놓았다. 이제 반대쪽에서 같이 작업을 한다. 내가 전선을 자르고 폴이 그것을 연결해서 연결 부속을 꿰어 고정하기 시작한다. "저거부터 펴야지." 내가 말한다.

"응." 폴이 하던 일을 놓고 전선을 잡아당겨 편다. 내가 연결부를 단단히 잡고 그가 다시 연결부를 꿴다.

"페달 좀 밟아볼래?" 폴이 말한다.

내가 가서 페달을 밟아보니 폴이 제대로 고친 것 같다. 그는 나에게 페달을 밟고 있으라고 한 다음 휘발유를 흔들어 힘을 시험해본다. 폴은 이것으로 여행이 끝날 때까지 버틸 수 있기를 바란다. "괜찮은 것 같아." 그가 중얼거린다.

"뭐라고, 폴?"

"시동 걸어!" 그가 외친다.

밴에 시동이 걸린다. 카뷰레터에 있던 휘발유가 금방 점화한다. 새로운 연료가 흘러 들어온다. 자동차는 신음 소리를 내면서 역화를 일으키더니 레모네이드를 마시듯이 연료를 마신다. 페달을 밟자 엔진이 더 큰 소리를 내며 속도를 높인다. 나는 자동차가 비명을 지르게 한 다음 그 상태를 유지한다. 폴이 엔진실을 닫고 운전석 차창 쪽으로 걸어온다. 그는 도로에 선 채 엔진 속도를 높인 나를 나무라는 표정을 짓는다.

"된 것 같네." 그가 표정을 바꾸지 않은 채 말한다.

"뭐라고?" 나는 엔진 소리가 너무 커서 안 들리는 척한다.

"괜찮은 것 같다고. 이제 발 떼지 그래." 폴이 미소를 지으며 소리친다.

"더 밟으라고?" 내가 이렇게 말하며 페달을 밟는다.

폴이 내 옆얼굴을 툭 치며 말한다. "아니, 잘된다고. 더 밟을 필요 없어."

나는 페달에서 발을 떼고 좌석에 기대어 앉는다. 폴이 문을 열려고 하자 내가 얼른 잠근다. 그가 창 너머로 손을 넣어 잠금장치를 풀지만 내가 다시 잠근다.

"태워드릴까요?" 내가 묻는다.

"그거 좋죠." 폴이 미소 지으며 얼른 잠금장치를 잡고서 문을 열려고 한다.

"네가 운전해." 내가 조수석으로 넘어가면서 말한다.

"그래. 잠 못 잤지?" 폴이 차에 타더니 공구 상자를 좌석 사이에 놓는다.

"응. 못 잤어. 나도 고장 날 거 같아." 나는 대시보드 위에 놓인 스테레오를 구멍에 다시 넣고 뒤쪽 전선을 손본다. "저쪽 스피커는 아직 나올 거야." 내가 말한다.

"이제 스키너드를 들을 차롄가." 폴이 빙그레 웃으면서 조수석 서랍으로 손을 뻗는다. 내가 얼른 대시보드에 발을 올려서 그를 방해한다.

"알았어." 폴이 빙긋 웃으며 고개를 끄덕이고 기어를 1단에 놓은 다음 클러치에서 발을 뗀다. 그는 룸미러를 확인한 다음 고속도로로 진입한다. "알았다고." 그가 다시 말한다.

7. 플래그스태프

저녁이 되어 도시에 가까워지자 별똥별이 키 큰 건물 뒤로 떨어진다. 플래그스태프는 산 옆이라 조용하다. 소나기구름처럼 솟아오르는 어두운 산꼭대기가 보인다. 우리는 동쪽에서 플래그스태프로 들어가는 검은 도로를 달리고 있다. 표지판이 50킬로미터 바깥에 거대한 운석 구덩이가 있다고 알려준다. 낮에는 요금을 내고 구덩이 가장자리에 서보거나 박물관에 들어가서 우주나 그런 류에 관한 영화를 볼 수 있다. 폴과 나는 별말 없이 표지판을 지나친다. 우리는 더 큰 구덩이를 향해 달려가고 있다. 도시 외곽에는 가로등이 옛 로마 군사들처럼 지키고 서 있다. 소방차가 누군가의 비극을 알리는 봉화 같은 연기를 쫓는다. 플래그스태프는 다른 도시들과 전혀 다르다. 사람들은 공동체를 이루고 살지만 땅 위가 아니라 땅 속에서, 산들에 둘러싸여 110킬로미터 정도 떨어진 거대한 협곡 근처에서 살고 있다. 이들은 산 중턱의 빽빽한 숲에서 살게 된 사막의 사람들이다. 나는 대양 위의 작은 섬을 떠올렸다. 우리 밴은 해안을 향해 통통거리며 나아가는 배 같다. 요즘은 수많은 도시 때문에 사람들은 토양이 아닌 삶의 표면에서 살게 되는 것 같다. 그러면서 삶의 심오한 의문을 텔레비전 독백과 리얼리티 쇼로 희석시킨다. 닐 포스트먼의 말처럼 죽도록 즐기는 것이다. 하지만 플래그스태프는 느낌이 다르다. 이 사람들은 **왜**라는 의문에 다른 해답을 내놓은 것 같다. 도시 공동체를 만들어서 자기들끼리 해답을 나누는 것 같다. 사막 유령에 대한 해답, 신이 된 태양에 대한 해답, 별들에 새겨진 메시지에 대한 해답을 말이다.

그러나 나는 어떤 추정을 하며 플래그스태프에 왔다. 난 플래그스태프에 와본 적이 없지만 이 사람들 중에서 반은 UFO를 믿는다고 단언할 수 있다. 백 명 중 한 명은 동그란 우주선으로 빨려 들어갔더니 작은 초록색 외계인들이 자기 엉덩이에서 피부 표본을 떼어냈던 흐릿한 기억을 가지고 있다. 그 사실을 증명할 흉터도 있다. 그러므로 어느 정도 맥주도 마셨고 바가 한산해지면 당신에게 흉터를 보여준다. 또한 소박함을 따르는, 점점 커져가는 대학생 단체도 있다. 이들은 멋진 지프차를 몰면서 매일 똑같은 카키색 바지를 입고 지그문트나 매슬로 _{지그문트 프로이트와 심리학자 에이브러햄 매슬로를 가리킨다} ― 옮긴이 같은 이름을 가진 개를 키운다. 그들의 아파트에 가보면 어딘가에 조지아 오키프 _{Georgia O'Keeffe: 주로 꽃이나 자연 풍경에 영감 받은 작품을 그린 화가 ― 옮긴이}의 그림이 있다. 이들은 시멘트를 저주하고 뉴욕과 시카고를 어머니 대자연의 옆구리에 난 가시처럼 여긴다. 또 햇볕에 그을린 피부를 가지고 있고 성격이 온화하며 머리를 감지 않는다.

플래그스태프가 날 받아들일지 모르겠다. 휴스턴에서는

사흘 동안 부츠를 털지 않는다. 하지만 폴은 여기에 잘 맞을 것이다. 내가 아는 한 폴은 외계인에게 납치된 적이 없지만 그 정도는 봐줄 거다. 정중한 폴은 조지아 오키프 그림을 몇 시간 동안 바라보면서 그들이 오키프가 색채와 형태를 어떻게 이용했는지 거드름 피우며 이야기하면 고개를 끄덕일 것이다. 하지만 나는 오키프가 갈색을 너무 많이 사용했기 때문에 그녀의 그림을 보면 목이 마르다고 말하겠지.

이런 면에서 폴은 나보다 낫다. 그는 페르소나 뒤에 숨어 있는 사람을 평가할 줄 안다. 폴에게는 사람이 생각보다 더 중요하다. 그는 타인을 비난하는 농담에는 웃지 않는다. 폴은 진실하고, 다른 사람들과 잘 공감하며, 친절하다. 폴과 나는 비슷한 역사를 살아왔다. 둘 다 이혼한 부모 밑에서 자랐고, 둘 다 어린 나이에 신앙을 접했으며, 위험을 무릅쓰는 모험에 열정을 품고 있다. 그러나 폴은 나보다 더 이타적이다. 나는 이타주의가 일종의 감정적 재능이라고 늘 생각해왔다. 내 말은, 대다수 사람은 항상 타인이 자신을 어떻게 생각할지 걱정하기 때문에 그 걱정이 어느새 말과 행동과 꿈과 감정에 드러나게 되어 있다는 거다. 하지만 폴은 그 위에 있는지 아래에 있는지 모르겠으나 아무튼 영향을 받지 않는다. 폴은 타인에게 별로 신경 쓰지 않는데, 그게 내가 보기에는 기적 같다. 어떻게 타인의 의견에 신경 쓰지 않고 그들을 조종하지도 않으면서 즐겁게 지낼 수 있을까? 어떻게 하면 집세에 대해, 어떻게 먹고 살지에 대해, 괜찮은 은퇴 대비책에 대해 걱정을 멈출 수 있을까? 폴과 함께 있으면 삶이 우리가 바라보는 것보다 훨씬 좋을지도 모른다는 생각, 우리가 하는 걱정 대부분은 걱정할 가치가 없다는 생각, 은행 계좌에 잔고가 별로 없거나 유행에 뒤진 옷을 입는다고 해서 암에 걸리는 건 아니라는 생각을 갖게 된다. 나는 가끔 계좌에 돈이 없거나 사회적 지위가 낮으면 암에 걸리게 될 거라는 느낌이 들곤 한다.

나는 인생에서는 안전이 제일 중요하다고, 1년치 월세가 있으면 마음이 편할 거라고 생각하는 경향이 있다. 걱정이 너무 많아서 내 생각이 맞는지 틀린지 걱정하고, 사람들이 날 좋아할지 싫어할지 걱정하고, 결혼을 해야 할지 말아야 할지 걱정하며, 만약 결혼한다면 그 여자가 결국 날 떠날지 아닐지를 걱정한다. 최근에는 내 차가 멋있는지, 내가 여러 사람 앞에서 말할 때 바보 같은 건 아닌지, 머리가 너무 많이 빠지는 건 아닌지를 걱정했다. 아마도 이 모든 것은 내가 휴스턴을, 콘크리트와 일렬로 늘어선 번화가와 거대 교회와 시네플렉스로 가득한 이 땅덩어리를 믿었기 때문인지도 모른다. 그 무엇도 진짜는 아니었다. 그런 것들은 분명 거기 있고 물질로 구성되어 있지만 모두 속임수다. 그 어떤 메시지도 진실이 아니며 우리가 끝없는 우주 어딘가에 존재하는 은하 속 한 행성에 살고 있다는 사실과 상관없다. 어떤 과학도 **이런 것**이 중요하다고 말하는 것 같지는 않다. 하지만 **그게** 무엇이 되었든, **그건** 중요한 것 같다. 그리고 우리는 어떤 공포를 느껴야 하는지도 모른다.

몇 달 전 차를 타고 45번 고속도로를 달리다가 갑자기 수많은 광고판이 나를 향해 소리치고 있음을 깨달았다. 물침대를 사라는 광고, 옷 벗는 여자들을 구경하라는 광고, 멕시코 음식을 먹으라는 광고, 바비큐를 먹으라는 광고, 조명을 받거나 천천히 지나가는 글자들로 교회에 오라고, 체육관에 다니라고, 이 영화를 보라고, 차를 사라고, 돈이 없어도 꼭 그렇게 하라고 말하는 광고판들. 그때 나는 그렇게 소리치는 광고들 속에서, 어떤 제품을 사면 내가 완벽해질 거라고 말하는 메시지 가운데서, 인생이 본질적으로 무엇인지는 절대 깨닫지 못하겠다는 생각이 불현듯 떠올랐다.

휴스턴은 삶이란 공포와 그 공포를 해결하는 일일 뿐이라는 생각을 하게 만든다. 잠깐 멈춰 서서 집과 차와 더 나은 직장이 정말로 필요한지 묻는 사람은 아무도 없다. 그러므로 절대 평화롭지 않다. 어떤 평온함도 없다. 휴스턴에서는 더 이상 별이 보이지 않고, 해변에 가면 꼭 코카콜라 병을 밟게 되고, 숲이 없기에 이제는 숲으로 하이킹을 갈 수도 없다. 우리는 입는 옷에 대해 공포를 느끼고, 모는 차에 공포를 느끼며, 밀리는 차 안에 꼼짝없이 앉아서 내 앞에 끼어든 남자가 나를 무시하는 건 아닐까 공포를 느낀다. 고래고래 소리 지르는 그 사람을 죽이고 싶지만 그러면서도 우리는 좋은 동네와 더 큰 집,

새 텔레비전과 새 가구가 필요하다고 생각한다. 우리는 비몽
사몽 차를 몰고 다니면서 스타벅스를 보고 침을 흘린다. 그러
는 내내 위대한 하늘은 우리 위에 있고, 사막에서는 저 아름다
운 일출이 시작되고 있으며, 모든 서부 산지의 소나무 가지에
는 눈이 쌓여가고, 동부의 나무들은 다른 색으로 물들어간다.
세상에, 너무나 아름답고 너무나 조용하고 너무나 완벽하지
않은가. 폴은 이를 잘 알고 있지만 우리는 그렇지 않다는 느낌
이 잠시 찾아온다. 밴에 살면서 일출을 보기 위해 일어나고,
불을 피워서 자신이 먹을 음식을 만들고, 차가 고장 나든 말든
멋진 옷이 있든 말든 사람들이 자기를 좋아하든 말든 신경 쓰
지 않는다면 돌파구를 찾은 것이리라. 한시도 멈추지 않고 귓
가에 속삭이는 거짓말의 폭격에 귀를 닫는 것을 깨달은 것이
리라. 그래서 내겐 폴이 너무나 달라 보이는지도 모르겠다. 그
는 더 이상 광고가 진실이라고 믿지 않는 사람이 되었기 때문
이다. 마땅히 그래야만 하는 인간이 되었기 때문이다.

　생각해보면 말이 된다. 그러니까, 우리가 오늘 아침 사막
에 서 있을 때, 내 머릿속에서 화학물질들이 회백질로 매끄
럽게 쏟아져 나왔다. 마치 손가락으로 내 마음에서 가장 말
랑말랑한 부분을 마사지하면서 이것이 바로 인간이 느껴야
하는 것이라고 말하는 듯했다. 우리는 바로 이를 위해 창조
되었다. 지구라는 캔버스를 채우는 아름다운 빛을 보기 위
해, 흙에 생명을 깃들이기 위해, 요정의 가루 같은 마법으로

나무와 선인장과 인간을 만들어내기 위해, 흙이 살아나게 하기 위해 만들어졌다. 이제 나는 뇌를 속여서 원래 느껴야 하는 것을 느끼지 못하게 만드는 것이 얼마나 쉬운지, 팔아야 할 중고차, 새로운 향수 등등을 가진 사람이 다른 사람의 뇌를 속이는 것이 얼마나 쉬운지 생각한다. **내가 파는 이걸 사면 당신이 느껴야 하는 것을 느낄 수 있습니다.**

하지만 당신과 내가 느껴야 하는 것을 느끼고 되어야 하는 존재가 되려면, 합당한 대가를 치러야 하는 게 아닐까? 폴은 그렇게 생각하는 것 같다. 혹은 적어도 그것이 진실이라는 듯이 행동한다. 폴은 호텔 방에 묵으면서 최신 뉴스를 따라잡으려 하지 않는다. 그는 스포츠 페이지를 샅샅이 뒤지면서 자기 자아와 결부시키는 팀이 잘하고 있는지 확인하려 하지도 않는다. 내 생각에 폴은 그 무엇도 얻으려 하지 않는 것 같다. 인간이 더 이상 거짓말을 믿지 않을 때 느끼게 되는 것을 느끼려고 애쓰는 듯하다. 우리가 더 이상 거짓말을 믿지 않을 때, 충분한 시간 동안 가만히 멈춰 서서 우리가 돈을 쓰게 만들려고 하는 말이 사실이 아님을 깨달을 때, 비로소 우리는 마침내 일출을 보고, 바닷바람의 축축한 냄새를 맡고, 높이 6킬로미터, 너비 16제곱미터 ^{약 5백만평}의 폭포에 지지 않을 만큼 웅장한 소나기에 감탄하고, 연못 수면 위를 전진하는 오리가 헤엄치는 원리에 놀라며, 달 표면에 드리워진 태양의 그림자를 즐긴다. 그리고 **이게 바로 내가 하도록 되어 있는 거야,**

난 이런 사람이 되기 위해 만들어진 거야라고 깨닫는다. 삶은 나에게 주어진 선물이고, 빛은 은유이며, 하나님은 우리의 감탄을 자아내려고 이런 일들을 하신다는 사실을 깨닫는다.

플래그스태프의 주요 도로는 산으로 올라가는 지선으로 나뉜다. 거리에는 이층짜리 벽돌 사무실과 술집, 소매점들이 늘어서 있는데 생각만큼 혼잡하지는 않다. 밤 10시여서인지 이따금 지나가는 자동차와 혼자 걸어가는 사람들을 제외하면 거리는 텅 비었다. 공기는 상당히 차가워졌다. 아마 두 시간 만에 17도는 떨어진 것 같다. 오는 내내 고도가 점점 높아졌으니 공기가 차가운 것은 날이 저물어서만이 아니라 고도 탓이기도 할 것이다. 이 고도 정도 되니 숲이 빽빽하다. 소나무와 상록수, 산 공기. 콜로라도나 몬태나는 이런 모습일 거라고 상상했지만 애리조나가 이럴 줄은 몰랐다. 플래그스태프가 사막 도시일 줄 알았지만 그렇지 않다. 그늘과 시냇물, 작은 공원들이 있다. 우리는 플래그스태프에서 묵지 않고 그랜드 캐니언을 향해 계속 달릴 생각이다. 그 정도 거리는 폴이 운전할 수 있을 것이다. 나는 너무 지쳐서 구불구불한 길을 찾아가기는커녕 한 가지 생각을 오래 할 수도 없다.

우리는 구부러진 길을 돌아 시내를 누비며 나아가다가 산옆의 깊은 제방을 가로지르는 출구를 발견한다. 도로가 산을 끌어안고 있다. 한쪽은 흙벽, 한쪽은 소나무가 늘어선 급커브 길을 지난다. 2차선이고 갓길은 없다. 플래그스태프가 멀리 희미해지더니 우리 뒤쪽 숲속으로 사라진다. 뾰족뾰족한 소나무들 사이로 군데군데 눈밭이 눈에 띈다. 눈이 녹지 않을 정도로 기온이 내려간 것이다. 다시 커브 길을 돌자 줄지어 늘어선 나무를 전조등이 훑고 지나간다. 불빛이 숲 깊숙한 곳을 비추자 갈색과 초록색 사이로 눈 덮인 언덕들이 보인다. "눈 보여, 폴?"

"응."

"진짜 놀랍다." 내가 말한다.

"눈 본 적 있어, 돈?"

"조금. 휴스턴에 눈이 한 번 왔었는데, 별로 안 추워서 금방 녹았어. 어릴 때였는데 몇 분밖에 안 왔지."

"음, 저기 또 있다." 폴이 미소 지으며 말한다.

"어, 저기 있네."

나는 도로를 가로지르는 사슴을 본 뒤 사슴이 또 안 나오나 계속 찾는 어린아이처럼 눈이 없는지 계속 찾는다. 나는 눈에 집착한다. 휴스턴 사람들은 겨우내 눈을 꿈꾼다. 우리는 반바지 차림으로 크리스마스를 축하하고, 일 년 중 영하로 내려가는 날은 대엿새밖에 없다. 겨울 역시 빨대로 얼음 넣은 음료수를 마시는 또 다른 여름일 뿐이다. 어렸을 때 나는 항상 눈 오는 곳에서 사는 삶을 꿈꿨다. 그래서 지도를 보면서 메인 주를 골랐다. 미국 대통령에 출마할 수 있는 자격을 잃지 않고 살 수 있는 최북단이었기 때문이다.

몇 번인가 커브 길을 지날 때마다 숲속에 작은 집들이 보인다. 소박한 삶을 사는 사람들. 그들은 직접 나무를 베고, 당근과 비트를 재배하고, 저녁이면 구슬처럼 반짝이는 눈으로 루크 스카이워커 Luke Skywalker: 영화 <스타워즈>의 주인공 — 옮긴이가 보이지 않을까 기대하면서 망원경을 들여다본다.

밴이 휘청거리며 도로 밖으로 약간 벗어나는 바람에 타이어가 도로 사면에 긁힌다. 폴이 운전대를 반대로 꺾다가 너무 많이 꺾는 바람에 반대 차선을 침범한다. 브레이크를 밟아 밴의 속도를 떨어뜨리자 밴이 앞쪽으로 덜컹 움직인다. 폴이 다시 운전대를 꺾어 원래 차로로 돌아오면서 잠을 깨려는 듯 머리를 흔든다.

"졸았어?" 내가 묻는다.

"기억이 안 나." 그가 슬쩍 미소 지으며 말한다. 농담 때문이 아니라 차가 크게 부서지지 않았다는 안도감 때문이었다.

"차 대놓고 눈 좀 붙이자. 아침이면 그랜드 캐니언이 보일 거야." 내가 말한다. 폴이 흙길을 찾더니 마침내 들판에 차를 댄다. 나는 차에서 내려 고원 사막의 침묵을 느끼면서 산들이 완만한 경사를 이루며 암흑 속으로 사라지는 수평선에 뜬 별을 본다. 3미터쯤 떨어진 곳에 눈 더미가 있기에 자세히 보려고 걸어간다. 하늘에서 떨어진 천사처럼, 지상에 떨어져서 반짝이며 녹는 하늘의 잔해를 향해 나는 서서히 다가간다.

8. 후버 댐에 떠다니는 시체들

그랜드 캐니언 주변은 놀랄 만큼 평평하다. 소나무가 빽빽하고 숲이 아닌 땅은 사막의 모래 때문에 갈색이다. 디즈니랜드 분위기가 감돈다. 삼림 경비원들은 공원 느낌을 내려고 노력해왔지만(그런 분위기가 조금은 있다), 대체로 관광객에게 바가지를 씌우는 명승지 분위기, 은퇴한 노부부의 자동차 뒤에 붙은 스티커 같은 느낌이다. 잔디밭용 의자와 피크닉 테이블, 기저귀 가방과 유모차로 씨름하는 엄마들과 그 품에 안겨 앙앙 우는 아기들이 있다. 아빠들은 카키색 반바지를 입고 흰색 테니스 신발과 파란 양말을 신고 있다. 남자들은 가이드처럼 협곡 주변으로 가족을 끌고 다니면서 강이 땅을 이렇게 깎으려면 수백만 년이 걸린다고 설명한다.

폴과 나는 입구에서 일인당 20달러씩 낸다. 공원 입장 요금이다. 캠핑 추가 요금 30달러는 내지 않기로 한다. 우리는 밴이 있으니 어디서든 잘 수 있고 필요하면 다시 마을로 돌아가기로 한다. 폴과 나는 공원 안으로 들어가서 제일 먼저 협곡 가장자리에서 발을 멈춘다. 그러자 앞서 말한 광경이 우리 눈앞에 펼쳐진다. 아무리 많은 전단지와 광고지를 봤다고 해도 숨이 멎을 듯이 깊은 협곡을 직접 보면 놀라지 않을 수 없다. 6미터쯤 떨어진 곳에서 풍경이 갑자기 사라진다. 가장자리로 다가갈수록 깊은 협곡에 정신을 빼앗긴다. 바닥이 없는 것 같다. 산들바람이 산쑥을 스치며 지나가고, 바로 우리 발밑에서 시작하는 붉은 절벽을 보니 아무 말도 나오지 않고 아이들 소리도 저 멀리 사라진다. 난간 밑으로 떨어지는 상상을 하니 롤러코스터 꼭대기에 오른 기분이다. 한 발짝 물러서서 숨을 멈출 정도로 벅찬 감정이다. 나는 이성을 되찾으면서 가장자리에 기대어 눈에 초점을 맞추고 바닥을 찾는다. 벤 보넘 아저씨가 말한 콜로라도 강이 금방이라도 나타날 줄 알았다. 하지만 아니다. 몇 킬로미터 아래에 보이는 것은 평평한 표면, 또 다른 절벽과 맞물리는 반도半島일 뿐이다. 협곡 안의 협곡이다. 우리가 보는 광경은 공원에서 가장 인기 있는 풍광이 아니라 협곡 밑으로 하이킹하려는 사람들의 기점이다.

"바닥까지 몇 킬로미터나 될까?" 내가 묻는다.

폴이 하이킹하는 사람들을 보더니 다시 아래쪽을 보고 어깨를 으쓱한다. "곧 알게 되겠지."

"오늘 시작할 수 있을까?" 어마어마한 깊이에 약간 불안해진 내가 묻는다. 다리가 후들거리고 협곡 바닥까지 내려갈 힘이 있을까 무척 불안하다.

폴이 내 목소리에 비친 망설임을 감지한다. "허가서나 뭐 그런 게 필요할지도 모르겠네. 안내소에 가서 알아보자. 넌 할 수 있을 거야, 돈."

"나도 기대 돼." 내가 말한다.

폴이 뒤돌아 밴 쪽으로 걸어간다. 어떤 아이가 아이스크림 콘을 핥고 있고 노부부가 쌍안경으로 번갈아가면서 풍경을 본다. 아내가 남편에게 그가 발견한 무슨 관목인지 나무에 대해서 말하고 있다. "오른쪽으로." 아내가 검은 쌍안경을 너무 멀리 돌리자 남편이 말한다. "건너편이 아니야." 그가 말한다. "저기야, 여보." 남편이 뭔가를 가리키지만 아내는 레버를 돌려 초점을 맞추느라 바빠서 보지 못한다.

나는 기점으로 다가가서 첩첩이 내려가는 가파르고 구불구불한 산길을 본다. 난간도 없는 가느다란 오솔길이다. 돌풍이 불자 하이킹하던 사람이 바위벽에 기대어 바람이 지나가기를 기다린다. 한 발짝만 잘못 디디면 30초쯤 쉬지 않고 떨어질지도 모른다. 여기서 보니 오솔길이 점점 가늘어지다가 붉은 바위와 모래에 가려 시야에서 사라진다.

폴은 협곡 하이킹에 나보다 더 열심이다. 그는 오솔길을 1분도 안 보고 돌아선다. 그의 표정과 확신에 찬 걸음을 보니 비가 오든 눈이 오든 우리가 이 협곡 바닥까지 하이킹을 하게 되리란 걸 알겠다.

안내소는 동굴 느낌의 건물이다. 벽은 자갈로 되어 있고 산속의 통나무집처럼 나무로 된 포치가 있다. 커다란 주차장이 있는 큰 건물인데, 도로에 늘어선 레저용 차량 행렬을 몇백 미터나 지난 다음에야 주차장을 찾을 수 있었다. 이곳과 어울리게 햇볕에 그을린 가족들이 줄줄이 들어가거나 나온 다. 커다란 포치에서 한 가족이 가장 주변에 모여 있다. 그는 공원 지도가 접힌 부분으로 씨름하고 있다. 지도를 펴려는데 그물처럼 지도가 자꾸 그의 팔에 감긴다.

안내소로 들어가니 사방이 어둡다. 바깥이 지나치게 더운 건 아니지만 하늘은 무척 맑기 때문에 우리 눈은 시멘트 바닥과 천장 선풍기, 안내서가 늘어선 벽이 있는 커다란 갈색 방에 서서히 적응한다. 사방에서 모기 기피제 냄새가 난다.

폴이 안내서와 전시된 돌을 지나쳐 카운터로 간다. 갈색 제복을 입은 젊은 여자가 억지 미소를 지으며 카운터에 서 있다.

"뭘 도와 드릴까요?"

"협곡 오솔길 지도가 필요한데요."

"협곡까지 하이킹하시려고요?" 그녀가 묻는다.

"네." 폴인지 나인지가 말한다.

"허가는 받으셨어요?"

"음, 허가가 필요한 건지 잘 모르겠는데요." 폴이 말한다.

"필요해요." 그녀가 말한다.

"필요하군요." 내가 눈썹을 찌푸리며 말한다. 나는 블록버 스터 비디오 대여점 회원카드를 꺼내서 카운터에 내민다. 여 자가 영문을 모르겠다는 듯이 카드를 보고 다시 폴을 본다.

"허가서가 필요합니다." 그녀가 말한다.

폴이 뒤로 돌아 나를 보더니 다시 카운터를 향한다. 그녀는 여전히 같은 미소를 짓고 있다. 폴이 손가락으로 카운터를 가볍게 톡톡 친다.

"그거 받으려면 돈 내야 해요?"

"허가서요?" 그녀가 확인한다.

"네." 폴이 대답한다.

"비용은 들지 않아요. 하지만 여기서는 허가서를 받을 수 없어요. 허가서는 기점 사무소에서 발급합니다."

"기점 사무소요?" 폴이 같은 말을 되풀이한다. 나는 블록버스터 회원카드를 집어 들고 밸리 토탈 피트니스 회원카드와 운전면허증을 내놓는다. 여자가 카드와 면허증을 보자 나는 눈을 치켜뜬다. 여자가 혼란스럽다는 듯이 나를 보더니 다시 폴에게로 시선을 돌린다.

"네, 기점 사무소입니다." 그녀가 말한다.

폴이 그녀의 일을 하나하나 확인하는 것을 보고 내가 미소를 짓는다.

"기점 사무소는 어디 있나요?" 폴이 묻는다.

여자가 뒤로 돌아 열두 페이지 정도 되는 안내서를 집어 든다. 한 장 한 장 코팅되어 있다. 그녀가 안내서를 천천히 넘기더니 찾던 곳을 손가락으로 짚는다.

"여기예요." 그녀가 폴에게 보이도록 안내서를 들고 말한다. 나는 폴의 어깨 너머로 지도를 본다.

"여기 X 표시가 된 곳이 허가서 사무소인가요?" 폴이 묻는다.

"네, 거기예요."

"음, 우리 위치는 어디죠?"

"우리 위치는…… 여기예요." 그녀가 허가 사무소에서 겨우 3센티미터 떨어진 부분을 짚는다.

"그럼, 저 문으로 나간 다음, 어…… 아무튼 별로 멀지 않은 것 같네요."

"네, 저 문으로 나가신 다음에……." 그녀가 왼쪽을 보며 손가락으로 가리킨다. "바로 저기예요, 저 갈색 트레일러."

"문 바로 앞에 있어요?" 폴이 믿을 수 없다는 듯이 묻는다.

"네." 그녀가 대답하자 내가 낄낄 소리 내어 웃는다. 그녀는 내 웃음소리를 못 들은 것 같지만 부끄러운 표정을 짓는다. 여자가 뒤로 돌아서 창밖을 가리킨다. "아, 나도 참 바보 같네. 창밖에 보여요. 바로 저기예요."

"바로 저기요?" 폴이 갈색 트레일러를 가리키면서 확인한다.

"맞아요." 그녀가 활짝 웃으며 말한다.

"허, 참." 내가 씩 웃으며 말한다. 폴이 그만하라는 뜻으로 내 발을 밟는다.

"그러니까 제 말은, 우리가 알았어야 하는 건데 말이에요." 내가 사과하듯 말한다.

"아, 아니에요. 제 일인 걸요." 그녀가 확실히 말한다.

"허 참." 내가 중얼거리자 폴이 다시 내 발을 밟고 여자는 활짝 미소 짓는다.

"협곡에서 즐거운 시간 보내세요." 그녀가 말한다.

"네, 그럴게요."

폴이 문 쪽으로 몇 걸음을 떼지만 나는 카운터 앞에 그대로 서서 소리친다. "폴, 문까지 가려면 지도가 필요하지 않을까? 여기 너무 어둡잖아." 내가 여자를 돌아보자 그녀가 미소를 지으면서 문을 가리킨다.

"바로 저기예요." 그녀가 말한다.

"저기란 말이죠?" 내가 잘 모르겠다는 표정으로 손가락으로 가리키면서 확인한다.

"저분이 잘 아시네요." 그녀는 뭐 이런 멍청한 사람이 다 있냐는 듯이 나를 보면서 말한다. "바로 저기예요. 저분이 찾으셨네요."

"고마워요. 에고, 전 가끔 너무 멍청하답니다."

"괜찮아요." 그녀가 이렇게 말하며 기다리던 다음 사람을 향해 돌아선다.

"그런 짓을 하다니 믿을 수가 없다." 폴이 문을 열어서 잡고 씩 웃으며 날 바라본다.

"그냥 장난 좀 친 거야."

폴이 주차장 건너편 갈색 트레일러를 보면서 말한다. "저기네. 가서 허가서 받자."

트레일러 내부는 나무 패널이 대어져 있고 갈색이다. 카운터 뒤에 제복을 입은 키 큰 남자가 서 있을 뿐 아무도 없다. 폴이 제복 입은 남자에게 인사한다.

"안녕하세요. 협곡에 가려고 허가서를 좀 받으려고 하는데요."

"제대로 찾아오셨습니다. 예약은 하셨습니까?" 남자가 말한다.

"아니요. 예약이 필요한지 몰랐는데요."

"대부분은 예약을 하고 오시거든요. 한 번에 협곡에 들어갈 수 있는 사람 수가 한정되어 있어서요."

"남는 자리 없나요?" 폴이 묻는다.

남자가 공책을 꺼내더니 페이지를 넘긴다. 두꺼운 공책에 줄줄이 서명이 있다.

"가까운 시일 안에 들어가실 수 있을지 모르겠네요." 그가 대답한다.

"제일 빠른 게 언제인가요?" 폴이 묻는다.

남자가 다시 공책을 보면서 손가락으로 페이지를 훑어 내려간다. 그런 다음 페이지를 넘기고 뒷면을 또 훑는다. 폴이 한숨을 쉬더니 나에게 희망찬 표정을 지어 보인다. 내가 블록버스터 비디오점 회원카드를 카운터에 올려놓자, 남자가 보기 전에 폴이 얼른 집어 자기 주머니에 넣는다.

"부활절 아침에 들어가실 수 있습니다. 그날 밤 협곡에서 캠핑 허가를 받을 수 있네요. 다음 날 인디언 스프링스 캠핑장에 자리가 있어요."

"인디언 스프링스요?" 폴이 묻는다.

"인디언 스프링스는 중간쯤에 있는 캠핑장이에요. 일요일 밤에는 협곡 아래에 들어가실 수 있습니다. 다음 날 하이킹을 해서 브라이트 엔젤로 오셔야 해요. 제가 인디언 스프링스에서 드릴 수 있는 건 하룻밤밖에 없습니다. 바로 나오셔야 해요."

폴이 눈을 치켜뜨며 한숨을 쉰다. "그거밖에 안 되면 그렇게 해야죠."

"제가 해드릴 수 있는 건 그것밖에 없네요."

폴이 나를 보면서 오늘이 무슨 요일이냐고 묻는다. "수요일." 내가 대답한다.

"며칠은 근처에 계셔야 할 거예요." 제복 입은 남자가 이렇게 말하면서 규칙을 어기지 않는 게 중요하다고 확인한다.

"난 좋은데." 폴이 나를 흘깃 보면서 말한다.

"응, 나도 좋아." 내가 어깨를 으쓱한다.

남자가 공책을 돌리고 폴에게 연필을 준다. "협곡에 안 들어가고 그냥 가실 거면 여기 다시 와서 확인하셔야 합니다. 허가를 기다리는 사람이 많거든요."

그가 분홍색 종이를 한 장 꺼내서 나에게 건넨다. 숫자를 매긴 지침이 적혀 있다. "오솔길에서 벗어나시면 안 됩니다." 남자가 말을 시작한다. "쓰레기는 가져오시고, 동물한테 접근하지 마세요. 물을 충분히 가져가시고, 강에서 장비를 씻으면 안 됩니다. 지정된 지역에서만 캠핑하시고, 라디오나 소음이 큰 전자 장비는 사용하실 수 없습니다."

이런 식으로 지침이 한참 이어지고, 남자가 규칙을 하나하나 주의 깊게 읽어준다. 그런 다음 그가 우리에게 허가서를 내밀고 서명을 하라고 말한다.

"허가서는 항상 소지하셔야 합니다." 남자가 말한다. "두 분 중에 심장 안 좋은 분 계십니까?"

"심장이요?" 내가 이상하다는 듯이 묻는다.

"심장이 안 좋거나 그밖에 곤경에 처할 수 있는 건강 상태 말입니다."

"없어요." 폴이 말한다.

"저도 아니에요." 내가 대답한다.

남자가 나를 똑바로 바라보면서 경고한다. "지난주에 어떤 남자가 브라이트 엔젤까지 반 정도 올라오다가 심장마비를 일으켰어요. 우리가 그 사람에게 해줄 수 있는 일은 아무것도 없었죠. 산악 경비대가 시체를 이송했어요. 협곡 밑에서 문제가 생겨도 여러분을 위해서 헬리콥터를 보내지 않을 겁니다. 착륙할 땅이 없거든요. 그래서 시체를 강으로 떠내려 보낸 다음 후버 댐에서 건지는 게 저희 정책이죠."

남자가 웃음기 없는 얼굴로 폴을 향해 고개를 돌리더니 눈을 찡긋하며 말한다. "농담이에요. 하지만 지난주에 어떤 남자가 죽은 건 사실입니다. 문제가 생기면 당나귀에 여러분을 실어 올 수는 있어요. 하지만 그건 이미 죽은 다음이죠. 그리고 부모님이 당나귀 값을 내셔야 해요. 그게 유일한 방법입니다."

"농담이에요?" 내가 묻는다.

"이건 농담 아니에요. 협곡 밑에까지 갔다가 돌아올 자신이 없으면 가지 마세요. 어려운 하이킹이에요. 쉬운 게 하나도 없죠. 내려가는 길이 14.5킬로미터, 올라오는 길이 16킬로미터예요. 고도 차이가 1,500미터는 되죠. 해마다 오솔길 어딘가에서 사람이 죽어요."

"조심할게요." 폴이 남자를 안심시키면서 허가서를 접어서 주머니에 넣는다.

문으로 걸어가는데 다리가 마비된 느낌이다. 나는 초조하다. 휴스턴은 정말, 정말 평평한 곳이다. 나는 고도 1,500미터에서 저 아래까지 내려갔다가 돌아오는 건 고사하고 고도 300미터 넘는 곳도 가본 적이 없다. 아니, 고도가 있는 곳은 가본 적이 없다.

"즐거운 하이킹하세요." 남자가 문을 향해 걸어가는 우리에게 말한다.

"자, 이제 시작이네." 폴이 하이파이브를 하자는 듯 손을 든다.

나는 그의 손을 맞부딪친 다음 씩 웃으며 말한다. "믿을 수가 없다. 우리가 진짜 이걸 하다니."

"정말 멋질 거야, 돈. 이번 하이킹이 맘에 들 거야. 너한테는 최초의 거대한 자연 체험이네." 폴은 내 웃음이 약간 시들해지는 것을 보고 이렇게 말한다. "생각해봐, 협곡 사면, 붉은 바위, 캠프 바로 옆을 흐르는 강, 협곡 밑에서 보는 별들을 말이야."

"죽음을 맞이하기에는 최고의 장소겠구나." 내가 말한다.

"바로 그 정신이야!" 폴이 이렇게 말하더니 뒤돌아서 밴 쪽으로 걸어간다.

나는 생각한다. '강물을 떠내려가는 시체라……' 후버댐의 터빈이 돌아가는 소리, 울음을 터뜨리는 어머니, 그랜드 캐니언 티셔츠 차림에 퉁퉁 불은 모습을 보면 내 장례식에 온 사람들은 속이 메슥거리겠지.

"힘이 솟는다, 폴. 정말 멋질 거야." 내가 가짜 웃음을 지으며 말한다.

"당연하지!" 폴이 돌아보며 말한다.

9. 춤

모험이 중간쯤 지나서 지루해지면 처음 시작할 때의 황홀감을 되찾기는커녕 기억하는 것조차 힘들다. 폴과 나는 사흘을 기다렸다. 내일 아침에는 협곡 하이킹을 시작할 예정이다. 손가락을 만지작거리게 만들던 불안감이 사라지자 힘든 하이킹 일정에 주저하던 마음도 가라앉았다. 오늘 우리는 당일 코스로 짧은 하이킹을 다녀 올 예정이다. 협곡의 웅장함은 내 상상을 넘어선다. 우리는 공원이 허가하는 전망을 전부 봤다. 사람들이 웅장하다고 부르는 이 거대한 구멍은 어떤 각도에서 보아도 똑같이 깊었다. 인간의 눈으로 보면 바닥 따위는 없는 것 같다.

기다리는 게 나쁘기만 한 건 아니었다. 요리사 폴은 콩과 쌀이 든 거대한 솥을 한 시간 동안 지키고 서서 요리를 했고 나는 가족과 친구들, 벤 보넘 아저씨에게 엽서를 썼다. 보넘 아저씨에게 보내는 엽서에서는 특별히 아저씨 부부가 두 번 보았던 광경을 떠올릴 수 있도록 협곡 절벽을 상세하게 묘사했다.

어느 공원 관리인이 당일 코스를 다니면서 여러 가족들과 대화를 했다. 그는 우리와 잠시 대화를 나누면서 우리가 선택한 하이킹 루트에 대한 질문에 대답해주었다. 우리는 카이밥

트레일로 내려가서 협곡 바닥에서 캠핑을 할 계획이다. 그런 다음 월요일에 카이밥을 출발해서 브라이트 엔젤 트레일을 반쯤 오른 뒤 초원이 있는 인디언 스프링스라는 캠핑장으로 간다. 인디언 스프링스에서 이틀을 보내고 사흘째 날이면 등산이 끝난다. 결국 사흘에 겨우 30킬로미터를 가는 셈이므로 며칠 전에 생각했던 것만큼 하이킹이 두렵지는 않다. 산림 경비원은 내일 아침에 있을 일출 서비스에 대해서도 이야기해 주었다. "협곡에서 보는 일출은 정말 아름다워요." 협곡 일출은 부활절 전통으로, 수백 명이 매년 참가한다는 것 같다.

일출을 생각하니 삶이란 옷과 자동차, 새로운 치약 맛 이상의 것이며 공동체와 창조, 아름다움과 인간성에 대한 것이라는 생각이 다시 떠오른다. 게다가 내가 전자보다 후자를 더 좋아하기 시작했다는 느낌이 든다. 그러니까 내 말은, 음악도 텔레비전도 없는 일상에, 변화를 주기 위해 차를 세우고 무언가를 사지 않는 일상에 익숙해지고 있다는 말이다. 아무튼 삶에는 평온함이 있다. 떠나온 거짓말들에 대해 금단현상을 한번 겪고 나면 우리 영혼은 홀로 평온함을 느끼기 시작한다. 협곡에 온 첫 날에는 금단현상이 많았다. 정말이지 나는 기념품 가게로 걸어가서 내 이름이 적힌 작은 면허증 모양의 열쇠고리를 사려고 했다. 사실 난 열쇠가 하나도 없어서 결국 안 샀지만, 나의 일부는 새 고무 냄새를 맡고 싶어서, 나 자신에 대해 다른 느낌을 갖고 싶어서 새 물건을 가지고 싶었던 것이다. 나는 협곡 가장자리로 다시 걸어가서 거대하게 뻗은 갈색 땅 너머로 지는 해를 보았고, 그런 다음 벤치에 앉아 난간을 따라 어슬렁거리는 연인들을 보면서 시원하던 공기가 차가워지는 것을 느꼈다. 나는 벤치에서 일어나 협곡 가장자리를 따라 걸으며, 기도를 드리면서, 나에게 아름다움과 휴식을 주시고, 또 광고보다 더 나은 것을 믿게 해주신 하나님께 감사드렸다.

나는 우리 삶의 질이 크게 좋아지는 것은 성공을 얻거나 마음 깊이 로맨스를 느끼거나 일이나 학문적으로 번창할 때가 아니라 하나님과 가까이 있을 때라고 배우면서 자랐다. 하지만 기독교적 삶이 더 소박한 것은 아니기 때문에 혼란스럽다. 복음, 즉 '좋은 소식'은 단순하다. 그것은 하나의 문, 길의 기점이다. 믿음 없이 우리 인생의 구김을 펴는 것은 힘든 노동이다. 하나님은 인간에게 세 가지 축복을 주셨다. 인간을 새처럼 먹이시고, 꽃처럼 입히시고, 믿을 수 있는 친구로 삼아주셨다. 그러나 앞의 두 가지만 취하고 마지막을 무시하는 사람들이 너무 많다. 머지않아 인간이 하늘의 주인이신 하나님과 관계 맺을 수밖에 없도록 우리 삶이 구체적이고 경이롭게 짜여 있음을 깨달을 것이다. 그것은 진통과 가시밭길, 피투성이 손과 땀투성이 이마가 뒤따르는 싸움이며, 양손에 머리를 묻고 극심한 외로움을 느끼면서 질문을 던지는 순간들, 고통과 욕망의 순간들이다. 이 모든 것이 하나님께로 이어지는 것이리라. 아마도 이것이 바로 광고의 이면, 오즈의 마법사가 조작하는 커튼 뒤에 가려진 것이리라. 물질과 생각은 하나님께서 그림을 그리시는 캔버스다. 비극과 해방, 죄와 구원의 그림. 나는 생각하기 시작한다. '삶이란 하나님을 향해 나아가는 춤이다.' 그 춤은 우리가 원하는 것만큼 우아하지는 않다. 우리가 연습한 대로 몸을 흔들면서 미끄러지면 하나님은 우리의 발을 밟고, 발가락을 부딪치고, 신발을 비비신다. 우리는 그런 식으로 우리를 만드신 분과 춤추는 법을 배운다. 그 춤은 스텝이 낯설어서 배우기 힘들다.

나는 협곡에서 보낸 시간을 이런 식으로, 춤추는 방법을 새로 배우는 것으로 생각하기 시작한다. 처음 몇 번의 레슨은 거추장스럽고 어색하지만 곧 우아한 흔들림을 익히고, 기념품 가게에 가거나 텔레비전을 찾아다니지 않고 풀처럼 몇 시간 동안이나 콩을 끓이는 솥을 지키고 서 있어도 나는 삶에서 아무것도 놓치지 않고 있다는 완전한 만족을 느낄 수 있을 것이다. 이런 식으로 생각하니 작은 즐거움이 피어오른다. 나는 난간을 따라 내 곁을 지나가는 커플을 보며 미소 짓고, 뾰족뾰족한 소나무 잎을 조금 뜯어서 손바닥에 놓고 굴리면서 박하 같은 냄새를 맡은 다음 절벽을 따라 난 길에 초록색 파편을 뿌린다. 그러면서 생각한다. '난 그 무엇도 놓치고 있지 않아. 나는 장엄한 이야기를 경험하기 위해 필요한 것, 하나님과 춤을 추기 위해 필요한 것을 다 가지고 있어.'

10. 부활절의 하이킹

그랜드 캐니언 국립공원에서 11킬로미터쯤 떨어진 곳에 어두운 고속도로를 따라 늘어선 소나무들이 잠들어 있다. 소나무들 틈으로 플래그스태프까지 이어지는 사막에 달빛이 비친다. 고속도로 중 이 구간에는 호텔이 있어서 가족들은 이른 아침의 어둠 속에서 곤히 자고 있다. 호텔 뒤 폭스바겐 밴에는 지친 두 사람이 자고 있다. 여명이 밝아오자 두 사람은 담요에 머리를 묻고 상대방을 어떻게 깨워야 하나 각자 생각한다. 하지만 게으른 태양은 게으른 하늘로 천천히 떠오르고, 게으른 두 사람은 잠자는 소나무 아래에서 다시 잠에 빠져든다. 그들은 부활절의 일출이나 추억 만들기, 하나님의 위대한 은유를 다시 한번 목격하는 일, 죽은 자들로부터 부활하듯 지평선 위로 다시 떠오르는 태양 따위는 신경 쓰지 않는다.

*　*　*

호텔에서 그랜드 캐니언으로 가는 길에 플래그스태프 라디오 방송이 잡힌다. 옛날 노래를 틀어주는 KTLY 방송국은 일요일 아침이면 비틀즈의 노래를 틀어준다. 비틀즈는 스테레오 기술을 처음으로 사용한 밴드에 속하는데, 초기에 레코드를 만들었기 때문에 리드 보컬은 한 쪽 스피커, 반주와 코러스는 반대쪽에서 각각 나온다. 우리는 스피커가 하나밖에 없기 때문에 차에 노래방 기계가 생긴 셈이다. 폴과 나는 가사를 잘 모른다. "가능하다면 날 좀 도와줘, 난 너무 우울해. 그리고 내 곁에 있어줘서 고마워"일까, 아니면 "가능하다면 날 좀 도와줘, 난 너무 우울해. 그리고 나에게 와줘서 고마워"일까? 내 생각에는 "나에게 와줘서 고마워"인 것 같다. 아무튼, "제발, 제발 도와주지 않을래?"라는 가사는 운전석 쪽 스피커에서 확실하게 나온다. 오른쪽에서 존과 폴, 조지, 링고가 코러스를 넣으면 폴과 나는 손바닥으로 대시보드를 두드리면서 큰 소리로 노래를 부른다.

디제이의 목소리를 들어보니 중년 같다. "저는 지오프리 크라키고요, 여러분은 그랜드 캐니언 플래그스태프 102 FM KTLY 라디오의 〈올 비틀즈 선데이〉를 듣고 계십니다. 〈플리즈, 플리즈, 헬프 미〉를 들으셨습니다. 이제 제가 개인적으로 제일 좋아하는 곡을 듣겠습니다. 정말 근사한 곡이죠, 〈페이퍼백 라이터〉입니다."

우리는 며칠 전에 국립공원 식료품 가게에서 지퍼백을 몇 장 샀다. 기점 주차장에 도착하자 폴이 지퍼백 몇 장을 꺼내 어제 만든 콩과 쌀을 담는다. 바나나와 사과, 티백 몇 개, 뜨겁게 타 먹는 애플 사이다 믹스도 있다. 내가 스테이크는 없냐고 묻자 폴이 고개를 젓는다. 나는 또 밀크셰이크는 없냐고 묻고 폴이 또 고개를 젓는다.

"맨 위에 넣는 게 좋을 거야." 폴이 갈색 죽처럼 무른 콩을 주면서 말한다.

"물은 충분해?" 내가 묻는다.

"네 통이면 협곡 바닥까지 갈 수 있을 거야. 거기 깨끗한 물이 있겠지. 혹시 없어도 정수용 알약이 있으니까 괜찮아."

나는 속옷 한 벌, 양말 두 켤레, 티셔츠 한 장을 가방에 넣는다. 짐을 깊숙이 밀어 넣어 《호밀밭의 파수꾼》과 편지지, 에밀리 디킨슨의 시집 넣을 공간을 만든다. 내 침낭은 요즘 캠핑족들이 쓰는 멋지고 가벼운 침낭이 아니다. 면과 양모로 만든 침낭이라서 가방에 매달았더니 무게가 두 배가 되었다. 나는 가방 끈에 양철 컵을 매달고 치약과 칫솔을 옆 주머니에 넣는다.

"휴지 있어?" 내가 묻는다.

폴이 고개를 숙인 채 가방 옆 주머니를 톡톡 두드린다. "응, 여기 좀 있어." 그는 끈을 당겨서 배낭 위에 침낭을 고정한다.

"넉넉해?"

"많아."

하이킹하는 사람 몇몇이 배낭을 메고 가방 허리끈을 단단히 조인 다음 우리를 지나 빠르게 걸어간다. 나는 커다란 바위 뒤로 사라졌다가 15미터 정도 아래쪽에서 다시 나타나는 그들을 곁눈질로 본다. 그 사람들은 모퉁이를 돌아서 다시 사라진다.

"협곡에 내려갔다 올라온 다음에 밴까지는 어떻게 돌아오지?" 내가 묻는다.

"글쎄, 브라이트 엔젤로 올라온 다음에 이쪽 기점으로 걸어와야겠지. 히치하이킹을 할 수도 있고."

"그래, 좋은 생각이다." 내가 말한다.

폴이 밴의 문을 열고 짐을 뒤진다.

"뭐 찾아?" 내가 묻는다.

"그냥 보는 거야. 다 챙겼나 확인하려고."

나는 이번 여행을 위해서 스위스제 군용 나이프를 샀다. 포크, 칼, 이쑤시개, 코르크 마개 따개가 달린 것이다. 숟가락까지 달린 것도 있지만 그건 20달러나 더 비쌌다. 나는 배낭에 칼을 넣었다가 다시 꺼내서 주머니에 넣고 다니기로 한다.

"이거 네 모자야?" 폴이 묻는다. 그는 의자 아래에서 찾은 파나마 스타일의 맥스플라이 모자를 들고 있다.

"응, 내 골프 모자야."

"골프도 치냐?" 그가 묻는다.

"조금. 이리 줘, 쓰고 가야겠다."

나는 머리에 모자를 눌러 쓴다. 고무 밴드 덕분에 편하게 잘 맞는다. 나는 가방을 들어서 등 뒤로 돌려 멘다. 납덩어리 같다. 물이랑 책 때문에 너무 무거워서 내가 약간 비틀거린다.

"너 짐이 너무 많은 것 같아, 돈."

"응." 내가 동의한다.

나는 가방을 벗고 에밀리 디킨슨 시집과 《호밀밭의 파수꾼》을 꺼낸다. 또 다른 음식으로 충분하겠지 싶어서 사과도 한두 개 꺼낸다. 짐이 무거운 건 음식 때문이다. 나는 다섯 끼 분량의 음식과 간식거리를 쌌지만 네 끼 분량과 간식거리, 사과 두 개만 남기고 다 뺀다. 충분한 식량 없이 긴 하이킹을 하는 것은 현명하지 못한 일이지만 콩과 쌀만 있으면 경주마도 너끈히 먹일 수 있으므로 나는 그걸 핑계 삼아 한 끼 분량을 밴에 도로 싣는다.

폴이 문을 밀어 닫은 뒤 앞으로 돌아가서 문을 잠근다.

"이제 준비 다 된 거 같다." 어깨에 가방을 메며 그가 말한다.

"우리 꼴 되게 웃긴다, 그치?" 내가 밴 유리창에 비친 모습을 보면서 말한다. 폴은 갤버스턴 섬의 군용 물자 판매점에서 산 낡은 군용 가방을, 나는 밝은 주황색의 70년대 가방을 메고 있다. 도로 청소부가 입는 조끼 같은 내 가방은 색깔이 워낙 밝아서 어둠 속에서 빛날지도 모른다. 비싼 장비와 옷을 갖춰 입은 또 다른 사람들이 우리를 지나치자 폴과 나는 어깨를 으쓱한다.

"내려가다가 널 잃어버릴 일은 없겠다." 폴이 나의 밝은 배낭을 툭툭 치면서 말한다.

우리는 큰 바위를 돌아 오솔길 가장자리에 나란히 선다. 멀리 구름이 보이지만 주변 하늘은 깊고 푸르다. 협곡이 한없이 아래로 내려가듯이 하늘은 끝없이 올라간다. 우리는 출발하기 전에 마지막으로 하늘을 보며 감탄한다. 나는 숨을 깊이 들이마시고 어깨끈을 잡아당긴다.

"우리가 얼마나 하찮은지 깨닫게 해주는 건 바로 이 아름다움이야." 폴이 말한다.

"내가 얼마나 하찮은데?" 내가 묻는다. "하찮은 건 너지."

폴은 자기 말이 어떻게 들렸을지 깨닫고 싱긋 웃는다. "그런 뜻이 아니었어." 그가 말한다.

"응, 무슨 뜻인지 나도 알아. 나도 비슷한 생각을 하고 있었어. 이렇게 깊은 협곡을 보니 네가 얼마나 얕은지 알겠더라고."

"하하." 폴이 기쁘다는 듯 웃는다. 그가 오솔길을 몇 걸음 내려간 뒤 돌아본다. "있지, 돈, 난 여기 이 작은 선인장 꽃을 보면서 정말 멋있다고 생각했어. 그리고 나니까 네가 얼마나 못생겼는지 알겠더라."

"그래? 내가 참 못생기긴 했지." 내가 발로 흙을 차서 폴을 향해 뿌리며 말한다.

구불구불한 산길을 내려가기 시작하자 재미는 금세 사라지고 고생이 시작된다. 몇 걸음 만에 10미터 정도 내려가는 곳도 있지만 협곡은 길을 한번 꺾을 때마다 웅장한 모습을 드러낸다. 이 협곡에 오솔길을 냈다는 게 신기할 정도다. 성 가실 만큼 가파르다. 가끔은 오솔길 폭이 1미터 내외로 좁아지고 난간도 없이 절벽밖에 없다. 인간의 마음은 위험에 금방 익숙해지기 때문에 하이킹하는 사람은 절벽에서 고작 몇 센티미터 떨어진 곳을 성큼성큼 걸으면서도 밑으로 떨어질까 봐 걱정하지 않는다. 나는 좁은 오솔길을 따라 폴에게 뒤처지지 않게 걸어가면서 자신감을 얻는다.

나는 협곡의 경이로움을 생각하기 시작한다. 산은 높아서 온갖 관심을 받는 반면 협곡은 산 못지않게 웅장하지만 눈에 확 띄지 않기에 간과될 뿐이다. 결국 거대한 흙과 바위 더미가 존재하는 것이 기적인 만큼 흙과 바위가 없는 것도 기적이다. 협곡 바닥에서는 주변 풍경이 보이지 않는다는 사실 따위를 누가 신경 쓰겠는가? 어쨌든 등산할 때도 올라가는 길의 절반 정도는 아무것도 보이지 않고, 산을 오르는 일도 정말 힘들다. 비유의 측면에서도 협곡은 정말 무시당하고 있다. 협곡은 지옥이나 혼돈, 온갖 종류의 심각한 영적 현실을 묘사할 때 사용된다. 예를 들어, 협곡이 없으면 산은 참조할 대상이 없을 것이다. 결국 협곡은 산을 뒤집어 놓은 것이나 마찬가지다. 협곡 맨 아래에는 대부분 강이 있지만 산꼭대기에는 강이 없다는 점만 제외하면 말이다. 산꼭대기에는 눈과 다른 나라에서 온 등산객들을 나타내는 작은 깃발들, 그리고 얼어붙은 깃발에 매달린 작은 얼음들밖에 없다.

폴의 말에 따르면, 그랜드 캐니언은 미국에서 가장 깊은 협곡이 아니란다. 난 몰랐다. 가장 깊은 협곡은 오리건 주와 아이다호 주의 경계에 있다. 헬스 캐니언Hells Canyon이라는 곳인데, 꼭대기에서 바닥의 강까지 1,800미터나 된다. 폴의 말에 따르면 헬스 캐니언은 바닥까지 도로가 난 완만한 경사여서 그랜드 캐니언처럼 아슬아슬한 광경이 아니기 때문에 아무도 멋지다고 생각하지 않는다. 나는 폴에게 그랜드 캐니언보다 깊은 협곡은 상상도 못하겠다고 말했다.

오솔길 경사도 만만치 않다. 발가락이 자꾸 신발 앞쪽으로 쏠리는 바람에 한 시간쯤 지나자 발뒤꿈치 쪽은 신발이 느껴지지도 않는다. 위를 올려다보니 협곡 꼭대기가 별로 멀지 않아 보인다. 이제 1.6킬로미터쯤 걸었는데 협곡 바닥은 아직 보이지도 않는다. 보이는 것이라고는 강을 가리고 있는 첫 번째 바위턱밖에 없다. 게다가 첫 번째 바위턱부터 강까지 얼마나 먼 지도 알 수 없다.

"아직 얼마 못 온 거 같지?" 폴이 협곡 꼭대기를 올려다보며 말한다.

"나도 그 생각하고 있었어."

걷다 보니 폴이 나보다 산길을 한 구간 더 앞서고, 또 한 구간 더 앞선다. 나는 점점 지치고 발가락이 너무 아프다. 오른쪽 엄지발가락이 부츠 옆면에 쏠린다. 살갗이 몰랑몰랑해지는 것이 느껴져서 속도가 더 느려지고 폴은 조금 더 멀어진다. 폴도 속도가 점점 떨어지지만 아직 한참 앞서 있다. 그는 이제 나보다 네 구간이나 앞섰기 때문에 절벽 가장자리로 가서 아래쪽을 보면 보인다. 나는 아픔을 참으면서, 아픔을 무시하려고 애쓰면서 걷는다. 얼굴이 찌푸려지고 발걸음이 흔들린다. 나는 폴을 따라잡으려고 조금 더 빨리 움직인다. 한 구간을 남기고 따라잡으니 발을 끌며 걷는 폴이 보인다. 미소도 사라졌다. 얼굴을 찡그리지는 않지만 미소도 띠지 않는다. 폴이 나만큼 힘들어 보이지는 않지만, 내가 심한 엄살쟁이는 아님을 깨닫자 마음이 놓인다. 이번 하이킹은 폴한테도 힘든 거다. 폴이 한 구간을 돌더니 아래 구간의 누군가를 향해 고개를 끄덕인다. 그는 대화를 나누고 있다. 모퉁이를 돌자 얕은 동굴 입구에 앉아 있는 두 사람이 보인다. 한 사람이 스위스제 군용 나이프를 피넛버터 병에 찔러 넣고 있는데, 무릎에는 빵이 한 조각 놓여 있다. 또 한 사람은 무척 지친 모습으로 바위에 기대어 커다란 바위에 양다리를 쭉 펴고 있다.

"얼마나 내려오신 거예요?" 칼을 들지 않은 사람이 묻는다.

폴이 그를 보더니 어깨를 으쓱하며 돌아선다. "두 시간 정도요. 아마 두 시간 맞을 거예요. 당신들은요?"

피넛버터를 든 남자가 빵을 들고 우리를 올려다보지 않은 채로 말한다. "우리는 네 시간쯤 전에 바닥에서 출발했어요. 더 됐을지도 모르고요."

"네 시간이라고요." 내가 확인한다.

오른쪽에 앉은 사람이 다리를 문지르며 말한다. "걱정 마세요. 내려갈 때보다 올라오는 게 더 오래 걸리거든요. 세 시간이면 도착하실 겁니다."

"맞아요." 다른 사람이 덧붙인다. "올라오는 건 정말 고역이죠."

우리가 다시 출발하려는데 피넛버터를 든 남자가 병에서 칼을 꺼낸다. 숟가락이 달린 칼이다. 게다가 칼날도 더 크다. 20달러 더 내고 저런 걸 살 걸 그랬다는 생각이 든다. 하지만 피넛버터는 별로다. 너무 갈증 난다. 우리는 샌드위치를 먹는 두 사람과 헤어져서 한 구간을 더 돌아 산뜻하고 건조한 바람을 맞으며 걷는다.

"발 어때?" 나는 앞에서 발을 끌며 걷는 폴에게 묻는다.

"조금 힘들어. 너는?"

"내 발은 괜찮아. 백만 달러짜리지."

"정말이야?" 폴이 묻는다.

"당연하지. 마라톤도 할 수 있을 것 같은데." 내가 웃는 바람에 거짓말이 탄로 난다.

"그래서 아까 그렇게 끙끙거렸나?" 폴이 묻는다.

"끙끙거리다니, 언제?"

"아까 바위에 기대서 엄마 찾으면서 울었잖아."

그러자 내가 폴의 엉덩이를 한 대 찬다. 폴이 몇 걸음 껑충

껑충 뛰더니 나를 향해 흙먼지를 찬다.

"누가 엄마 찾으면서 우나 보자고." 내가 말한다.

폴이 조금 속력을 내다가 뒤돌아서서 내 발을 본다.

"정말 괜찮아?"

"발가락 때문에 죽겠어. 오른발에 물집 잡힐 것 같아."

"필요하면 말해. 나한테 강력 테이프 있어." 폴이 말한다.

"강력 테이프?"

"응, 굉장해. 물집에 테이프를 감으면 꼭 제2의 피부가 생긴 것 같거든."

"강력 테이프를 그렇게도 쓰는구나." 내가 덧붙인다.

"진짜 굉장하지?"

"닷선 배출 호스 전부 그걸로 고정시켰었는데……. 후……." 돌풍이 내 가방을 잡아채는 바람에 내가 휘청거린다. 절벽에서 겨우 몇 센티미터 떨어진 곳에서 무릎이 꿇리더니 내 몸과 무게 전체가 앞으로 쏠리고 자갈 몇 개가 바위 사면에서 튀면서 떨어지는 게 보인다. 자갈은 슬로모션으로 이리저리 구르며 바위턱들을 지나 저 아래로 떨어진다. 적어도 300미터는 되는 것 같다. 폴이 내 가방을 잡고 오솔길로 끌어올린다.

"괜찮아?"

"어, 괜찮아." 나는 낭떠러지 가까이 가지 않도록 조심조심 다시 일어선다. "바람이 돛처럼 날 잡아채지 뭐야."

"나도 그럴 뻔했어." 폴이 말한다. "모퉁이 돌 때 조심해야 겠다."

심장이 미친 듯이 뛴다. 허공으로 떨어지는 자갈들이 아직도 눈에 선하다. 나는 툭툭 털고 일어나서 천천히 조심스럽게 다시 걷기 시작한다. 한 걸음, 한 걸음씩.

무릎에 묻은 진흙이 점점 마르면서 마치 상처를 감싼 붕대처럼 무릎을 조인다. 바람이 계속 나를 위협하고 구간을 몇 개 지날 때마다 나를 밀면서 조금씩 흔든다. 폴도 애를 먹고 있지만 잘 대처하면서 결연한 표정으로 바람을 가르며 걷는다. 폴이 구간을 하나 더 돌자 나는 모퉁이에서 그를 놓친다. 나는 폴을 따라잡기에는 너무 지쳤기 때문에 천천히 걸어가면서 이제 진정한 고통을 맛본다. 발가락 물집이 비명을 지르고 무릎과 종아리가 뭉치기 시작한다. 나는 내려가는 게 올라오는 것보다 더 쉽다고 생각했지만, 지금까지 한 번도 쓰지 않았던 근육을 쓰고 있다는 생각이 든다. 다리는 내가 넘어지지 않도록 지탱해줘야 하지만 너무 약해서 더 이상 견디지 못한다. 모퉁이를 돌고 보니 폴은 한참 앞서 가고 있다. 아마 몇 십 미터는 앞선 것 같다. 폴이 멈춰 설 기미가 없기 때문에 나는 속도를 내려고 애쓴다. 소용없다. 천천히 움직이는 게 고통에 도움이 된다. 나는 짧은 보폭으로 걸으면서 걸음마다 얼굴을 찌푸리며 우리가 출발한 지 몇 시간이나 지났는지 계산해본다. 아마 세 시간은 됐을 거다. 열 시쯤 출발했는데 이제 한두 시쯤 된 것 같다. 시계가 필요 없을 줄 알고 밴에 놓고 와서 정확한 시간은 모르겠다. 협곡은 여전히 깊어 보이고 위를 보니 아직 반밖에 안 온 것 같다. 생각보다 더 힘든 하이킹이 될 것 같다.

*   *   *

이제 네 시간 지났다. 폴은 90미터는 족히 앞서 있다. 속도가 줄었지만 나와의 거리는 점점 더 멀어진다. 한 걸음 뗄 때마다 다리가 후들거린다. 발가락에 튀어나온 생살이 느껴진다. 한 발짝 걸을 때마다 피부가 접혔다 펴진다. 끔찍한 고통이다. 무릎도 아프고 입도 바싹 마른다. 물을 꺼낼 힘도 없고 잠시 멈춰 쉬는 것도 힘들다. 게다가 지금 멈추면 다시는 못 일어날 것 같다. 쉰다고 나아질 고통이 아니다. 가방이 무거워서 등이 자꾸 펴진다. 무거운 가방이 내 등을 자꾸만 쓸고, 몸이 흔들릴 때마다 왼쪽 오른쪽으로 흔들거린다. 바위턱 따위 누가 신경이나 쓴대? 절벽 따위 누가 신경이나 쓴대? 떨어지면 바닥에 더 빨리 도착하는 거지 뭐.

네 시간 반이 지난 다음, 폴을 놓쳤지만 강이 보였다. 몇 구간 전에 처음 강이 보이자 꼭 천국 같았다. 너무 멀어 보여 지옥 같기도 했다는 점만 빼면 말이다. 이제 두 번째 협곡에 접어든 것 같다. 꼭대기에서는 보이지 않던 협곡이다. 풀도 있고 길도 더 넓다. 기온이 상당히 내려갔고 공기도 느낌이 좋다. 머리 위로 뇌운(雷雲)이 모여들면서 나를 환영하듯 그늘을 드리운다. 비는 오지 않고 시원하고 기분 좋은 그늘이 진다. 나는 무거운 발걸음으로 천천히 오솔길을 걸어가면서 고개를 숙이고 흙길에 시선을 고정한다. 입이 바싹 마르지만 침을 모아서 혀를 축일 수도 없다. 안 아픈 데가 없다. 속도를 줄여 거북이처럼 천천히 걷는다. 에너지가 바닥났다. 내가 콜로라도나 몬태나에서 자랐어도 이렇게 힘들었을까 하는 생각이 든다. 협곡 깊숙이 이렇게 잘 정돈된 오솔길이 나 있다니, 사람들이 수백만 번은 다녔나 보다.

길이 구부러지더니 작은 초록빛 계곡이 내려다보이는 좁은 바위턱이 나온다. 바위는 이제 갈색이 아닌 회색이다. 나는 회색 바위 아래 갈색 오솔길을 따라 걷는다. 길은 넓은 고리를 이루면서 저 아래 반대편에서 끝난다. 좁다란 시냇물이 흐른다. 식물들에게 먹을 것을 제공하고 계곡에 색채를 더하는 작은 시내다. 사뭇 다른 광경을 보니 눈이 즐거워진다. 힘을 얻은 나는 질질 끌던 발을 조금 더 높이 들면서 주변을 살핀다. 다섯 시간 동안 초록색이라고는 보질 못했다. 물도 못 봤고. 저걸 좀 봐, 바위에 경쾌하게 부딪히는 소릴 들어봐. 시냇물 소리를 눈으로 따라가니 오솔길과 시냇물이 만나는 곳에 내 친구 폴이 앉아 있다. 그는 가방을 내려놓고 사과를 먹으면서 반짝반짝 빛나는 눈으로 미소 짓고 있다.

이제 나는 폴에게 뻐기듯이 제대로 속도를 낸다. 전혀 힘들지 않았던 척한다.

"우리가 해냈어." 내가 오솔길 아래쪽으로 내려가 폴에게 다가가자 그가 나를 반기며 말한다.

"이게 끝이야?"

그가 손가락 하나를 들어 보인다. "1.6킬로미터만 더 가면 돼. 게다가 편한 길이야."

"네가 어떻게 알아?"

"산림 경비원이 말해줬어."

"경비원이 어디 있는데?"

"캠핑장으로 돌아갔지."

옆에서는 시냇물이 졸졸 흐르고 차갑고 축축한 공기가 올라온다.

"여기 언제 도착했어?" 내가 묻는다.

"20분쯤 전에." 폴이 사과 씨를 시냇가 풀밭에 던진다. "기분은 좀 어때?"

"최고야." 내가 말한다. "너는?"

"좀 있다가 조깅하려고."

"조깅이라고?"

"응." 폴이 말한다.

"음, 마지막 1.6킬로미터는 빨리 내려가야 될 거 같은데.

한번 멈추면 다시 못 일어날 거 같아."

"그래, 그러자." 폴이 가방을 들면서 말한다. "물부터 마실래?" 그가 물병을 열고 건네준다. 나는 대답도 없이 꿀꺽꿀꺽 다섯 모금을 마신다. 한 모금 넘길 때마다 물이 배를 채운다. 갑자기 추수감사절 저녁이라도 먹은 듯한 느낌이다. 배도 부르고 약간 메스껍다.

"진짜 안 쉴래?" 폴이 묻는다.

"난 괜찮아." 오솔길의 느낌이 바뀌었다. 흙이라기보다는 모래에 가깝다. 흰 모래가 군데군데 바닷가 모래처럼 굵어진다. 발이 모래 위로 질질 끌리면서 2~3센티미터 정도 파고든다. 폴은 빨간색 테니스 신발을 신고 있는데 걸을 때마다 모래가 발뒤꿈치로 올라와서 신발 속으로 들어간다. 그가 발을 들자 물집 잡힌 부분에 감긴 강력 테이프가 보인다.

"테이프, 효과 있어?"

"미친 듯이 아파. 너도 물집 생겼냐?"

"어떨 거 같아?" 내가 말한다.

우리 두 사람 다 발을 질질 끌면서 찡그린 얼굴로 흔들흔들 걸어간다. 오솔길이 시냇물과 갈라지더니 다시 내리막길이 된다.

"아래쪽은 훨씬 더 시원하네." 내가 말한다. "강이 가까워서 그런가."

"그건 아닌 거 같아. 그러니까, 강이 가까워진 건 맞는데 우리가 하이킹하는 동안 한랭전선이 다가온 것 같아. 저 위 구름 좀 봐. 저 속에 차가운 날씨가 들어 있을걸."

"그렇게 생각해?" 내가 받은 숨으로 대화를 하면서, 다리 통증을 억누르며 묻는다.

"그런 것 같아. 오늘 우리 상당한 고도를 내려왔잖아. 사실 이 아래가 저 위보다 따뜻해야 된다고. 그런데 더 시원해졌 잖아. 한랭전선 때문일 거야."

"말이 되는 거 같네."

내가 고통에 굴복하기 직전에 오솔길이 널찍하고 탁한 갈 색의 콜로라도 강을 보여준다. 강변은 없고 협곡 사면만 있 다. 이제 끝났음을 깨닫는다. '여기가 그랜드 캐니언 바닥이 구나.' 몇십 미터만 더 가면 된다. 폴과 나는 걸음을 멈추고, 바위를 깎으며 흐르는 강을 내려다본다. 강은 넓고 갈색이며 근육처럼 빵빵하고 바위로 된 강둑을 따라 빠르게 움직인다. 뱀처럼 어둡고 평평한 배로 휘어진 굽이를 구불구불 감고 있 는 강은 정말 장관이다. 강은 그물에 걸린 용처럼 협곡 벽에 옆구리를 철썩철썩 부딪친다. 오솔길이 끝나는 곳에서 우리 가 아까 봤던 시냇물이 협곡으로 흘러 들어간다. 우리는 오 르막길로 변한 오솔길을 따라서 거대한 강철 케이블 다리가 놓인 능선으로 올라간다. 다리의 폭은 보행로 정도밖에 되지 않지만 바위 양쪽에 두꺼운 강철판이 대어져 있어서 견고하 다. 분명 홍수에도 견딜 수 있게 만든 다리는 물 위로 15미터 정도 떠 있다. 다리까지 가는 길을 만들기 위해서 바위에 구 멍을 뚫어 놓았다. 어두운 입구를 향해 앞장서서 가던 폴이 모퉁이를 돌자 단단한 케이블 난간으로 둘러싸인 쇠살대 다 리가 나온다. 다리 위로 한 발 내딛자 쇠살대 아래 바로 밑에 서 흐르는 콜로라도 강이 보인다. 우리는 다리 중간에 멈춰 서서 풍경을 감상한다. 다리 밑 오른쪽으로는 강변이 있고 북쪽에서 또 다른 시냇물이 강으로 흘러 들어온다. 우리가 오늘 밤을 보낼 캠핑장인 팬텀 랜치가 분명하다. 급류가 강 변으로 밀려온다. 이 다리는 중간에 에어컨이 달린 거대한 뗏목 같다. 스무 명 정도는 앉을 수 있을 듯하다. 다리가 흔 들리고 강이 에어컨처럼 쇠살대를 통해 찬바람을 뿜어낸다.

"다 왔나 봐." 내가 말한다.

"그런 것 같네." 폴이 돌아서서 지친 걸음으로 다리를 내 려간다. 오솔길은 거기서 강변으로 곧장 이어진다. 크고 좁 은 입구 역할을 하는 강 유역이 위로 수십 미터 정도 솟아서 하늘을 가두고 있다.

나는 폴을 따라간다. 고통이 다리 힘줄을 훑고 지나간다. 캠핑장에 도착해서 자리에 앉는 순간만 생각한다. 한 걸음 한 걸음 뗄 때마다 고통이 더 커진다. 산악 경비원이 강변 근 처 나무문 앞에 서 있다. 그는 팬텀 랜치를 가리키며 우리를 환영한다. 팬텀 랜치까지는 협곡을 따라서 30미터 정도 더 가면 된다.

캠핑장은 작고, 각각의 자리를 나누는 바위가 가림막 역할을 하고 있다. 완만한 경사가 커다란 시내까지 이어지고, 우리 자리에는 강변에 커다란 바위가 있다. 강물이 바위에 부딪히며 마음을 편안하게 하는 소리를 낸다. 나는 가방을 털썩 내려놓고 피크닉 테이블에 앉은 뒤 바로 눕는다. 온몸의 근육이 조여지면서 지끈거리더니 이완되었다가 다시 조여지면서 지끈거린다. 머리가 빙빙 돌고 배는 아직도 물로 차 있다. 가만히 있는데도 물의 출렁임이 느껴진다. 온종일 바닷속에 있으면 뭍으로 나온 뒤에도 한참 동안 파도가 몸을 들어올리는 느낌으로 흔들리는데, 꼭 그럴 때처럼 몸이 흔들린다. 혈관을 타고 흐르는 피가, 다리와 발에서 박동하는 피가 느껴진다. 쓰라린 발뒤꿈치 주변 혈관과 다섯 시간 넘게 가죽 부츠에 눌렸던 발톱 주변 혈관에서도 박동이 느껴진다.

폴이 가방을 땅에 내려놓고 몸을 기댄다. 그런 다음 쭉 미끄러지더니 가방을 베개 삼아 눕는다. 그가 신발을 벗자 발뒤꿈치에서 피가 조금 난다. 내 발뒤꿈치는 어떨까 궁금해진다. 나는 부츠를 벗을 힘도 없다. 그저 이렇게 누워서 소나기 구름이 지나가는 것을 보고 싶다. 구름은 부드럽게 느릿느릿 흘러가면서 만으로 들어가는 배처럼 흐린 하늘을 가로지른다. 미루나무가 하늘을 수놓고, 시냇물이 평온하게 바위들과 장난치고, 나는 아픔을 느끼며 몸을 흔들고, 내 혈관 속에서는 피가 흐른다.

11. 팬텀 랜치

팬텀 랜치에는 웅성거리는 소리, 아니 신음소리가 흐른다. 하이킹해서 내려온 사람들이 왼쪽 오른쪽에서 고통에 신음한다. 우리 바로 옆자리에는 거대한 배낭을 가진 여자가 있다. 그녀는 부츠를 벗고 또 하나의 피부를 벗겨내듯이 양말을 벗겨냈다. 여자의 발은 닭고기처럼 허옇고 부어올랐다. 그녀는 손으로 발을 마사지하면서 얼굴을 찡그린다. 체구가 작아서 안쓰러워 보인다. 그녀의 배낭은 내 배낭의 두 배나 된다. 여자가 침낭을 풀고 배낭을 테이블 밑으로 밀어서 떨어뜨리더니 침낭을 펼치고 그 위에 천천히 눕는다. 그녀는 신발을 신은 발 하나와 벗은 발 하나를 테이블에 나란히 늘어뜨린 채 팔베개를 베고 엎드려서 쉰다. 저 여자를 보니 나는 저 정도는 아니지 싶다.

폴은 자기가 할 수 있는 캠핑 준비를 하고 있다. 푹신한 땅을 찾아서 침낭을 편 다음 작은 스토브를 꺼내서 프로판가스 손잡이를 만지작거린다. 스토브 준비를 마치고 성냥을 켜자 검은색 버너에서 파란 불꽃이 일렁인다.

"사이다 마실래?" 그가 묻는다.

"지금은 됐어." 내가 캠핑장의 다른 사람들을 둘러보면서 나직하게 말한다.

우리 뒤쪽에는 프로가 몇 명 있다. 커다란 텐트를 가지고 와서 능률적으로 텐트를 치고 있다. 복장도 다들 제대로다. 배낭은 전부 커다란 내부 프레임 배낭이고, 장기 체류에 필요한 장비도 있다. 그들의 스토브를 보자 폴의 스토브가 작아 보인다. 버너가 네 개에다 커다란 프로판가스 탱크가 옆에 붙어 있다.

시내 건너편에 우리가 지나온 오솔길이 있다. 대여섯 사람이 오솔길을 향해 걸어가고 있다. 지친 기색이 없는 것을 보니 배를 타고 왔나 보다. 그들은 웃으면서 어울리고 있다.

"배 안 고파?" 폴이 묻는다.

"응, 조금. 아침 이후로 거의 아무것도 안 먹었어."

"스토브에 콩 데울래?"

폴과 스토브는 3미터 정도 떨어져 있다. 걸어가기에는 너무 먼 거리다. 그리고 저기까지 가려면 이 테이블에서 내려가야 한다. 할 수 있을지 모르겠다.

"아냐, 그냥 차게 먹을래." 내가 말한다.

"진정한 남자네." 폴이 말한다.

테이블에 배낭을 기대자 옷과 음식이 들어 있는 파우치가 보인다. 나는 옆 주머니에서 콩을 꺼내고 같은 파우치에 들어 있는 숟가락을 잡는다.

"타바스코 소스 줄까?" 폴이 작은 타바스코 병을 던진다. "많이 매운 거야." 그가 경고한다.

나는 작은 병에 든 소스의 반을 봉투에 붓는다.

"돈, 말했잖아, 맵다니까."

"나도 알아."

"하긴. 넌 텍사스 사람이니까."

"어떻게 하는 건지 내가 보여주지." 내가 말한다.

폴이 맞았다. 정말 맵다. 피칸테 소스—토마토 농축액과 고추, 소금, 후추 등으로 만들어서 나쵸, 토르티야 등에 곁들여 먹는 소스 — 옮긴이랑은 다르다. 정말 타는 듯이 맵다. 나는 매운 티를 내지 않으려고 애쓰지만 폴은 숨을 헐떡이는 나를 보면서 한바탕 웃는다.

"문제없어." 내가 말하면서 기침을 한다. "우와, 진짜 맛있네."

"혀에 불이라도 붙은 거 같다, 돈."

나는 물병을 꺼내서 마지막 한 방울까지 다 마신다. 하지만 물도 소용없다.

"물 더 줄까?" 폴이 자기 물병을 들어 보이기에 내가 그걸 받으러 간다. 하지만 폴이 물병을 잡고 놔주지 않는다. 나는 고통스럽게 웃으면서 기침을 한다.

"'나도 알아'라고?" 폴이 놀리며 말한다.

"나 괜찮아. 그냥 목이 말라서 그런 거야." 내가 무릎으로 폴을 누르면서 물병을 잡는다. 그런 다음 물을 들이켜 입에 머금고서 혀 위로 굴린다.

"텍사스 사나이가 이 정도 매운 맛에 힘들어하다니." 폴이 킥킥거린다.

"아니야. 사레들려서 그런 거야."

폴이 눈을 굴린다. 나는 다시 콩이 든 지퍼백을 들고서 핫소스 그릇에 감자칩 담그듯 숟가락을 살짝 담근다.

고통스러운 허기를 달랜 다음 폴 옆에 가방을 깔고 그 위에 눕는다. 우리는 오늘 하루에 대해, 하이킹, 그리고 내일 출발에 대해 이야기한다. 우리는 해가 뜨자마자 출발할 예정이다. 해가 뜨자마자 벌떡 일어날 것이다. 일찌감치 출발하면 정오가 조금 지나 인디언 스프링스에 도착할 거고, 그러면 해가 지기 전까지 그 근처로 당일 하이킹을 할 수 있을 것이다. 폴에게 말은 하지 않지만 나는 당일 하이킹을 할 생각이 별 즐겁지 않다. 내일 아침이면 정말 아플 거고, 인디언 스프링스에 가서 하이킹을 또 한다는 건 지금 생각하면 말도 안되게 느껴진다. 하지만 내일은 내일이고, 오늘 밤 내가 할 수 있는 일은 휴식을 취하는 것밖에 없다.

산림 경비원이 오더니 통나무집 근처에서 모임이 있다고 알려준다. 산림 경비원들의 작은 쇼다. 폴이 그쪽을 보면서 눈을 크게 뜬다. 내가 관심 없다고 고개를 젓자 그 역시 나와 마찬가지로 관심을 잃은 모양이다.

"내일 아침까지는 꼼짝도 못 할 거 같아." 내가 말한다.

"나도."

"있잖아, 난 내일 하이킹이 전혀 기대가 안 돼. 너무 힘들어. 내일도 정말 힘들 거야."

"천천히 가면 돼. 온종일 시간이 있으니까 천천히 가지 뭐." 폴이 말한다.

태양이 협곡 꼭대기 뒤로 넘어가고 소나기구름이 남은 빛을 가린다. 두터운 회색 구름이 비를 뿌릴 듯 위협하며 다가온다. 팬텀 랜치에서는 하늘이 조각조각 보인다. 구름 여기저기 틈새로 파란색이 살짝 드러난다. 짙은 파랑, 미적거리며 남아 있는 햇살과 싸우는 별 몇 개를 보여주는 밤의 파랑이다. 캠프장 저쪽에서 열리는 모임과 불을 피우는 경비원들이 보인다. 불은 잘 보이지 않지만 협곡 사면이 그림자와 빛이 함께 춤추고 있다.

배를 타고 온 사람들이 우리 자리를 지나 모임이 열리는 곳으로 간다. 그들은 웃는 얼굴로 대화를 나누면서 성큼성큼 걷는다. 한 사람이 농담을 하자 다들 웃고 다른 사람이 농담을 덧붙이자 또 같이 웃는다. 그들은 이런 식으로 오솔길을 따라 야트막한 언덕을 넘어 그림자가 춤추는 곳으로 간다.

12. 브라이트 엔젤

폴은 침낭에서 나가고 없다. 다른 사람들도 대부분 마찬가지다. 하지만 나는 움직이고 싶지 않다. 다리가 얼마나 아픈지 시험해본다. 조금만 움직여도 허벅지에서 허리까지 통증이 지나간다. 발도, 장딴지도 아프다. 나는 조금이라도 움직여보려고 몸을 뒤집는다. 그런 다음 마침내 침낭에서 빠져나와 무릎을 짚고 일어나려고 팔굽혀펴기를 하듯 몸을 일으킨다. 그리고 등을 쭉 편 다음 피크닉 테이블을 짚으면서 일어선다.

폴이 양치질을 하고 돌아왔을 때 나는 양쪽 발에 양말을 신은 뒤 꽉 끼는 신발을 들고 씨름하는 중이다.

"오늘 아침은 약간 쌀쌀하네." 폴이 말한다. "밤에 추웠어?"

"일어나기 전까지는 몰랐는데." 솔직히 폴이 말하기 전까지는 생각도 못 했다.

"한랭전선이 온 게 틀림없어." 폴이 알려준다.

우리는 잠시 날씨 이야기를 한다. 그런 다음 폴이 진지하게 출발 준비를 한다. 그는 지친 듯이 움직이지만 그의 움직임에는 고통을 무릅쓰고 일을 해내는 사람처럼 어떤 결연함이 있다.

"움직이면 따뜻해질 거야." 폴이 충고한다.

"응." 내가 낮은 목소리로 말한다.

발목이 후들거리고 무릎은 뻣뻣하다. 생각만큼 심하지는 않지만 그래도 뻣뻣하긴 마찬가지다. 나는 무릎을 굽혔다 폈다 캠프장을 걸어 다니면서 침낭을 말아서 가방에 장비를 묶는다. 폴이 바나나를 건네주자 나는 천천히 시간을 들여 껍질을 벗긴다. 우리는 피크닉 테이블에 앉아서 팬텀 랜치를 마지막으로 둘러본다. 여기 오래 있지도 않았고 누군가를 만나거나 무슨 행사에 참여하지도 않았고 그저 신음 소리를 내면서 잠만 잤을 뿐이다. 여기는 확실히 배를 타고 오는 사람들을 위한 곳이다. 여기까지 하이킹을 해서 온 사람이 과연 다윈의 진화론에 대한 꼭두각시 인형극에 흥미를 느낄까 싶다.

"통나무집 지을 나무는 어떻게 가져왔을까?" 폴이 신기하다는 듯이 말한다.

나는 생각해보지 않았지만 대화를 이어나가려고 아무렇게나 말한다. "헬리콥터를 썼겠지."

폴이 콜로라도 강을 향해 흐르는 시냇물을 내려다본다. "분명히 강을 이용했을 거야."

"강에는 급류가 있잖아, 안 그래?" 내가 묻는다.

폴이 고개를 들고 협곡 사면을 유심히 본다. "헬리콥터가 착륙하기에는 너무 좁아. 분명히 강을 이용했을 거야. 내기해도 좋아."

"헬리콥터라니까." 내가 사면을 살피며 말한다. "그런데 우리도 얻어 탈 수 있을까? 곧 보급품이 올 거야. 공사장 인부인 척하고 얻어 타면 될 텐데."

폴이 히치하이커처럼 엄지손가락을 내밀고 하늘을 쳐다본다. 나도 그렇게 한다. 보고 또 봐도 헬리콥터는 없다. 나는 엄지손가락을 하늘 높이 쳐들고 샐쭉한 표정을 짓는다. "저기요, 헬리콥터 없어요?" 내가 말한다. 우리가 깔깔 웃고 있으니 오솔길을 올라가던 두 사람이 이상하다는 듯이 우리에게 미묘한 시선을 던진다.

"저 좀 업고 가실래요?" 내가 한 사람에게 말하지만 그는 아무 말 없이 지나간다.

"컨디션은 괜찮아?" 폴이 장난스러운 분위기를 깨며 묻는다.

"생각보다는 괜찮아."

"잘 됐네."

"응."

"출발 준비됐어?" 폴이 묻는다.

"응." 내가 피크닉 테이블에 누운 채로 말한다. 폴이 다시 주변을 둘러본다.

"왜 브라이트 엔젤 트레일이라고 부를까? 인디언이랑 관련 있을까?" 폴이 묻는다.

"그럴지도." 내가 말한다. "여기는 뭐든지 인디언이랑 관련 있는 것 같잖아."

나는 고통을 무릅쓰고 전진하는 폴의 정신을 받아들였다. 약해진 발목에 힘이 들어가고, 협곡을 오르기 시작하자 폴에게 뒤처지지 않는 걸음을 찾는다. 몇 분 만에 벌써 숨이 찬다. 폐는 전면 가동 중이다. 폴이라고 빨리 걷고 있는 것은 아니지만 한편으로는 그가 나를 배려하느라 천천히 걷는다는 생각이 든다. 어쨌든 나에게는 빠르다. 적어도 처음 한 시간 동안은 그랬다.

카이밥과는 느낌도 색깔도 다른 길이다. 카이밥은 마지막 몇백 미터만 제외하면 내려오는 내내 붉은색과 흰색이었지만 여기 바위는 회색이다. 오른쪽 절벽은 별로 가파르지 않다. 위로 올라갈수록 협곡 벽 깊숙이 들어간다. 우리는 홍수로 인해 생긴 길을 따라가고 있다. 나는 이 자그마한 골짜기가 콜로라도 강으로 흘러 들어가는 거대한 시냇물이라고 상상해본다. 여기는 바위밖에 없지만 갈라진 틈 깊숙한 곳에는 풀과 관목이 있다. 저 안 어딘가에 자그마한 실개천이 있을 것이다. 바깥쪽에서 멀리 떨어진 모퉁이를 돌 때 그런 소리가 들린다.

나는 가방 무게를 생각한다. 어젯밤 폴과 나는 우리가 들고 다니는 온갖 물건과, 우리가 지고 다니는 무게에 대해, 감정적인 짐, 그러니까 실은 필요 없지만 우리가 필요하다고 여기는 것들에 대해 이야기했다. 깊은 대화를 한 건 아니었지만 나는 그 문제를, 내가 얼마나 많은 짐을 지고 걸어가는지를 계속 생각한다. 인생이란 춤이며 하나님은 단지 우리가 죄와 종교에 얽매임 없이 인생을 즐기기를 바라신다는 것을 계속 생각한다. 그저 착하게 사는 것이 삶의 핵심인 것 같다. 사람들을 친절하게 대하고, 아무도 미워하지 않고, 누구나 실수하는 법이므로 다른 사람들을 용서하는 삶 말이다. 이런 생각에 항상 예외가 있음을 알지만, 행복해지기 위해서는 더 많은 소유물이 필요하다는 생각, 다른 사람들의 인정이 더 많이 필요하다는 생각에서 벗어날 수만 있다면 삶은 훨씬 더 나아질 것이다.

어떤 가족이 밝은 미소를 지으며 오솔길을 내려오고 있다. 내가 길을 비켜주자 천천히 지나가면서 고맙다고 인사한다. 일행 중에 부인이 꼭대기까지 가는지, 아니면 인디언 스프링스까지만 가는지 묻는다. 내가 인디언 스프링스까지 간다고 대답하자 얼마 안 남았다고 알려준다. 모퉁이만 돌면 된다고. 그 가족은 저만치 걸어가고, 나는 뭔가 잘못되었다는 듯 폴을 돌아본다. 우리는 세 시간밖에 안 걸었으니 벌써 다 왔을 리가 없다.

폴이 앞으로 나선다. "별로 오래 안 걸렸네."

"그러니까 말이야. 인디언 스프링스가 중간 지점인 줄 알았는데."

"나도 그런 줄 알았어." 폴이 말한다.

"이제 막 출발한 것 같은데."

"그렇지. 아직 오전이잖아." 폴이 하늘을 올려다보면서 태양을 찾더니 손을 들어 햇빛을 가린다. "열한 시쯤 됐을 거야."

"정말? 열한 시라고?"

폴이 손을 내리고 팔 아래쪽 가방끈을 잡는다. "응, 열한 시."

내가 고개를 들고 손으로 햇빛을 가리며 본다. "열한 시 십칠 분쯤이네. 정확히 열한 시 십칠 분이야."

나는 하이킹 코스를 똑같이 분배하지 않은 것이 걱정된다. 오늘 5킬로미터밖에 걷지 않으면 내일은 10킬로미터를 걸어야 한다. 오늘 겨우 몇백 미터밖에 올라오지 않았다면 내일은 그 몇 배를 올라가야 한다. 기나긴 길이다. 난 지금 녹초가 될 지경인데, 오늘이 그나마 쉬운 날인 것이다. 그러나 나는 두려움을 눈에 내비치지 않는다. 폴에게 보이지 않는다. 우리는 대체로 좋은 시간을 보내고 있다. 올라가는 건 어려운데도 말이다. 내가 엄살쟁이처럼 굴고 있는 것도 사실이다. 하지만 정말이지 내 상태가 조금 더 나았으면 좋겠다.

폴을 따라 모퉁이를 돌자 풀과 나무들이 보인다. 인디언 스프링스다. 내가 어떤 광경을 상상했는지 모르겠지만, 별 생각이 없었던 것 같다. 나는 인디언 스프링스를 상상해보지 않았지만, 이런 광경은 절대로 예상하지 못했다. 풀밭, 관목, 커다란 화장실, 콘크리트 지붕이 덮인 피크닉 테이블. 바로 여기 이 협곡에 텍사스 도로가에 있을 법한 공원이 있다니. 헬리콥터로 실어온 게 틀림없다.

우리는 뒤쪽에서 캠핑장으로 들어간다. 시냇물 옆에 자갈로 만든 우물과 밧줄을 맨 들통이 있다. 시냇가에는 수양버들이 늘어서 있고 키 큰 풀이 무리를 이루고 있다. 골짜기의 널따란 공간인데, 국립공원 측은 오솔길을 따라 바위를 세웠고 하이킹하는 사람들이 들어가면 안 되는 곳에는 낮은 풀과 선인장을 심어두었다. 서른 개가 넘어 보이는 야영지에는 각각 피크닉 테이블과 경사진 시멘트 구조물이 있다. 통나무집은 없다. 건물은 하나밖에 없는데 여성용 입구와 남성용 입구가 따로 있는 커다란 화장실이다. 폴이 오솔길에서 제일 멀리 떨어진 피크닉 테이블을 고른다.

"여기 어때?"

"좋아." 내가 여전히 주변을 둘러보며 말한다.

* * *

"먹고, 마시고, 즐기라"고 말한 사람이 누군지는 모르겠지만 그는 콩과 쌀보다는 더 나은 음식을 가지고 있었을 거다. 그것만은 분명하다.

애리조나 사람들은 뭘 먹더라? 우리 텍사스 사람들은 바비큐를 즐겨 먹는데, 정말 맛있다. '루터스'나 '센트럴 텍사스

바비큐' 같은 식당들. 그런 식당에서는 낡은 드럼통으로 만든 크고 검고 기름진 화덕에서 고기를 굽는다. 200갤런들이 드럼통 말이다. 루이지애나 사람들은 가재와 프랑스식 소시지를 먹는다. 프렌치 쿼터 French Quarter: 루이지애나 주 뉴올리언스의 재즈와 케이준 음식으로 유명한 지역 — 옮긴이 사람들은 튀긴 도넛을 먹고 커피를 마시면서 낡은 신발을 신은 가난한 사람들이 연주하는 〈성자의 행진〉을 듣는다. 그런데 애리조나 사람들은 뭘 먹지? 아마 멕시코 음식일 것이다. 서남부 요리. 벌써 입에 침이 고인다. 스크램블드에그를 올린 밀가루 토르티야. 포크를 문지르면 끼익 소리가 나는 두꺼운 도자기 접시에 가득 담긴 양파튀김과 피칸테소스. 지금 당장 그런 요리를 한 접시 먹고 싶다. 메이플 시럽을 잔뜩 뿌린, 두껍고 버터가 잔뜩 든 팬케이크와 베이컨, 두터운 훈제 베이컨도 먹고 싶다.

폴이 무게를 실은 발을 바꾸다가 내 얼굴에 떠오른 고통을 알아차린다. "심오한 생각이라도 하는 거야?"

"심오한 생각?"

"심오한 표정을 짓고 있어서."

"아니야."

"뭐가 아니야?"

"심오한 생각 아니라고." 내가 말한다.

"무슨 생각하는데?"

"먹을 거."

폴이 똑바로 앉더니 한숨을 내쉬면서 자기도 배가 고프다는 듯이 신음소리로 동의를 표한다. "우리 콩이랑 쌀은 있어. 바나나 먹을래?"

"나중에. 난 지금 제대로 된 음식을 상상하는 중이야. 너도 알잖아, 진짜 음식. 트럭 휴게소에서 파는 음식이나 멕시코 음식 말이야."

폴이 지친 몸을 바닥에서 일으키더니 반바지에 묻은 흙을 털고 테이블 위 내 옆자리에 앉는다. "지금 뭐든지 먹을 수 있다면 넌 뭐 먹을래?"

"넌 도움이 안 돼. 나 진짜 배고프다고."

"한번 생각해봐. 뭐 먹고 싶어?"

"치킨 프라이 스테이크." 내가 말한다. "아니 모르겠어."

"괜찮은데. 내가 남부에서 유일하게 그리운 게 바로 그거야, 돈. 음식 말이야. 이 세상에 텍사스 요리만 한 음식은 없어."

"내 말이 바로 그거야. 난 텍사스 밖으로 나가본 적이 별로 없지만 그 어디에도 우리가 먹는 것 같은 음식은 없다고 말할 수 있어……. 그 어디에도."

"뭐든지 다 된다니까, 돈. 뭐 먹고 싶어?" 폴이 다시 묻는다.

"너 라일 로벳 노래 많이 듣냐?"

폴이 어깨를 으쓱한다. "라일 로벳이 무슨 상관인데?"

"지금 얘기하잖아. 라일 로벳 노래 중에 〈날 제일 잘 아는 사람은 당신〉Nobody Knows Me Like My Baby이라는 곡이 있어. 들어봤어?"

폴이 다시 어깨를 으쓱한다. 그는 아무 대답 없이 풀밭과 모래밭을 보다가 눈으로 거대한 암벽을 좇더니 하늘에 얼어붙은 듯한 앙상한 나무를 발견한다. 폴의 시선이 그 나무에서 멈춘다. 표정을 보니 꼭대기까지 거리를 계산하는 거다.

"좋은 노래야." 내가 말한다.

"그게 음식이랑 무슨 상관인데?"

"그 노래를 들어보면 너도 알 거야."

"말 안 해주려고?"

"음…… 그 노래가 어떤 내용이냐면…… 정확한 가사는 생각 안 나지만 대충 '나는 일요일 아침에 늦잠 자는 걸 좋아해요, 커피에는 크림을 넣고 달걀은 반숙이 좋고, 그거에 밀가루 토르티야를 먹죠.' 라일 로벳은 그냥 밀가루 토르티야를 먹는다고 하는 게 아니라 **그거에** 먹는다고 해. 텍사스식 표현이지."

"텍사스 사람이야?"

"응, 휴스턴 출신. 텍사스 A&M 대학교에 다녔는데 로버트 얼 킨 주니어가 룸메이트였지."

"그게 누군데?"

"그건 안 중요해. 노래가 어떻게 되는지 들어봐……."

"라일 로벳은 음식에 대해 노래를 하는구나." 폴은 풀 죽은 표정으로 저 하늘 위 나무까지의 거리를 곰곰이 생각한다.

"아니, 음식 노래가 아니야, 사랑 노래지." 내가 말한다.

"늦잠과 달걀에 대한 사랑 노래라. 너한테 어울리는 사랑 노래다, 돈."

"노래가 어떤 내용인지 한번 들어봐. 라일 로벳이 노래를 하는데, 아 근데 노래는 진짜 느려. 라일 로벳 목소리랑 엄청 나게 느린 기타 소리밖에 없는데, 이런 내용이야. '나는 일요일 아침에 늦잠 자는 걸 좋아해요, 커피에는 크림을 넣고, 달걀은 반숙이 좋고, 그거에 밀가루 토르티야를 곁들여 먹죠. 그런 날 제일 잘 아는 사람은 당신이에요.'"

폴이 편하게 쉬면서 나무에서 시선을 뗀다. 그는 풀밭과 모래로 시선을 옮기고 생각에 잠긴다.

"어떤 식인지 알겠지?" 내가 말을 시작한다. "어떤 여자에 관한 노래야. 부인일지도 모르지. 그녀는 그에 대한 모든 걸다 알아. 일요일이면 늦잠 자는 걸 좋아하고, 아침으로는 밀가루 토르티야를 좋아하고, 그에게 딱 맞는 커피를 타는 사람도 그 여자밖에 없어. 뭐 그런 사랑 노래야."

"네가 굶주린 게 음식만은 아닌 거 같다, 돈." 그가 웃으면서 말한다. 짧은 웃음이다.

"잘 모르겠지만 한 시간 동안 이 노래가 계속 맴돌더라고.

내가 아는 노래 중에 유일하게 음식이 등장해서 그런가 봐."

"크리스 보고 싶어?" 고향에서는 다들 크리스틴을 '크리스'라고 불렀다. 폴은 나와 헤어진 여자 친구에 대해서 말하는 것이다.

"조금. 어젯밤에는 조금 보고 싶었어."

폴이 교활한 표정을 짓는다. 그럴 줄 알았다고 말하는 듯한 표정. "너한테 그런 아침을 만들어 준 적 있냐? 그 노래처럼?" 폴이 주먹으로 내 다리를 툭툭 친다.

"크리스틴 말이야?"

"응. 너한테 아침 만들어 준 적 있어?"

"아니. 네가 무슨 말 하려는진 알겠어."

"그냥 묻는 거야."

"그런 타입이 아니야."

"캐물으려던 건 아니었어." 폴이 말한다.

"괜찮아. 별로 캐묻는 것도 아닌데 뭘."

"크리스가 네 짝이라고 생각해, 돈?"

"내 짝? 유일한 짝 말이야?"

"응." 그가 분명히 말한다.

"아니."

"그래서 헤어졌구나."

"응, 그런 거 같아." 다리와 팔에 났던 땀이 마르면서 추워지기 시작한다. 재킷이나 트레이닝복 상의가 있으면 좋겠다.

"있잖아, 폴." 내가 말을 꺼낸다. "크리스는 어차피 나랑 헤어지려고 했던 것 같아."

"왜 그렇게 생각해?"

"사소한 것들이지 뭐. 사소한 말들과 사소한 행동들. 그다지 진심이 아니었던 것 같아."

"얼마나 만났어?"

"별로 안 됐어."

"대충 어느 정도?"

"한 6개월쯤."

"꽤 오래 만났네. 그 정도 시간이면 다 파악하는 사람들도 있는데 뭐."

"난 크리스가 정말 좋았어. 하지만 크리스는 진심이 아니었던 것 같아. 폭탄을 터트린 건 나지만, 어쨌든 크리스는 나랑 헤어지려고 했어."

마지막 말이 매끄럽게 나온다. 작은 고통이 빠져나가듯이. 폴의 얼굴에 동정심이 떠오른다. 하지만 이렇게 우울한 분위기를 만들어내는 가슴 속 아픔보다 내 다리의 고통이 더 크다는 사실은 모른다. 크리스틴은 크리스틴이다. 아름다운 그녀. 나는 크리스틴이 보고 싶다고 생각한다. 하지만 그녀와 나는 짝이 아니었다. 크리스틴은 남자 친구들이 많았고, 그냥 지나치기에는 너무 예뻤다. 나는 빵집의 대기표 같은 거였다. 그녀는 대기표를 뽑아서 나를 흘깃 본 다음 빵 덩어리나 케이크나 파이나 자신이 예쁘다고 느끼는 것과 바꾸려고 기다렸다. 하지만 내가 그녀에게서 먼저 빠져나왔다. 크리스틴이 나를 다른 상품과 바꾸기 전에 그녀의 손에서 빠져나온 것이다. 하지만 진짜 장담하건대 그녀는 대기표 번호가 몇 번이었는지도 기억 못 할 것이다. 크리스틴은 대기표를 다시 뽑아서 흘깃 보고 자기 번호가 불리기를 기다릴 것이다. 그녀는 내가 한 말도 기억하지 못할 것이고, 내가 다른 여자에게는 그런 말을 한 적 없다는 사실도 깨닫지 못할 것이다. 크리스틴은 그런 말을 전에도 들어봤을 테고, 그런 말들은 형편없는 시처럼 마구 뒤섞인다. 내가 말할 때 그녀의 눈빛을 보면 알 수 있었다. 내가 옷이나 눈빛이 예쁘다고 칭찬할 때 크리스틴이 고맙다고 답하는 말투에서 다 느낄 수 있었다.

우리가 필요하다고 생각하는 것이 사실은 필요 없다는 게 얼마나 웃긴지 모른다. 그러니까, 이 여자가 없으면 죽을 것 같다고 느꼈던 기억이 난다. 하지만 난 여전히 살아 있고 기분도 좋다. 내가 어떤 여자애를 좋아할 때 사실 나는 반 정도는 일종의 구원을, 내가 중요하다거나 소중하다거나 필요하다는 느낌을 추구한다. 그게 문제라는 건 아니지만, 어쨌든 우리가 때로 서로를 얼마나 이용하는지 깨닫게 된다.

진정한 사랑이란 자신에게 어떤 이익이 되는지 따지지 않는다는 말을 들은 적이 있다. 조건 없이 그저 주기만 한다는 얘기다. 다른 사람의 짐을 나눠서 그의 무게를 덜어주려고 애쓰는 것과 마찬가지다. 보상받으면 좋겠지만, 꼭 보상받기 위해서 하는 건 아니다. 우리가 길거리에서 거래하는 쓰레기가 아닌 진짜 사랑, 오래된 노부부의 사랑 같은 진짜 사랑은 또 다른 은유가 아닐까라는 생각이 든다. 저번에 그런 생각을 해봤는데, 나는 다윈주의적 관점에서 사랑의 목적이 뭔지 생각해낼 수가 없었다. 섹스에는, 욕망이나 뭐 그런 것들에는 이유가 있는 것 같다. 하지만 사랑은 어떨까? 아름다움과 빛도 그렇지만, 사랑이 다윈주의적 과정을 어떻게 돕는 걸까? 나는 사랑 자체가, 라일 로벳이 노래하는 진짜 사랑이 하나님을 나타내는 또 다른 은유가 아닐까 생각했다.

"내가 뭘 먹을지 알아? 지금 당장 뭐든지 먹을 수 있다면 말이야." 폴이 침묵을 깨뜨리자 나는 다시 수면 위로 돌아온다. "난 레이즌 브랜Raisin Bran: 건포도와 밀기울을 섞은 시리얼 — 옮긴이을 한 그릇 가득 먹고 싶어. 크고 통통한 건포도와 차가운 우유랑." 그가 입맛을 다시면서 말한다.

"맛있겠다, 폴. 레이즌 브랜이라……."

우리 둘이 시리얼을 상상하느라 잠시 침묵이 흐른 뒤에 폴이 말한다. "넌 아직 대답 안 했어, 돈."

"뭐였지? 아 뭐 먹고 싶으냐고?"

"응, 음식 말이야. 뭐든 좋아. 뭐 먹고 싶어?"

나는 뒤로 기대어 하늘 위로 뻗은 나무를 본다. 그랜드 캐니언 사무소 위의 깃대도 보인다. 잘 보이진 않지만, 이쑤시개에 달린 빨간 넝마조각 같은 것이 꼭대기에서 펄럭이고 있다.

"뭐든 다 돼, 돈." 폴이 말한다.

나는 잠시 앉아서 생각한 뒤 이렇게 말한다. "나는 반숙 계란이 좋겠어. 그거에 밀가루 토르티야를 먹을래."

13. 보상

발이 얼었다. 나는 배낭 쪽으로 몸을 굴려 옷가지를 전부 꺼낸다. 그런 다음 속옷과 티셔츠를 침낭 바닥 쪽에 욱여넣고 옷가지에 발가락을 묻는다. 몇 분 지나자 별 소용없다는 사실을 깨닫는다. 이건 깊고 푸른 추위다. 깊고 검은 하늘에서도 추위가 보이고 사막의 고요한 정적에서도 추위가 느껴진다. 인디언 스프링스는 강추위에 시달리고 있다. 지평선에는 빛이 하나도 없다. 묵직한 하늘이 협곡 사면에 짙은 그림자를 드리운다. 폴을 보니 깊이 잠들어 있다. 폴은 침낭 지퍼를 끝까지 올리고 코를 골고 있다. 그의 숨소리가 지나치게 크거나 거슬리는 건 아니지만 나는 잠 못 드는데 폴은 잘 자는 걸 보니 짜증이 난다. 아까 폴이, 밤이 되면 내가 추울 거라고 말했었다. 내 침낭은 '춘추용'인데 기온이 영하로 떨어질 거라는 얘기였다. 폴이 옳았다.

추위는 서서히 다가오지 않았다. 한 시간 전쯤 추위가 나를 깨운 이후로 나는 계속 시달리고 있다. 머릿속에서 피가 굳는 것 같고 입을 열면 이빨이 덜걱덜걱 부딪힐 것 같다. 다시 잠들지 못할 것이다. 태아처럼 몸을 웅크리면 손이 좀 괜찮고 어깨를 목 쪽으로 움츠리면 어느 정도 온기를 느낄 수 있다. 나는 지금 덜덜 떨고 있다.

"폴." 내가 그의 침낭을 당기면서 말한다.

폴이 몸을 뒤척이더니 침낭 안에서 지퍼를 찾는다.

"왜?"

"여기 너무 추워."

폴이 눈을 천천히 깜빡인다. 그런 다음 하늘을 살펴보더니 멍하니 캠프를 둘러본다. "추워?" 그가 묻는다.

"얼어 죽겠어."

"어쩌냐."

"괜찮긴 한데, 부탁이 하나 있어."

"뭔데?"

"내 발 위에서 좀 자라."

"뭐라고?"

내가 그의 침낭 아래로 발을 밀어 넣는다. "내 발 위에서 좀 자. 발에 감각이 없어."

폴은 진심인가 싶어 내 눈을 보더니 아무 말 없이 몸을 굴려 내 발 위에 자기 다리를 얹는다. 나는 다시 침낭으로 들어간다. 창피하지도 당황스럽지도 않다. 이건 사교적인 관계를 넘어서는 문제다. 나는 몸을 데워야 한다.

* * *

태양의 그림자가 협곡 사면을 따라 천천히 미끄러진다. 나는 변화를 지켜보면서 아침 해가 뜨면 조금이나마 따뜻해지 겠지, 생각한다. 하지만 정말이지 너무 느리다. 햇빛은 꼭 시 럽처럼 천천히 협곡 사면을 따라 내려온다. 나는 침낭 깊숙 이 머리를 파묻고 온기를 찾아서 두 팔로 몸통을 끌어안는 다. 폴은 한참 전에 내 발 위에서 내려갔지만 별 도움이 안 되기 때문에 깨우지 않는다.

한 시간 정도 잔 것 같다. 어쩌면 두 시간. 일 분 일 분 셀 때 마다 이가 천 번씩은 부딪힌다. 잠을 못 자서 메마른 눈이 찔 리는 듯 아프다. 코도 말랐다. 나는 손가락을 미끄러뜨려 침낭 천을 매만지면서 어디까지 침낭이 덮여 있고 어디는 안 덮여 있는지 살핀다. 30분쯤 지난 후 나는 다시 잠에 빠져든다.

* * *

침낭 속에서 쿡쿡 쑤시는 몸을 움직이면서 등을 편다. 그 런 다음 하늘로 팔을 쭉 뻗으며 하품을 하고는, 몸을 굴려 땅 을 짚고 몸을 일으킨다. 등뼈와 갈비뼈가 서로 분리되는 느 낌이 든다. 다리는 뻐근하고 날카로운 통증에 발이 덜덜 떨 린다. 뱃속이 텅 비어서 배고픔을 초월할 정도다. 폴은 18미 터쯤 떨어진 흙바닥에 앉아서 햇볕을 쬐고 있다.

"시리얼 말이야, 네 말이 맞았어, 폴."

"무슨 소리야?"

"지금 당장 제일 먹고 싶은 음식 말이야. 나도 레이즌 브랜한 그릇이랑 차가운 우유가 좋겠어. 달걀이랑 토르티야 말고 그거 먹을래."

"이제야 너도 뭘 좀 아는구나." 폴이 자리에서 일어나 몸을 숙이며 등을 편다.

"정말 웃기지 않냐?" 폴이 말한다. "2주 전만 해도 우리가 뭘 원하는지, 무엇을 열망하는지 얘기했잖아, 집이니 보트니 자동차니 그런 것들 말이야. 그런데 이제 좀 돌아다니고 나니까 모든 게 시리얼 한 그릇으로 귀착됐네." 폴이 똑바로 서면서 서서히 미소 짓는다. "정말 아름답지 않아? 시리얼 말이야. 이 세상에는 아무것도 아닌 걸 더 가지려고 서로를 죽이는 사람들도 있잖아. 그런데 너랑 내가 이 세상에서 원하는 건 시리얼 한 그릇뿐이라니. 우리가 중요하다고 생각하는 게 사실은 얼마나 하찮은지 보여주는 것 같아."

"보트도." 내가 말한다.

"무슨 말이야?" 폴이 묻는다.

"보트도 한 대 있으면 좋겠다고." 내가 말한다. "커다랗고 멋진 나무 선체 보트. 난 보트에서 시리얼 먹고 싶어."

폴이 눈을 굴리면서 나를 보고 고개를 내젓는다.

* * *

폴이 침낭을 말아서 배낭에 매단다. "이제 출발해야 해. 늦겠다."

멍하니 보고 있던 나는 아직 짐을 안 쌌다는 사실을 깨닫는다. 폴은 빨리 출발하고 싶어 안달이다. "밴까지 어떻게 가지?" 내가 묻는다. "우리가 출발한 기점까지는 멀잖아."

"히치하이킹 하지 뭐." 폴이 여전히 배낭을 만지작거리며 말한다. "준비됐어?"

"짐 아직 안 쌌어. 금방 준비할게."

"나는 냇가에 가서 양치질해야겠다. 너도 갈래?" 폴이 가방에서 칫솔을 꺼내더니 손등에 탁탁 쳐서 흙을 털어낸다.

"난 일기를 좀 써야 할 거 같은데. 시간이 좀 걸릴 텐데 괜찮아?" 내가 말한다.

"오래 걸려?"

"모르겠어. 잊어버리기 전에 몇 가지 생각을 적어놓으려고. 시간이 좀 걸릴 수도 있지만, 뭐 밴에 돌아가서 오늘밤에 써도 돼."

"아냐, 걱정하지 마. 나 먼저 출발하고 넌 조금 늦게 와도 돼."

"하이킹 말이야? 따로 가자고?"

"너 하고 싶은 대로. 너 일기 쓰고 싶으면 나 먼저 출발해도 된다고." 폴이 어깨를 으쓱한다. "너 하고 싶은 대로 해, 돈."

"그래. 지금 쓰는 게 낫겠다. 위에서 봐 그럼."

"그래." 폴이 칫솔을 가지고 자리를 뜨고 나는 배낭으로 가서 펜과 공책을 꺼낸다. 가방을 뒤적이던 나는 내가 여기 남고 싶은 이유를 깨닫는다. 폴이 내가 잘 오고 있는지 확인하려고 뒤를 돌아보는 게 싫어서다. 꼭대기로 이어지는 오솔길은 완전 구불구불한 산길이고 계단이 10킬로미터는 된다. 온몸이 쑤시고 몰골도 엉망인 데다가 뻣뻣한 다리와 물집 잡힌 발로 꼭대기까지 올라가려면 하루 종일 걸릴 거다. 그래서 일기를 써야 하는 척한 것이다. 그러니까, 일기를 쓰는 것도 뭐 나쁠 건 없지만, 사실은 폴에게 뒤처지면 안 된다는 부담감을 느끼기 싫어서 폴이 먼저 가기를 바라는 것이다.

"그럼 내가 먼저 가서 밴 가져올게. 좋지?" 폴이 다시 캠프로 돌아오면서 묻는다.

"좋은 생각이네. 많이 늦지는 않을 거야."

"여기서 일기 쓸 거야?"

"사실 일기는 나중에 써도 돼. 하지만 넌 어차피 빨리 가고 싶을 테니까 이렇게 하는 게 좋겠다 싶어서."

"무슨 문제 있는 건 아니지?" 폴이 묻는다.

"야, 당연하지. 아무 문제없어." 내가 테이블에서 일어나 폴에게 다가간다. 폴이 내가 자기를 떼어내려 한다고 생각하는 게 너무 분명해서 마음이 불편하다.

"진짜 아니야." 내가 말한다. "그냥 뭘 좀 적고 싶어서 그래. 게다가 등산에서 자꾸 뒤처지는 굼벵이가 되고 싶지도 않아서. 꼭대기에 도착할 때쯤이면 너랑 나는 1.5킬로미터는 차이 날걸. 여기서 조금 미적거리면서 체면 좀 세우려는 거야."

"알았어." 폴이 말한다.

"그래." 내가 확인한다.

"알았어, 돈. 그렇지만 넌 밥도 못 먹고 잠도 못 잔 데다가 오늘이 하이킹 코스 중에서 제일 힘든 부분이니까 많이 힘들 거야. 그냥 그렇다고."

"알겠어. 꼭대기까지 반드시 올라갈 테니까 걱정 마. 잔소리 그만해. 내가 너보다 나이도 많다고, 까먹은 건 아니지?"

폴이 배낭을 메고 나를 향해 씩 웃은 다음 어깨를 툭툭 친다. 그는 물병을 흔들면서 오솔길을 향해 걸어간다. 나는 눈으로 폴을 좇는다. 그의 모습이 바위 뒤로 사라졌다가 다시 나타난다. 그런데 신발이 없다. 맨발이다!

"폴!"

"응!" 그가 외친다.

"신발은?"

"발에서 피가 나서. 오늘은 맨발이야."

"신발 안 신을 거야?"

"어, 안 신어. 꼭대기에서 봐."

폴이 뒤돌아 계속 걷더니 재빠른 걸음으로 첫 번째 오솔길

13. 보상 | 201

에 도착한다. 그는 에스컬레이터에 탄 것처럼 빠르게 올라가더니 층을 이루는 산길을 매끄러운 동작으로 계속 올라간다. 폴은 고작 몇 분 만에 몇십 미터 위로 올라갔고, 한참 동안 속도도 줄어들지 않는다. 물을 마시려고 멈추지도 않는다. 폴은 내가 아는 사람 중에 운동을 제일 잘하는 남자다. 정말 웃긴다. 폴이 아닌 다른 사람이었다면 내가 뒤처질까 봐 걱정이라고 말하는 게 불편했을 텐데, 운동을 잘하는 폴은 별로 신경 쓰이지 않는다는 사실 말이다. 뭐가 됐든 뭔가를 정말 잘하는 남자들 앞에 서면 내가 그것을 잘 못하기 때문에 기분이 나빠진다는 사실이 참 우습다. 나는 테이블에 앉아서 일기장을 꺼낸다. 텅 비어 있다. 솔직히 말해 나는 일기 쓰는 걸 싫어한다. 자신에게 혼잣말하는 것과 마찬가지로 싫다. 하지만 이번에는 여행을 하면서 일기를 좀 쓰기로 다짐했으니까 이제쯤 시작하는 게 좋겠다. 나는 크리스틴을 향한 그리움, 오클라호마에서 본 일몰, 스피커 와이어로 밴을 고쳤던 일에 대해서, 지금으로부터 20년 후에 봤을 때 과연 흥미롭기는 할까 싶은 모든 일을 기록해나간다. 나는 20년 뒤의 내가 무엇을 읽고 싶어 할까 생각해본다. 종이에 펜을 톡톡 두드리면서 잠시 생각에 잠긴다.

이 여행을 할 때 네가 어떤 사람이었는지 잊었을지도 모르겠어. 네가 나쁜 사람은 아니었다는 걸 알려주고 싶어. 하지만 넌 돈을 많이 벌고 가진 것도 많고 사회적 담보도 많으면 뭔가를 이룰 수 있다는 생각에 빠져 있었지. 네가 지금 어떤 사람인지, 어떤 삶을 살았을지 모르겠지만 이건 기억해. 하나님은 네가 많은 것을 모으기를 바라시는 게 아니야. 넌 여기 이 협곡에서 정말 행복했어, 진짜야. 그냥 내가 하고 싶은 말은, 네가 꽤 힘든 하이킹을 한 때가 있었다는 걸, 하이킹은 힘드니까 너무 많은 짐을 지고 다니면 안 되겠다고 생각한 때가 있었다는 걸 떠올리라는 거야. 네 주변에 어떤 사람들이 있는지, 네가 어떤 여자를 만나서 아이들을 낳았는지 아닌지 모르겠지만, 만약 그렇다면 가족들에게 그 사실을 가르쳐주면 좋겠어. 삶은 괜찮아질 테니 그저 즐기기만 하면 된다고. 가족들에게 좋은 차나 뭐 그런 것을 사줄 수 없더라도 걱정하지 마. 그냥 아이들 방으로 가서 이마에 입을 맞춰주면 돼. 이 세상에는 수많은 아름다움이 있고, 그건 뭔가를 소유하는 것과는 아무 관련이 없으니까. 그리고 네 자신을 너무 괴롭히지 마. 협곡을 빨리 올라갈 수 없으면 천천히 올라가면 돼. 그리고 폴이라는 친구는 정말이지 네 인생에서 만난 제일 멋진 사람이라는 걸 기억해. 그 친구가 네게 많은 친절을 베푼 때가 있었다는 사실을. 또 무슨 말을 해야 할지 모르겠다. 알겠지만 넌 꽤 착한 사람이야. 하나님은 이 멋진 지구를 만드시고 거기에 널 보내시기로 결정하셨어. 이 모든 아름다움을 경험할 수 있게 말이야. 매일 텔레비전만 보면 아름다움을 경험할 수 없어. 이게 다야. 이제 그만 올라가야겠다. 어쩌면 할 수 있을거야. 행운을 빌어. 나 자신에게 이야기하고 싶어서, 큰 소리로 외치고 싶어서 썼어.

피로는 근육과 살이 아니라 더 깊숙한 곳에 배어 있다. 이 뼛속 깊은 피로가 나에게는 너무나 새롭다. 오솔길은 정말 가파르게 이어지지만 사람들이 많다. 활기찬 아이들이 부모들을 이끌고 빠른 속도로 걸어간다. 나는 우뚝 솟은 바위에 앉아 협곡을 내려다보면서 그 아름다움에, 또 내가 걸어온 거리에 감탄한다.

폴이 없으니 더 많이 쉰다. 보통은 여기까지 오는 데 네 시간 정도 걸리지만 나는 여섯 시간 정도 걸린 것 같다. 폴은 빠른 속도로 터벅터벅 걸었을 것이다. 나에게 의무감을 주는 폴의 빠른 걸음이 없어서 힘들다. 물은 벌써 반 이상 마셨다. 내가 마신 물이 금붕어가 담긴 봉지처럼 뱃속에서 출렁거린다. 토하려면 할 수도 있을 것 같다. 뱃속을 꽉 조여서 바로 여기 길에다가 토할 수 있을 거다. 머리 전체가 흔들리면서 욱신거린다. 내 얼굴은 파란색이나 초록색으로 변했을 것이다. 나를 보고 여자들은 불쌍하다는 표정을 짓고 남자들은 시선을 피한 채 얼른 지나간다. 놀랍게도 몇 년 전 테네시에서 만났던 남자가 지나갔다. 나는 그가 오는 모습을 봤지만 숨이 차서 부를 수가 없었다. 그는 그야말로 내 어깨를 스치고 지나갔다. 내가 뒤돌아봤지만 그 사람은 내가 알아차리기도 전에 지나쳤다. 그는 나를 알아보지 못했고 나 역시 그닥 인사하고 싶은 기분은 아니었다.

나는 배낭에 물병을 묶은 뒤 짐을 어깨에 메고 다시 오솔길로 들어선다. 발이 질질 끌리고 미끄러진다. 내 발자국이 길게 끌려 있겠지만 너무 지쳐서 돌아볼 수가 없다. 층층이 올라갈수록 사람들이 점점 많아지고 며칠 전에 느꼈던 디즈니랜드 같은 분위기가 다시 풍긴다. 휴가를 온 수많은 행복한 가족. 어머니와 아버지와 할아버지들. 노인들이 보이는 것을 보니 꼭대기가 가까워지고 있나 보다. 노인들 한 무리가 여유롭게 성큼성큼 걸어서 오솔길을 내려온다. 여자들은 커다란 모자를 쓰고 손을 들어 햇빛을 가린다. 남자들은 여자들의 팔꿈치를 잡고 넘어지지 않도록 조심조심 보호한다.

나는 완전히 지쳤다. 이 협곡을 위풍당당하게 정복하지 못하는 자신이 부끄럽다. 심지어는 수녀님들조차 나를 앞지르면서 내게 물을 주신다. 그중 한 명이 이제 거의 다 왔다고 말해준다. 내가 고개를 끄덕인다. 거의 다 왔다. 거의 다가 아니라 바로 여기가 끝이면 얼마나 좋을까. 내 몸을 끌고 꼭대기로 올라가는 게 아니라 꼭대기를 여기로 끌어내릴 수만 있다면 얼마나 좋을까. 마지막 400미터를 나는 거의 기어간다.

마침내 기점이 보인다. 바로 저기다. 나는 걸음을 멈추고 협곡 사면에 기대어 하늘을 본다. 내 눈 바로 앞에 오솔길이 뻗어 있고 그 뒤는 하늘이다. 서른 걸음만 더 가면 이 협곡에서 빠져나갈 수 있다. 나는 점잖은 척하며 발을 끌지도 않고 마지막 구간을 걷는다. 내가 할 수 있는 제일 고상한 행동이다. 꼭대기에 오르자 잔디밭 건너편에 커다란 갈색 그랜드 캐니언 호텔이 보인다. 거기 폴이 있다. 그는 막 아이를 낳아 아버지가 된 사람처럼 만면에 웃음을 띠고 있다. 폴은 나무 울타리에 걸터앉아 인사하고, 나는 마지막 몇 걸음을 걸어가서 그와 악수하며 와아, 내 친구 폴이네, 하고 말한다. 폴은 내 눈에서 안도감과 함께, 지난 두 시간 동안 내가 과연 해낼 수 있을까 하고 품었던 두려움을 보고 있다. 나는 울타리에 기대어 그랜드 캐니언을 바라본다. 이제 내가 아주 잘 알게 된, 저 밑바닥 강까지 걸어갔다가 돌아온 협곡. 폴이 내 어깨에 손을 얹더니 "해냈네"라고 말한다. 쉽지 않았지만 해냈다고 말이다. 이제 그런 건 중요하지 않다. 내일이나 모레가 되면 중요할지도 모른다. 지금은 단지 해치워서 기쁠 뿐이다.

"밴 가져왔어." 폴이 말한다.

나는 신음소리로 고맙다는 인사를 대신한다. 히치하이킹을 해서 돌아가지 않아도 된다는 사실이 기쁘다.

"시간이 좀 있어서 가게에 들렀어."

"그랬어?" 내가 속삭인다.

"거기서 너 줄 거 샀어."

폴이 뭘 들고 있다는 사실도 몰랐는데 그가 그것을 내 손에 쥐여준다. 양철 컵을 내려다보자 노란색 조각들이 보인다. 폴이 가게 비닐봉지에 손을 넣어 작은 우유팩을 하나 꺼낸다. 나는 믿을 수가 없어서 양철 컵을 가만히 들고서 노란 조각들을 감싸는 우유를 본다. 건포도가 떠올라 빙글빙글 돈다. 노란 조각이 떠오르고 폴이 컵에 숟가락을 넣는다. 그는 나를 보고 미소 지으며 내 등을 두드린다.

"보상이야." 폴이 말한다.

나는 지나가던 관광객들도 알아차릴 만큼 커다란 미소를 짓는다. 눈가에 물기가 좀 맺혔는지도 모르겠다. 지난 십 년 동안 이런 기쁨을 느껴본 적이 있는지 모르겠다. 내가 한 숟갈 떠서 입에 넣은 뒤 숟가락을 쪽 빨면서 빼자 폴이 웃는다. 그는 팩에 남아 있던 우유를 한 모금 마신다. 우리는 협곡을, 붉은 사면과 그림자와 소나무들을, 우뚝 솟은 바위와 동굴들을, 저 아래 강까지 이어지는 산길을 바라본다.

14. 기적

내가 아는 한, 후버 댐을 만든 사람은 나중에 진공청소기를 만들었다. 그는 분명 네바다 주 사람들이 가여웠으리라. 그들은 온통 갈색에 둘러싸여 살고 있다. 그는 땅을 조사한 다음 콜로라도 강에 댐을 건설할 지역을 결정했고, 그래서 라스베이거스 사람들은 이제 수영할 곳이 생겼다. 아마도 그 뒤에 그는 대통령에 출마했다. 거대하고 푸른 미드 호 Lake Mead: 네바다 주와 애리조나 주 경계에 있는 세계 최대의 인공 호수 — 옮긴이에는 커다란 파티용 배들이 잔뜩 있다. 줄무늬 캐노피 아래 바비큐 그릴에서 연기가 피어올라 사막 하늘로 회색 신호를 쏘아 올릴 때 보면 꼭 배에 불이 붙은 것 같다.

나는 한참 동안 차를 몰았다. 우리 둘 다 피곤하지 않고, 폴은 방울뱀한테 물리면 어떻게 해야 하는지 이야기하는 중이다. 그는 우리가 하이킹을 또 할지도 모르고 누군가가 뱀에게 물릴지도 모른다고 말했다. 알아둬서 나쁠 건 없다. 폴의 말에 따르면 면도칼을 꺼내서 물린 부분을 베어 0.5센티미터 정도 살을 잘라내야 한다. 아플 거라는 생각 같은 건 하지 말고 칼을 들어서 깊이 찔러 넣은 다음 작은 멜론을 자르듯이 파내야 한단다. 재빨리 잘라내면 물릴 때만큼 아프지는 않을 거란다. 게다가 목숨을 살리고 있다는 사실을 기억해야 한다. 잘라낸 자리에서는 당연히 피가 나온다. 항상 피를 빨아낼 필요는 없다. 깊이 잘 잘라냈으면 피가 흐르게 그냥 놔두면 된다. 독은 대부분 피와 함께 흘러나올 거고, 몇 시간 동안은 죽을 것 같겠지만 살아날 가능성이 높다.

나는 폴에게 얘기를 다 들으니 마음이 놓인다고 말한다. 뱀한테 물려서 죽는 건 싫으니까 말이다.

"늪 살모사는 또 완전 달라." 폴이 말한다.

"그게 뭔데?" 내가 묻는다.

"늪 살모사 말이야. 그건 진짜 전혀 달라. 살을 자른다고 독이 빠져나오지 않아. 그렇게 쉽지가 않지."

"알겠어." 내가 말한다. "여기 네바다에서 그게 퍽이나 중요하겠네."

폴은 남부 및 북서부와 비교하면서 이 지역에 사는 다양한 뱀 이야기를 조금 더 한다. 그의 말에 따르면, 네바다에는 물이 별로 없기 때문에 늪 살모사가 없다. 전혀 늪 같지 않은 미드 호만 빼면 말이다. 하지만 폴은 여기에도 방울뱀은 있다고 알려준다. 그의 말에 따르면, 우리도 곧 방울뱀을 보게 될 터였다. 나는 운전을 하면서 도로를 본다. 폴은 조수석 서랍 위로 발을 올리고 있다. 빨간색에 흰 줄무늬가 있는 테니스 신발, 아디다스 캔버스화다. 차창에 팔꿈치를 올리고 있는 그의 이마에, 머리카락이 한낮의 따뜻한 바람에 헝클어져 부딪힌다. 폴은 이마가 가려운 듯 한 손으로 얼굴을 자꾸 문지르며 뱀 이야기를 계속한다.

우리가 택한 도로는 텅텅 비어 있다. 우리는 라스베이거스 아래에서 올라가는 중이다. 이 길을 택한 건, 지도를 보니 왠지 풍경이 좋을 것 같았기 때문이다. 우리는 근처에서 캠핑하면서 계곡으로 하이킹을 갈까도 생각했다. 하지만 지금까지는 지형이 울퉁불퉁해 보였고, 이 지역 협곡과 산들을 가로지르는 방법이 우리가 달리고 있는 이 도로밖에 없다. 산이 높지는 않지만 가팔라서 오르막길을 오를 때는 기어를 2단으로 해야 한다. 그런 다음에는 다시 4단으로 바꿨다가, 다시 2단으로 옮긴다. 언덕을 올라가자 나는 2단에서 기어를 뺀다. 변속기에서 아무 저항도 느껴지지 않는다. 나는 기어를 4단에 넣으려 하지만 스틱이 느슨하다. 기어가 들어가지 않는다. 가속페달을 밟자 밴이 빠른 회전 소리와 함께 비명을 지르며 달린다. 나는 기어를 4단에 넣으려고 힘껏 잡아당기지만 들어가질 않는다. 변속기가 고장 난 모양이다.

"폴."

"응."

"큰일 났다."

"무슨 일인데?"

"기어가 안 들어. 4단이 안 들어가."

"3단 넣어봐."

"3단도 안 돼. 기어가 아예 안 들어가."

나는 언덕 아래 작은 주차 공간을 발견하고 밴을 갓길로 몰아 도로와 평행한 흙바닥에 세운다. 차가 서자 뒤에서 먼지구름이 일어 앞 유리에 내려앉는다. 기어를 다시 넣어보지만 역시 안 들어간다.

"클러치가 문제인가?" 폴이 손을 뻗어 스틱을 만져본다.

"아니, 클러치는 멀쩡해. 걸리는 느낌이 전혀 없었어. 갈피를 못 잡겠네. 클러치가 문제일 리는 없어. 변속기일 거야. 뭔가가 고장 난 거야."

"알았어." 폴이 불안한 듯이 말하더니 손바닥으로 대시보드를 탁 친다.

나는 엔진을 끄고 문을 연다. 네바다는 무언가 숨기고 있는 듯 조용하다. 바람이 의심스럽게 속삭인다. 자동차 밖으로 나오자 무릎과 근육에 통증이 일지만 몇 걸음 걸으니 금방 풀린다. 폴이 말없이 밴에서 내려 운전석으로 간다. 그는 클러치를 밟아보고 스틱을 1단, 2단, 차례차례 다 넣어본다.

"전혀 들어가질 않네." 폴이 말한다.

"여기는 기찻길도 없는데." 내가 말한다.

폴이 괴롭다는 듯 털썩 누워서 팔다리를 축 늘어뜨린다. "말도 안 돼. 고장 나는 느낌이 왔어?"

"아무 느낌도 없었어. 저단으로 넣고 나서 안 들어가더라고."

"그건 불가능해, 돈."

"그렇게 됐다니까." 나는 한 손을 밴에 올리고 차를 잡으려는 듯이 엄지손가락을 내민다. 이 뒷길에는 차가 한 대도 없다. 20분 동안 자동차를 한 대도 못 봤다. 폴이 괴로운 표정으로 양팔을 운전대에 엇갈려 놓는다. 그러더니 나를 보며 고개를 젓는다. 이렇게 심각한 순간에 내가 너무 바보같이 굴고 있다고 생각하는 거다. 나는 엄지손가락을 조금 더 높이 든다.

"내가 여기서 우릴 빼내 줄게." 내가 그를 안심시킨다. "겁먹을 거 하나도 없어."

"겁먹은 거 아니야." 폴이 고개를 젓는다. "그리고 넌 바보야."

"내가 왜 바보야?" 내가 주머니에 손을 넣고 친구의 눈을 바라본다.

"바보니까." 폴이 고개를 저으면서 말한다.

"난 분명히 기어를 넣었는데 기어가 안 들어갔을 뿐이야. 그렇다고 내가 바보가 되는 건 아니지. 이 멍청한 밴은 네 거 잖아. 작년 내내 네가 바보같이 운전했을지도 모르지."

"자꾸 그러면 나 화낸다, 돈." 그가 나를 보면서 말한다.

"너 때문에 가슴이 아프다, 폴." 내가 그에게 말한다.

나는 운전석 차창 가까이 다가선다. 폴은 나를 보지 않는다. 그는 앞 유리에 낀 작은 먼지에 그의 모든 문제를 풀 수 있는 해결책이 아주 작은 글씨로 적혀 있기라도 한 것처럼 시선을 고정하고 있다.

"짜증나?" 나는 폴을 보지 않는다. 대답은 기대도 안 한다.

"어떨 거 같은데?" 그가 말한다.

"상황이 더 나쁠 수도 있었어."

"듣고 싶지 않아, 돈."

"있지 폴, 내가 고아원에 살 때 말이야……. 아, 나 고아원에 살았었다고 얘기했나?"

폴이 고개를 젓는다. 그의 입술은 싱긋 웃으려고 하지만 먼 곳을 보면서 얼굴을 찌푸린 뒤 다시 차창을 본다.

내가 다시 말을 꺼낸다. "내가 고아원에 있을 때 말이야. 여자애들이랑 같이 부르곤 했던 노래가 있어. 폴, 너한테 그 노래를 불러주고 싶어. 너도 같이 부르고 싶어질지도 몰라. 괜찮지?"

"너 다치게 하고 싶지 않다, 돈. 진짜야."

나는 아주 부드럽게 노래를 부른다. …… "내일아, 내일아. 난 네가 정말 좋아. 내일아, 넌 항상 하루만 지나면 오지." 고아원 소녀 이야기인 영화 〈애니〉의 유명한 노래 가사 — 옮긴이

나는 가사를 까먹어서 노래를 멈춘다. 폴은 미소도 짓지 않고 나를 본다. 얼굴을 찌푸리지도 않았지만 미소를 짓지도 않는다. 그가 손을 뻗어서 내 머리를 톡톡 두드린다. 나는 개처럼 씩 웃는다.

우리는 거의 한 시간째 사막에 앉아 있다. 지금까지 차는 한 대도 보이지 않았다. 나는 지루함을 깨뜨리려고 자리에서 일어나 돌을 하나 집어 들고 갈색 모래를 향해서, 선인장을 향해서 던진다. 도로 쪽으로 돌을 몇 개 차자 먼지가 약간 일더니 폴의 무릎 쪽으로 굴러간다.

"미안." 내가 말한다. 그는 미동도 없이 앉은 채 눈앞의 흙먼지를 털어내더니 벌렁 드러누워 하늘을 올려다본다.

"내가 지겨워, 폴?" 내가 묻지만 그는 아무 말도 하지 않는다.

내가 그에게 말한다. "괜찮아. 말해도 돼."

"응. 난 네가 지겨워." 폴이 말한다.

"어떤 점이 지겨운데?"

"뭐든지 다 농담이잖아. 하나도 안 웃길 때도 있는데 네가 기분 상할까 봐 억지로 웃어야 할 것 같아. 그게 얼마나 귀찮은지 알아?"

"아니."

"내 말 믿어, 진짜 귀찮아. 게다가 넌 너무 느려."

"느리다고?" 내가 묻는다.

"그래, 느려, 돈. 넌 뚱뚱하고 느리다고."

"진심을 말해봐." 내가 다시 자리에 앉아서 흙을 한 줌 쥐고 주먹을 반쯤 펴서 흘리며 말한다.

"나는? 넌 뭐가 짜증나?" 폴이 묻는다.

나는 가만히 앉아서 잠시 생각한 다음 대답한다. "그런 거 없어. 너 때문에 짜증나는 거 전혀 없어, 폴. 난 너처럼 되고 싶어." 폴이 거짓말인 거 다 안다는 듯이 나를 빤히 본다.

"넌 머저리야." 그가 부드럽게 말한다. "단 한 순간도 진지해지질 못해."

"넌 정말 기분 좋은 사람이야." 내가 그에게 말한다.

나는 좀 다른 풍경을 보고 싶어서 길을 건너 범퍼에 발을 딛고 앞 유리창으로 올라간 다음 와이퍼를 부수지 않도록 조심하면서 자동차 위로 올라간다. 자동차 지붕에 올라가니 조금 더 멀리 보인다. 아무도 없다.

"돈!" 폴이 소리친다. 그가 나를 올려다보고 있다.

"응."

"나 진짜 좌절했어."

내가 폴을 내려다본다. 그는 다리를 세우더니 팔로 다리를 감싸 안는다.

"뭐라고 해야 할지 모르겠다, 폴. 이 상태에서 빠져나갈 방법이 떠오르질 않아. 여기 한참 있어야 할지도 모르겠다."

"응."

"차가 오겠지." 내가 말한다.

"한 시간이나 지났어."

"〈트래퍼 존〉이라는 영화 본 적 있어?"

"뭐?"

"텔레비전 영화 말이야. 〈트래퍼 존〉."

폴이 손을 들어 햇볕을 가리며 올려다본다. "영화가 아니라 텔레비전 시리즈였잖아."

"아무튼 봤지?"

"몇 번." 긴 침묵이 흐른다. "내가 봤는지 안 봤는지 왜 궁금한데?"

"난 트래퍼 존이 된 기분이야."

폴이 고개를 젓는다. "왜? 왜 트래퍼 존이 된 기분이고, 또 그게 무슨 상관인데?"

"존한테 레저용 차가 한 대 있는데, 종종 주차장에 가서 그 위에 앉아서 선탠을 하거든."

"응. 그래서?"

"딱 그 기분이야. 밴 위에 올라와 있으니까 말이야. 트래퍼 존이 된 기분이야."

"그래 참 멋지기도 하다. 아, 하나 가르쳐줄까? 자동차를 가진 사람은 트래퍼 존이 아니라 다른 사람이었어. 곱슬머리. 더 젊은 사람."

"트래퍼 존이었던 거 같은데."

"아니야."

"확실해?"

"응." 폴이 한숨을 쉰다. "그게 도대체 지금 무슨 상관인데,

돈?"

나는 불쌍한 내 친구를 내려다본다. 내가 정신 나간 놈 같다. 난 이런 식으로 장난칠 이유가 하나도 없다. 우리는 물도 없어서 반드시 차를 얻어 타야 한다. 게다가 한 시간은 족히 지났지만 폴의 말대로 지나가는 자동차는 한 대도 없었다. 해가 지금 중천에 있으니 앞으로도 반나절은 더 떠 있을 것이고, 우리는 점점 더 갈증이 날 거다. 이 문제를 어떻게 해결할 수 있을까? 우린 변속기 고칠 돈도 없고 자동차 어디가 문제인지도 알 수 없다. 이 밴은 근본적으로 쓸모가 없다. 우리는 남은 여행 내내 히치하이킹을 해야 할지도 모른다. 우리 둘 다 도움을 요청하러 집에 전화를 걸지는 않을 것이다. 물어보지 않아도 안다.

폴이 고개를 들어 나와 시선을 마주친다. "기도하고 싶어?"

"그러든지." 사실은 기도하고 싶지 않았지만 나는 이렇게 말한다.

폴이 주일학교에 온 꼬마처럼 고개를 숙이고 턱을 무릎에 올린다. 그는 눈을 감고 꽤 큰 목소리로 기도한다. 폴의 목소리는 부드럽고 낮다. "주님, 우리는 사막에 갇혔고 밴은 꿈쩍도 하지 않습니다. 어떻게 해야 할지 모르겠어요. 출발해야 할지 기다려야 할지, 뭘 어떻게 해야 할지도 모릅니다. 차를 얻어 타거나 해야 할 것 같습니다." 나는 먼 산을 보면서 저 멀리 사구에서 피어오르는 열기를 지켜본다. "우리에게는 정비공이 필요합니다, 주님. 우리한테 필요한 건 바로 그거예요. 우리가 다시 출발하게 도와줄 수 있거나 변속기 문제를 해결해줄 사람을 보내주시면 정말 감사하겠습니다." 폴이 기도를 멈춘다. 그런 다음 자리에서 일어나 사막으로 걸어가기 시작한다.

"폴." 그는 내가 부르는 소리를 듣고도 돌아보지 않는다.

"폴!"

그가 괴로운 표정으로 나를 돌아본다. "응?"

"저거 봐." 내가 지평선을 가리킨다. 폴에게는 아직 보이지 않지만 자동차가 한 대 오고 있다.

"차야?"

"응."

폴이 재빨리 도로를 건너 물끄러미 본다. 반쯤은 도로에 나와 있다.

"조심해." 내가 말한다. 폴이 갓길로 물러선다.

언덕 저쪽에서 스테이션왜건이 한 대 다가온다. 풍경과 잘 어울리는 갈색이다. 왜건이 가까이 다가오면서 속도를 줄이지만 운전자는 우리가 잔해도 아니고 볼만한 것도 없다는 사실을 깨닫고 다시 속도를 높인다. 그는 시속 5, 60킬로미터로 달리면서 우리 쪽은 보지도 않는다. 운전석에는 남자가 앉아 있고 조수석에는 여자가, 뒷좌석에는 아이들이 몇 명 타고 있다. 자동차가 우리를 지나칠 때 아이들이 뒤창으로 우리를 내다본다. 브레이크 등이 번쩍이는가 싶더니 불이 들어온다.

"선다." 폴이 말한다.

나는 앞 유리를 미끄러져 내려오다가 발을 범퍼에 디뎌서 멈춘다. 왜건의 후진 등이 들어오더니 남자가 갓길로 후진을 한다. 스테이션왜건이 뒤로 달리자 양옆에서 먼지가 인다. 갈색 우드패널 장식이 달린 갈색 왜건이다. 1980년대 초에 나온 휘발유 먹는 귀신이다.

남자는 수염을 기르고 빨간 야구 모자를 쓰고 있다. 수염은 손질하지 않아서 지저분하다. 부인은 남편이 차를 세워서 곤란하다는 표정이다. 아이들은 뒷좌석에 조용히 앉아 있다. 한 아이가 무표정한 얼굴로 나를 보더니 다시 정면으로 고개를 돌린다. 나머지 두 아이는 이쪽을 보지도 않는다. 남자와 대화를 시작한 폴도 보지 않는다. 남자가 바깥쪽 손잡이를 당기려고 열린 차창 밖으로 손을 뻗자 폴이 자동차 문에서 물러선다. 가까이에서 보니 꽤 낡은 자동차다. 후드는 밧줄로 범퍼에 고정되어 있고 수트케이스도 지붕에 묶여 있다.

남자가 차에서 내리더니 흘러내리는 바지를 끌어올린다. 그런 다음 손으로 셔츠를 밀어 바지 안으로 집어넣는다. 팔에 여자 나체 문신이 새겨져 있다. 문신의 여자는 한때 멋진 몸매였겠지만 지금은 흐릿하고 늘어진 것이, 이 남자에게 붙어 있는 게 지겨워진 것 같다. 그는 폴과 자동차에 대해 얘기한다. 뭐가 문제인 것 같으냐고 남자가 묻는다. 폴이 변속기 문제라고 말하자 수염 기른 남자가 고개를 저으면서 사막을 내다보고 다시 고개를 젓는다.

"상황이 정말 안 좋은 것 같네요." 그가 말한다. "음, 당신들 운이 좋은 거요. 지나가는 차 거의 못 봤죠?"

폴이 그렇다고 말한다.

"이 길은 차들이 별로 안 다니거든요. 내가 도와주려고 서지 않았다면 당신들은 여기서 몇 시간이나 있었을지도 몰라요. 게다가 차 세우는 사람도 별로 없지."

"고맙습니다." 폴이 말한다.

"별말씀을." 남자가 모자를 벗고 손으로 굵은 머리카락을 빗어 넘긴 뒤 모자를 다시 쓴다. "난 정비공이요." 그가 말한다.

"당신이요? 그러니까 제 말은, 허, 정말요?" 폴이 밴에 기대어 시선을 돌린다.

"도와주실 수 있나요?" 나는 남자가 문제에 집중하게 만들려고 이렇게 말하면서 돈은 얼마나 줘야 하느냐고 묻는다. 애초에 이 사람이 돈 때문에 차를 세운 걸지도 모르니까.

"글쎄요, 애리조나에 가는 길인데, 차를 세우는 바람에 시간이 지체되긴 했죠. 뭐, 약속이 좀 있어서."

"그렇군요. 그럼 가셔야겠네요. 저희 때문에 약속 놓치시면 안 되잖아요." 내가 말한다.

폴이 차가운 표정으로 나를 보면서 조용히 하라는 눈짓을 보낸다.

"음, 그래도 당신들을 이런 상태로 놔두고 가긴 좀 그렇죠. 이미 얘기했지만, 여기는 당신들을 보고 차 세워줄 사람이 없어요. 내가 세워서 운이 좋은 거라니까. 그럴 필요가 없었는데도 말이지."

"말씀드린 것처럼, 방해가 되기는 싫습니다. 어떻게든 해볼게요. 가셔도 됩니다."

"뭐 원하신다면 얼른 한번 봐드리죠. 원래는 공짜로 안 봐주는데, 내가 도와줄 수 있을 거요, 아마." 수염 기른 남자가 주머니에 손을 넣고 서서 발뒤꿈치를 중심으로 몸을 앞뒤로 흔든다.

폴은 그에게 돈을 주겠다고 해야 할지 묻는 것처럼 나를 본다. 나는 생각한다. '돈을 주면 현금이 정말 모자랄 거야. 그럴 순 없어.' 게다가 내 생각에는 밴을 고칠 수 있을 것 같지도 않다. 이 남자한테 20달러나 줬는데 자기가 할 수 있는 일도 없고 왜건에 자리가 없어서 태워줄 수도 없다는 말을 듣는 것만큼은 절대 피하고 싶다. 그래서 나는 그에게 돈이 없다고 말한다. 나는 여윳돈이 하나도 없다고 확실히 말한 다음 그래도 봐주겠느냐고 묻는다. 일말의 책임감을 느낀 남자가 무릎을 꿇고 등을 바닥에 대고 눕더니 밴 밑으로 들어간다. 나는 고개를 젓고 폴은 나를 살짝 친다. 우리 둘 다 바닥에 등을 대고 누워서 남자와 같이 밴 밑으로 들어간다. 쓰레기처럼 쓸모없는 차였지만 아래 공간만큼은 확실히 넉넉하다.

정비공이 문제가 뭐냐고 다시 묻자 폴은 기어가 들어가지 않는다고 대답한다. "1단도요?" 남자가 묻는다. 폴이 기어가 아예 들어가지 않는다고 말한다. "갑자기 그런 거죠." 남자가 중얼거리고 폴이 그렇다고 대답한다. 수염을 기른 남자는 변속기 아래쪽을 손가락으로 훑어보고 길쭉한 곳을 살펴보더니 눈을 가늘게 뜨고 앞쪽을 본다. 그가 신음을 한다. 뭔가를 알아차렸다는 표시다. 그런 다음 짤막한 몸을 앞으로 밀어서 변속기에서 1미터 가량 멀어진다. 그가 밴의 세로를 따라 놓인 봉을 손가락으로 밀어본다. 남자는 그 봉을 잡아 위로 당겼다가 다시 뒤로 당겨본다. 봉이 쉽게 미끄러진다. 그가 문제를 파악했다. 변속기가 아니라고 한다. 변속 로드가 문제였다. 원래 이 봉에 딱 맞는 작은 플라스틱이나 알루미늄 조각이 있었는데 떨어져 나가고 없다는 것이다.

"여기 봐요. 이 봉 두 개가 여기서 연결되는 건데 조각이 떨어져 나간 거요. 이가 양쪽에 두 개씩, 총 네 개 있는 조각이죠. 두 개는 앞쪽을, 두 개는 뒤쪽을 조이게 되어 있거든. 변속기에 연결이 안 돼서 스틱이 하나도 안 들어가는 거예요. 확실히 이게 문제요."

"고칠 수 있습니까?" 폴이 묻는다.

"그렇지."

"부품이 필요한가요?" 폴이 묻는다.

"그렇지."

"어디 가면 부품을 구할 수 있을까요?"

"고물상. 거기밖에 없어요."

"이 근처에 고물상은 없겠죠?"

"없죠." 기계공이 문제를 계속 자세히 살핀다. "옷걸이 있어요?" 그가 묻는다.

나는 대답도 없이 밴 밑에서 나와서 큰 문을 연다. 내가 폴의 물건을 뒤지기 시작하자 그가 일어나서 자기한테 옷걸이가 없으니 괜한 고생하지 말라고 한다. 밴 밑에서 아내에게 물어보라는 남자의 목소리가 들리자 폴은 왜건으로 가서 그녀에게 묻는다. 그녀는 왜건에서 내려 트렁크 문을 열고 측면에 '밀러 하이 라이프'라고 새겨진 아이스박스 위에 놓인 옷더미에서 옷걸이를 하나 꺼낸다. 그녀는 폴과 시선을 거의 맞추지 않고 아무 말도 없이 옷걸이를 건네더니 트렁크 문을 닫는다. 그런 뒤 자기 자리로 돌아간다.

우리의 정비공은 옷걸이 철사를 푼 다음 양쪽 봉의 톱니에 맞춰서 엮는다. 그는 옷걸이 철사를 단단히 당기고 나서 다시 한번 엮는다. 나는 무릎을 꿇고 고개를 낮춰서 그를 본다. 남자가 나를 보더니 기어를 2단에 넣고 그대로 놔두라고 한다. 내가 시키는 대로 하자 밴 밑에서 그가 더 세게 당기라고 소리친다. 나는 기어를 세게 밀어 넣은 뒤 다른 손으로 꽉 잡는다. 그가 스틱을 기어에서 잡아당겨 빼려고 애쓰는 것이 느껴진다. 그가 계속 잡고 있으라고 소리친다. 나는 기어를 더 세게 당긴다. 그가 톱니에 옷걸이 철사를 꿰어넣자 스틱이 움직이면서 몇 센티미터 정도 빠진다. 마침내 스틱이 더 이상 움직이지 않고, 그가 밴 밑에서 나온다. 나는 스틱을 놓는다.

"2단을 유지해야 할 거요." 그가 말한다. "달릴 수는 있겠지만 라스베이거스까지 좀 느리게 가야겠군."

"안 움직이는 것보다야 낫죠." 내가 말한다.

폴이 남자와 악수를 하고 고맙다고 인사한다. 그는 모자를 똑바로 고쳐 쓴 다음 별 거 아니라고 말한다. 나 역시 그에게 감사 인사를 하자 그가 나에게 고개를 까딱한다.

"좋은 하루 보내요." 그가 손을 문지르면서 말한다.

"고맙습니다." 폴이 그에게 말한다.

"고맙습니다." 내가 악수를 하려고 손을 내밀면서 말한다.

"별거 아닌데 뭐. 2단만 유지하면 괜찮을 겁니다. 아주 멀리야 못 가겠지만 아무튼 움직여야 할 테니까." 남자가 우리에게 고개를 끄덕인 다음 자기 차로 돌아가서 시동을 걸고 후진을 해서 도로로 들어간다.

우리가 남자의 차가 사라질 때까지 지켜본 다음 폴이 운전석에 앉는다. 나는 말없이 밴을 돌아서 내 자리에 앉는다. 폴이 차를 출발해 도로에 합류하면서 스틱을 기어에서 빼지 않으려고 조심한다. 몇 킬로미터를 달린 후 폴이 나보고 뚱뚱하고 느리다고 해서 미안하다고 말한다. 나는 창밖으로 손을 내밀고 천천히 움직이는 바람을 잡으려고 애쓰면서 "상관없어"라고 말한다.

15. 라스베이거스

네바다 주에는 바다가 없다. 가도 가도 모래언덕만 보일 뿐 해변도, 밀려오는 바닷물도 없다. 라스베이거스는 빛과 속임수의 섬이고, 사방에 사막이 펼쳐져 있다. 트럭은 일종의 배, 다른 대륙에서 온 바지선이며, 다른 종류의 삶, 보통의 삶이 존재한다고 상기시켜주는 미묘하고 기이한 존재다. 사막 바람에 밀려 카지노의 해변으로 몰려든 관광객들은 현지인들과 예능인들, 도박 중독자들, 마술사들, 헐벗다시피 한 여자들, 앨범이 더 이상 팔리지 않는 가수들, 엘비스 프레슬리와 닐 다이아몬드에 대한 희미한 기억들을 멍하니 바라본다. 이곳은 적은 돈으로 아메리칸드림으로 가는 지름길을 찾으려는 불운한 사람들의 오아시스다. P. T. 바넘P. T. Barnum: 1800년대 서커스 등으로 큰 성공을 거둔 마술사 겸 연예인 ― 옮긴이 따위는 아무것도 아니다. 이곳은 너무 무거워서 돌아다니지 못하는 서커스다. 쇼가 사람들을 찾아다니는 게 아니라 사람들이 쇼를 찾아온다.

우리는 시속 50킬로미터 정도의 속도로 약 160킬로미터를 달려왔다. 도시 외곽에서 고물상을 발견한다. 나는 카운터로 가서 남자에게 폭스바겐 밴이 있는지 묻는다. 그는 두 대 있지만 부품을 다 떼어 가서 텅 비었다고, 아무것도 없다고 답한다. 하지만 1달러만 내면 집하장에 들어가서 직접 찾아봐도 된다고 말한다. 내가 폴을 보자 그가 지갑에서 1달러를 꺼낸다. 우리는 무거운 머리로 사무실 트레일러 뒤쪽 경사로를 내려간다. 콘크리트 블록과 휠 림 더미 사이에 자동차들의 바다가 펼쳐져 있다. 우리 앞에는 도요타와 닛산, 그리고 교류 발전기와 범퍼, 로터, 가죽좌석, 룸미러, 스테레오 손잡이, 휠 캡 등 부품을 위해 보관 중인 온갖 재난과 비극이 놓여 있다. 자동차들 사이에서 일하던 남자가 폭스바겐이 있는 쪽을 가리키고, 우리는 뷰익과 포드와 쉐보레 사이를 헤매다 유럽 수입차들이 있는 곳에서 한 줄로 늘어선 폭스바겐 비틀을 발견한다. 낡은 차도 있고 새 차도 있다. 첫 번째 줄 뒤쪽에 밴이 두 대 있다. 두 대의 밴은 이전 모습이 희미하게 남은 유령이다. 폴과 나는 거기 서서 믿을 수 없다는 듯이 두 자동차를 본다. 정말 껍데기밖에 없다. 저녁 해가 밴을 통과하며 반짝인다. 아무것도 없다. 문짝도, 바퀴도, 좌석도, 엔진이나 전선도 없다. 밴은 콘크리트 블록 위에 철제 상자처럼 가만히 앉아 있다.

"믿을 수가 없네." 폴이 다른 밴이 있나 싶어서 폭스바겐 비틀 쪽을 돌아보며 말한다.

"남은 게 거의 없네." 내가 말한다.

"아무것도 없어." 그가 확인한다. 폴은 말없이 서 있다가 주머니에 손을 찔러 넣는다. 그러더니 돌아서서 가려고 한다.

"우리 이제 어디로 가?" 내가 묻는다.

"다른 고물상. 아니면 폭스바겐 판매점으로 가든지." 그가 계속 걸어가면서 말한다.

"그래도 한번 보기나 하자." 내가 그에게 말한다.

폴은 폭스바겐 제타와 파사트 들 사이를 누비며 돌아오더니 고개를 돌려 나를 본다. "뭐 하러? 저긴 아무것도 없어. 그냥 가자." 그가 잠시 멈췄다가 말한다. "넌 살펴보고 싶은 거지. 난 안 보고 싶어." 폴이 나를 달래려고 다시 돌아온다.

"난 보고 싶은 게 아니야. 그냥 여기 서서 이 실낱같은 희망 속에서 살고 싶어." 내가 말한다.

"그럼 내가 볼게." 폴이 이렇게 말하더니 첫 번째 밴으로 다가가서 무릎을 굽힌다. 그런 다음 바닥에 등을 대고 누워서 밴 아래로 미끄러져 들어간다. 나도 다른 밴으로 가서 똑같이 한다. 아래에서 보니 밴은 회색이고 텅 비었다. 브레이크선도, 머플러도, 휘발유관도, 아무것도 없다. 그냥 철제 상자의 바닥일 뿐이다. 여기 주먹을 대고 밀면 들어 올릴 수도 있을 것 같다, 정말 가벼워보인다. 하지만 그때 변속기 기어박스 연결 부위가 눈에 들어오고 희망이 솟구친다. 뱃속에서 나비가 서커스를 한다. 나는 손으로 연결 부위를 따라가며 살핀다. "폴!" 내가 소리친다. 대답이 없다. 내가 만면에 웃음을 띠고 몸을 돌린다. "야, 너 못 믿을 걸." 폴은 양손을 깍지 껴서 배에 올린 채 다른 밴 밑에 누워 있다. 그 역시 나처럼 미소 짓고 있다. "폴!" 대답이 없다. 그는 거기 누워 자신의 기어박스 연결 부위를 보고 있다. 그런 다음 웃는다. "그럴 리가. 너도 찾았구나." 내가 말한다.

"응, 여기도 있어." 폴이 말한다. 그렇게 우리 둘은 거기에 몇 분 동안 누워서 겨우 50그램 정도밖에 안 나가지만 밴을 하나로 지탱해주는 작은 플라스틱 조각을 보며 감탄한다. 잠시 후 폴이 어떻게 빼낼 수 있을까 궁리하며 그 조각을 떼어내기 시작한다. 내가 사무실로 돌아가서 드라이버와 펜치를 빌려와 폴의 밴에서 그럭저럭 연결 부위를 해체해낸다. 그런 다음 폴과 같이 밴 바닥에 들어가 앉아 연결 부위 중 우리에게 필요한 부품을 빼낸다.

"이것도 필요해." 폴이 작은 클립을 건네며 말한다.

트레일러로 돌아가니 데스크에 있던 남자가 우리가 가져온 부품을 보고 어깨를 으쓱하고 돈은 안 내도 된다는 손짓을 한다. 폴과 나는 우리 밴 밑에서 한 시간 더 씨름한 끝에 옷걸이를 풀어내고 클립과 플라스틱 부품을 끼워 넣는다. 처음에는 안 맞는 것 같았지만 마치 우리가 불평하는 걸 더 이상 못 들어주겠다는 듯이 미끄러져 들어가더니 매끄럽게 딱 맞는다.

16. 캘리포니아

폴이 고물상 주차장 주변을 둘러보더니 배고프지 않으냐고 묻는다. 나는 그렇다고 대답한다. 그는 콩과 쌀이 있으니 데워 먹으면 된다고 하고, 나는 그게 좋은 생각인 척한다. 폴은 자기가 생각해도 그다지 좋게 들리지는 않지만 그렇게 하면 되겠다고 덧붙인다.

"내가 듣기에도 별로 좋은 생각 같지는 않아." 내가 고백한다.

"다른 생각 있어?" 폴이 눈을 크게 뜨며 말한다.

"돈이 얼마나 있지?" 지난 며칠 동안 거의 한 푼도 쓰지 않았다는 걸 아는 내가 말한다.

"사치스러운 식사를 할 만큼은 안 되지."

"식품점에 가자. 재료를 사서 샌드위치나 뭐 그런 걸 만들 수 있을 거야."

"그 정도 돈은 없어." 폴이 지갑을 꺼내며 말한다.

내가 저쪽으로 가서 작은 내 소지품 상자에서 양말을 꺼낸다. "샌드위치 먹을 돈 말이야?" 나는 양말 속으로 손을 넣어 1달러와 5달러짜리 지폐 뭉치를 꺼내며 묻는다.

"우리 하루에 딱 5달러씩밖에 못 써." 폴이 상기시킨다.

"각자 5달러?" 나는 그가 까먹었기를 바라면서 묻는다.

"아니, 합쳐서 5달러." 폴이 말한다.

나는 어쨌든 식품점에 가자고 한다. 어떤 가게에는 하루 지난 빵이 있을 거고 어쩌면 가게 사람들을 좀 들쑤셔서 고기든 양상추든, 아무튼 콩과 쌀이 아닌 걸 얻어낼 수 있을지도 모른다. 폴도 그러자고 동의한다. 우리는 밴에 다시 올라 라스베이거스 교외를 지난다. 이제 해가 지고 있다. 산들은 놀랄 만큼 아름다운 색을 띤다. 도시 쪽에서 왔는지, 고개를 넘는 트럭이 일으켰는지, 아니면 저 산에 메마른 산불이 나서 생겼는지 모르지만, 공기 중에 떠다니는 먼지 때문에 햇빛이 더욱 선명해져서 직선으로 도시 쪽을 가리키는 밝은 주황색 빛과 무슨 원자 폭발처럼 산꼭대기에서 나오는 흰 빛으로 나뉜다. 우리는 라스베이거스의 도로를 누비며 다시 음식에 대해 생각하기 시작한다. 폴이 완벽한 식사에 대한 이야기를 꺼낸다. 그는 레이즌 브랜에서 팬케이크와 소시지로 마음을 바꾸었다. 저녁이긴 하지만 팬케이크와 소시지라면 완벽할 것 같다. 나는 폴에게 내가 원하는 게 바로 그거라고 말한다. 폴이 식품점을 발견하고 주차장으로 들어간다. 딱 5달러야. 그가 말한다. 우리가 쓸 수 있는 돈은 5달러밖에 없다. 나는 알았다고 말하지만, 가게 물건을 슬쩍 할 수도 있지 않을까 생각한다.

가게 안으로 들어가자 부드러운 에어컨 바람이 우리를 감싼다. "이 안은 춥네." 폴이 말한다. 통로는 멜론이 신선한지 살펴보는 노인들로 가득하다. 음식이 얼마나 많은지, 선택의 여지가 얼마나 많은지 믿을 수 없을 정도다. 칩과 살사 소스, 콩 소스, 초콜릿 바, 소금과 버터를 발라 통째로 구운 닭, 마카로니와 치즈, 커다란 감자 샐러드를 한 통 곁들인 고기 요리와 닭고기 데리야키, 부리토와 핫도그가 있는 튀김 코너, 그리고 바로 옆 맥주 코너. 지난 2주 동안 내가 먹은 제대로 된 음식은, 작은 컵에 든 시리얼과 그걸 먹고 나서 약 한 시간 뒤에 먹은 같은 시리얼 네 그릇밖에 없다. 폴은 시리얼 한 컵밖에 못 먹었다.

나는 쇼핑 카트를 잡은 뒤 손잡이에 몸무게를 싣고서 어린 아이처럼 카트를 밀면서 돌아다닌다. 칩과 살사 코너를 지나면서 도리토스 과자 두 봉지를 카트에 넣는다. 폴이 나를 보며 고개를 절레절레 흔든다. 나는 가정용품 통로에서 터퍼웨어 접시 한 세트와 스펀지가 달린 작은 수세미 하나를 집어 든다. 빵 코너로 간 폴이 가격을 비교하기 시작한다. 나는 팔로 선반을 쓸어서 빵 여덟 덩어리를 카트에 담는다. 폴이 웃으면서 다시 고개를 흔든다. 그가 빵 한 덩이를 집어 들더니 가게 뒤쪽 정육 코너로 간다. 가는 길에 나는 화장지와 이번 호 〈피플〉지를 집어 든다. 특별 행사를 하기에 알포 개사료도 세 캔 넣는다. 통로를 돌자 폴이 정육 코너 앞에 서 있다.

"런치미트Lunch meat: 샌드위치나 샐러드에 넣어 먹게끔 가공·포장하여 판매하는 고기 — 옮긴이는 너무 비싸." 그가 말한다.

"얼만데?"

"비싸. 그 돈이면 피넛 버터 한 통은 살 수 있어. 피넛 버터 한 통이면 빵 한 덩이를 다 먹을 수 있지만 고기를 사면 샌드위치 두 개밖에 못 만들어 먹잖아."

"그럼 피넛 버터 사." 내가 통로 끝 코너에서 하나를 사면 하나를 더 주는 시리얼을 두 통 집어 들면서 말한다.

"그래." 폴이 정육 코너에서 등을 돌리고 패배한 사람처럼 가게 뒤쪽을 느릿느릿 걸어간다. 그가 칠면조 구이용 팬을 집어 내 카트에 넣는다. 나는 스팸 두 캔과 들러붙지 않는 프라이팬을 집는다. 폴은 통로 끝 표백제 코너는 보지도 않고 피넛 버터가 있는 통로로 접어든다. 나는 '표백제가 얼마나 중요한데'라는 말을 작게 중얼거리며 1.2리터짜리 표백제를 집어 들어 빵 여덟 덩어리가 찌그러지지 않도록 아이용 받침대에 놓는다.

폴이 피넛 버터를 하나 집어 라벨을 읽기 시작한다. 그런 다음 진열대에 다시 내려놓고 더 싼 브랜드를 집는다. 자극적이지 않다는 라벨이 붙어 있다. 그가 나에게 진득한 게 좋은지 부드러운 게 좋은지 묻자 나는 스테이크 덩어리가 들어간 건 없냐고 묻는다. "그건 몇 년 전부터 안 만들지." 폴이 말한다. "진득한 게 좋아, 부드러운 게 좋아?" 그가 다시 묻는다.

"진득한 거." 내가 말한다. "젤리는 어때?"

폴이 뒤돌아 몇 미터 옆 젤리 코너로 가서 싼 것을 찾는다. "이건 비싸. 피넛 버터는 3달런데 젤리까지 사면 3달러 더 들어. 거기다 빵까지 있으니 예산을 2달러나 초과하는 셈이지." 그가 젤리를 다시 내려놓는다.

"젤리 없이 피넛 버터만 먹을 순 없어." 내가 말한다.

"돈이 부족하잖아." 그가 어깨를 으쓱하며 말한다.

"고작 2달런데?" 내가 묻는다.

"휘발유가 떨어지면 어쩔 건데?"

"아까 그 사람이 부품 공짜로 줬잖아." 내가 그에게 상기시킨다.

"애초에 그 부품은 예산에 있지도 않았어." 폴이 강조한다. "고물상에서 1달러 썼으니까 사실은 4달러만 써야 해."

"이 칠면조 구이용 팬은 어쩌고? 살 돈이 없는 건 마찬가지잖아. 젤리를 호주머니에 넣어버려, 폴." 내가 말한다.

"훔치고 싶어?" 그가 묻는다.

"응. 훔치고 싶어."

"좋아." 폴이 말한다.

"좋아." 내가 말한다.

"좋아." 그가 이렇게 말하더니 젤리를 진열대에 내려놓는다.

"야, 네가 계속 말하는 그 예산, 난 한 번도 못 봤는데."

폴이 손가락으로 자기 머리를 가리킨다. 그는 예산이 자기 머릿속에 다 있고 아주 확실하다고 말한다.

"알았어." 내가 말한다. "있잖아, 나도 예산이 있어."

폴이 내 카트를 내려다본다. "네 예산이 뭔지 알겠다."

"개 사료는 뺄 거야." 내가 말한다.

"프라이팬은?"

"그건 놔둬야지." 나는 폴이 아무것도 못 꺼내게 카트에 든 물건들을 팔로 감싼다.

"글쎄, 피넛 버터랑 젤리 둘 다 살 순 없어. 하나는 포기해야 해. 피넛 버터야, 젤리야?"

"젤리는 냉장 보관해야 되니까 피넛 버터로 하자."

"내 생각도 그래." 그가 말한다.

폴이 빵 한 덩어리와 피넛 버터 한 병만 들고 계산대로 간다.

"잠깐만!" 내가 말한다.

"뭐?"

"빵이랑 피넛 버터만 먹을 순 없어." 내가 불쌍한 표정을 짓는다.

"콩이랑 쌀 데울 거야." 폴이 말한다. "우린 피넛 버터랑 콩이랑 쌀을 먹는 거야." 그가 다시 계산대를 향해 걸어간다. 나는 카트를 밀고 폴을 따라가면서 젤리와 캔 따개, 거대한 옷핀처럼 생긴 포테이토 칩 클립을 담는다.

"빵이랑 피넛 버터랑 해서 얼마야?" 내가 묻는다.

폴이 제일 짧은 줄을 찾는다. "빵이 1달러, 피넛 버터가 3달러야."

"그럼 1달러 남네."

"응."

"그걸로 뭘 살 수 있을까?" 내가 묻는다.

"내일을 위해 아껴둬야지. 그럼 내일은 6달러가 되잖아. 생각해봐, 매일 이렇게 하면 수박이나 뭐 그런 비싼 걸 먹을 수 있을 거야."

폴이 아홉 개 이하 소량 계산대 중에서 제일 짧은 줄을 발견한다. 나는 카트를 밀고 가서 그의 뒤에 선다. 폴이 다시 나를 보더니 이걸 다 무슨 돈으로 계산할 거냐고 묻는다. 나는 쿠폰이 있다고 말한다. 계산을 하던 여자가 여기서는 "아홉 개 이하"나 "20달러 이하"만 계산할 수 있다고 말한다. 폴은 계산원에게 내가 쿠폰을 가지고 있다고 말한다. 그녀는 아무튼 20달러 이하가 아니면 다른 줄로 가야 한다고 말한다.

"안 됐네, 돈." 폴이 말한다.

나는 여자에게 이 가게에서 20달러로 아홉 개 품목을 사는 게 가능하냐고 묻는다. 그녀는 혼란스러운 눈치다. 내가 분명히 말한다. "아주머니, 여기 아홉 개 품목 이하나 현금 20달러 이하라고 쓰여 있잖아요. 그럼 제가 물건 아홉 개를 고른 다음에 20달러만 내면 되나요?"

"그러면 참 좋은 거래겠네요." 폴이 여자에게 말한다. 그녀가 혼란스러운 표정으로 우리 두 사람을 본다. 그녀는 규칙을 자세히 설명하면서 살 물건이 총 20달러 이하이거나 총 아홉 개 이하여야 한다고 확실하게 가르쳐준다.

"너무 헷갈려요." 폴이 말한다.

"정말 헷갈려." 내가 말한다. 여자는 믿을 수 없다는 듯한 표정으로 가만히 서 있다.

"제가 왜 헷갈리는지 아시겠죠." 내가 말한다.

"아니요." 여자가 고개를 저으며 말한다.

나는 카트를 끌고 통로 뒤로 사라졌다가 카트를 놓고 다시 등장해서 케첩이 있는 통로 끝 코너에 멈춘다.

"그걸 다 이렇게 빨리 갖다 놨어?" 폴이 묻자 여자가 괴로운 표정으로 나를 본다.

"더 좋은 데로 갔어." 내가 폴에게 말한다.

"무슨 말이에요?" 여자가 묻는다.

"제가 처리했어요." 내가 그녀에게 윙크하면서 말한다.

"이게 뭐야?" 폴이 내 손에 들린 케첩 병을 보면서 말한다.

"케첩."

"뭐하려고?"

"콩이랑 먹으려고."

"콩 말이지."

"웅. 네가 만든 콩은 너무 맛없어서 삼키려면 도움이 필요하거든."

"카트에 있던 물건들 다 어떻게 했어요?" 여자가 묻는다.

"타바스코 많잖아, 돈." 폴이 나에게 말한다. "케첩은 필요 없어."

내가 간절한 표정으로 폴을 본다. "이것만 사줘." 내가 말한다.

"카트에 있던 물건들 어쨌냐고요?" 여자가 다시 묻는다. 나는 케첩을 컨베이어 벨트에 놓으면서 우리는 빵과 케첩과 피넛 버터만 있으면 된다고 말한다. 내가 여자에게 눈이 참 예쁘다고 하자 그녀는 고개를 저으면서 케첩을 스캐너에 가져다 대고, 전화기를 들어 매니저를 찾는다. 여자가 전화를 끊자 폴은 그녀에게 무슨 샴푸를 쓰느냐고 묻는다.

* * *

폴이 싱크대 아래 미닫이문을 열고 콩이 든 솥을 꺼낸다. 그가 바닥에 빵을 내려놓고 숟가락을 들어 두껍게 굳은 그레이비 소스 gravy: 육즙에 양념을 넣어 조미한 소스 — 편집자를 젓자 여러 조각으로 부서지더니 약간 걸쭉해진다. 나는 솥을 보면서 팬케이크와 비스킷과 그레이비에 대해 생각한다. 이어서 빵 한 조각을 들어 스위스제 군용 칼로 피넛 버터를 바른다. 피넛 버터를 두껍게 발라 반으로 접은 빵은 내 입천장과 이 뒤쪽에 들러붙는다. 폴도 쌀과 콩은 놔두고 나와 똑같이 먹는다. 우리는 피넛 버터 타코를 두 개씩 먹었다. 폴이 아이디어를 내서 세 번째 샌드위치에는 케첩을 뿌린다. 나는 불신이 아닌 경탄의 표정으로 그를 본다. 폴이 한 입 베어 물더니 입 안에서 굴린다. 그런 다음 눈을 크게 뜨고 고개를 끄덕이면서 케첩을 건넨다. 나는 빵에 피넛 버터를 바르고 가운데에 케첩을 뿌린다. 그런 뒤 빵을 접자 옆으로 위로 케첩이 비어져 나온다. 나쁘진 않네. 내가 말한다. 폴이 고개를 끄덕이며 입 안에 든 빵을 힘겹게 삼킨다.

* * *

나는 카지노에 한 번도 가본 적이 없기에 잠깐만 들르자고 고집을 피운다. 폴은 마지못해 도시 끝자락 마지막 카지노에서 차를 세운다. 안으로 들어가자 수많은 노인이 초록색 펠트 테이블에 둘러앉아서 각기 다른 칸에 칩을 던지고, 주사위를 굴리고, 카드를 내려놓는다. 섹시한 여자들이 지나가면서 음료수를 주문하겠느냐고 묻고, 우리는 계속 필요 없다는 손짓을 한다. 이쪽저쪽 테이블로 돌아다니는 나를 폴이 따라온다. 나는 게임마다 어떻게 하는 거냐고 묻는다. 카지노 뒤에서 우리는 총에 맞아 구멍이 난 알 카포네의 차를 발견한다. 폴과 나는 차 주변을 빙 돌면서 밧줄 너머로 몸을 기울여 안을 들여다보려 애쓴다. 뒷좌석에 뚱뚱한 갱이 앉아 있는데 문과 차창으로 총알이 날아와 그의 몸에 꽂히는 장면을 그려본다. 한시간 정도 지나자 둘 다 지루해진다. 라스베이거스에 머물면서 쇼를 보거나 해도 나는 상관없지만 폴은 전원을 연결해야 하는 것은 뭐든 싫어하는데, 라스베이거스는 전기가 나가면 도시 전체가 존재하지 않는 거나 다름없는 곳이다.

라스베이거스에서 캘리포니아로 향하면 곧게 뻗은 기다란 고속도로를 따라서 산지로 곧장 올라가게 된다. 폴은 가속페달을 바닥에 닿을 정도로 깊이 밟지만 밴은 힘이 없다. 우리 주변으로 트럭들이 천천히 삐걱거린다. 모두들 속도를 높이고, 반대 차선에서 달리는 트럭과 자동차의 브레이크 냄새가 난다. 나는 뒤돌아 점점 멀어지는 도시의 불빛을 바라본다.

한 시간쯤 지나자 캘리포니아까지 17킬로미터 남았다는 도로 표지판이 나온다. 나는 표지판이 이렇게 큰지 미처 몰랐다. 광고판의 반은 되는 것 같고 반사형 플라스틱으로 만든 글자는 손바닥만 하다.

워낙 오랫동안 사막을 달렸기 때문에 서부 경계에 다가갈수록 도로가 숨을 내쉬는 것 같다. 캘리포니아에는 공식적인 주 경계를 나타내는 기둥이 있다. 그리고 다른 주와 달리, 자동차를 세운 뒤 지저분한 남자들이 차창을 들여다보면서 우리가 네바다에서 과일을 밀수하는 건 아닌지 확인한다. 넓은 검문소에 부스가 세 개 있어서 차가 세 대씩 지나갈 수 있다.

차가 많지 않아 우리 앞에는 차가 한 대밖에 없고 경비원은 앞차의 여자에게 질문하고 있다. 검문소는 고개 위에 있는데, 우리 밴은 피스톤이 달아올라 덜컹거리는 소리를 낸다. 주 경계까지 8킬로미터 정도 가파른 길을 올라온 탓에 밴이 힘들어한다. 앞 차가 출발하자 주 경계 수비대가 우리에게 전진하라고 손짓한다. 폴이 낮은 난간 옆에 차를 대자 제복 입은 남자가 운전석 창으로 몸을 숙인다. 그는 차 안을 살피면서 과일이나 채소가 있느냐 묻고 폴이 없다고 대답한다. 그가 캘리포니아에 왜 가느냐고 묻자 폴은 전국을 여행하는 중이라고 답한다. 남자가 고개를 끄덕이고 서해안에서 즐거운 시간을 보내라고 인사한다. 그가 버튼을 누르자 차단기가 올라가고, 우리는 어둠이 덮인 캘리포니아의 황금빛 산으로 접어든다.

밴 안을 맴도는 따뜻한 밤공기가 뒷좌석에 놓인 책을 펄럭인다. 책장이 열려서 접혔다가 부딪치면서 엉망이 된다. 책을 덮어 정리하려고 뒤로 가니 휘발유 냄새가 난다. 주유소처럼 정말 강한 냄새다. 나는 책을 담요로 덮은 다음 조수석으로 돌아온다. 폴을 보니 한 손으로 입을 막고 코 밑에 손가락을 대고 있다. 이미 휘발유 냄새를 알아차린 모양이다. 폴이 나를 보고도 아무 말 하지 않는다. 나는 창밖으로 손을 내밀고 공기를 차 안으로 당겨온다. 엔진 점검등이 문제라면 무시해도 되지만 휘발유 냄새는 그렇지 않다. 폭발하거나 뭐 그럴 수도 있다.

"우리 차에서 나는 거 같아?" 내가 묻는다.

"뭐가?"

"냄새 말이야. 휘발유 냄새 같은데."

"응, 냄새난다."

"알고 있었지."

"응, 한참 전부터." 폴이 말한다.

"밴에서 나는 거 같아?" 내가 묻는다.

"응."

"진짜?"

"응."

"어떻게 알아?"

"연료 게이지가 내려가고 있으니까."

"그렇구나." 내가 말한다.

폴이 밴에서 휘발유 냄새가 나는 걸 알면서 왜 몇 킬로미터나 계속 차를 몰았는지 나는 전혀 모르겠다. 이 여행을 하는 건 우리 두 사람이라는 사실을 알긴 아는 건가 싶다. 나는 그저 조용히 앉아 밴이 폭발해서 불길이 솟기만을 기다린다.

폴이 주유소를 보고 진출로로 들어서다가 정지신호에 차를 멈춘 뒤 주유소로 들어간다. 그는 휘발유 펌프 옆에 차를 세우고 엔진을 끈다. 내가 눈을 가늘게 뜨면서 더러운 앞 유리 너머를 보자 진출로에서부터 액체가 흐른 자국이 이어져서 정지신호 앞에 작은 웅덩이를 이루더니 우리 밴 뒤에까지 이어진다. 우리는 말 그대로 휘발유 시냇물을 만들고 있다. 이럴 수가 있나. 내가 폴에게 말하자 그는 고개만 젓는다.

둘 다 차에서 내리고 폴이 엔진실을 연다. 밴은 뜨겁고 덜 컹거린다. 밴 뒤쪽에서 휘발유 냄새가 난다. 3미터 내에서 누가 성냥에 불을 붙이면 우리는 폭발할 거고, 불길은 저쪽 주경계까지 이어지겠지. 나는 네바다 주까지 불길이 이어지는 모습이 보고 싶어서 그렇게 되면 좋겠다고 생각한다.

"주유하기 전에 한쪽에 세워서 좀 고치든지 해야 할 것 같아." 폴이 말한다.

"그래." 나도 그 말에 동의하면서 휘발유가 만든 시냇물을 멍하니 본다.

폴이 민망한 표정으로 밴에 시동을 건다. 그는 우리가 지금까지 흘린 휘발유에 불이 붙을까 봐 걱정한다. 폴이 얼른 1단 기어를 넣고 길을 가로질러 길가 식당 앞에 주차한다. 그가 엔진실을 열고, 나는 미닫이문을 열어 공구 상자를 잡는다. 폴이 카뷰레터 두 개의 뚜껑을 연 뒤 뚜껑을 땅에 내려놓고 각각의 너트를 뚜껑에 담는다. 나는 전선을 만지작거리고 레버를 당겼다 밀었다 하면서 어디서 휘발유가 새는지 찾아본다. 폴이 등을 대고 누워 자동차 아래로 들어간다. 그가 차 아랫면을 손으로 더듬으면서 망가진 선을 찾는다.

"이 밑은 너무 어두워. 하나도 안 보여." 폴이 말한다.

"이 위쪽도 꽤 어두워." 내가 말한다.

폴이 엔진 바닥을 계속 손가락으로 더듬는다.

"냄새는 나는데 보이지가 않아." 그가 말한다.

"아침까지 기다려야 할지도 모르겠다."

"여기서 자고?" 폴이 묻는다.

"다른 수가 있어?"

"아니."

폴이 일어서서 허리를 편다. 그는 주변을 둘러보더니, 먼 산을 보고, 마지막으로 달빛을 본다. 트럭이 웅웅거리며 지나가고 이곳만이 외로이 그 소리에 귀를 기울인다. 나는 마음속으로 휘발유의 시냇물에 불이 붙는 장면을 그려본다. 그러면 자동차들은 급브레이크를 밟거나 고속도로에서 황급히 빠져나와 언덕을 내려가면서 서로 엉키고 부딪히고 굴러가다가 저 주유소에서 쓰러지겠지.

17. 밀크셰이크와 파이

잠을 자려고 애를 쓰지만 불안하다. 휘발유가 새지 않았다면 여전히 달리고 있었으리라. 덜컹덜컹 흔들리는 밴에서 자는 데 익숙해졌다고 생각했지만 언제 출발할 수 있을지도 모르는 채 주차장에서 자려니 둘 다 천장만 보게 된다.

폴이 머리 밑에 손을 넣어 벤다. 그는 새는 휘발유에 대해 생각하면서 원인이 뭘까 궁금해한다. 그러더니 옆으로 돌아누워 반대쪽 창을 보다가 다시 몸을 굴려 손을 베고 천장을 본다.

"무슨 생각해?" 내가 답을 이미 알면서 묻는다.

"별 생각 안 해. 밴 생각이지."

"그것 땜에 힘들어?"

"걱정되느냐고?" 그가 묻는다.

폴이 담요를 걷고 운전석 좌석에 발을 올렸다가 다시 발을 내리고 몸을 옆으로 굴리더니 반쯤 일어나서 팔꿈치에 체중을 일부 싣는다.

"아무 이유도 없는데 카뷰레터가 왜 새는지 모르겠어. 말이 안 되잖아." 그가 말한다.

"덜컹거리다가 뭔가가 느슨해졌나봐. 그걸 찾아서 고치면 돼. 아침이면 분명히 알 수 있을 거야."

"네 말이 맞으면 좋겠다."

밴 옆을 지나가는 자동차의 전조등 불빛이 폴의 얼굴을 스친다. 불빛과 함께 오토바이가 낮게 으르렁거리는 소리가 들린다. 보지 않아도 할리 데이비슨인 줄 알겠다. 목을 빼고 창밖을 보자 확실히 할리 데이비슨이 식당 문 앞에 선다. 검은 옷을 입은 커다란 남자가 오토바이에서 내려 몸을 편다. 그는 하품을 하면서 몸을 구부려 등을 편 뒤 느긋하게 카페로 걸어 들어간다.

"졸려?" 내가 묻는다.

"아니."

"커피나 뭐 마실래? 밤새 잠 못 자면 안 되니까 디카페인으로 마시든지."

"음, 나 재떨이에 잔돈 좀 있어. 그거 쓰면 되겠다."

"지금이라면 양말에 넣어놓은 돈을 다 쏟아부어도 돼." 내가 선언한다.

"좋은 생각이네." 폴이 말하며 자리에서 일어나 침대에서 내려온다.

식당으로 들어가자 여닫이 유리문에 매달린 워낭이 울린다. 분홍색으로 꾸며진 이곳을 장식한 사람은 여자가 틀림없다. 분홍색 벽과 분홍색 커튼. 패드를 댄 회전의자들이 놓인 기다란 바와, 의자에 올라앉을 수 있게 계단이 있다.

폴과 나는 바에 앉아서 카운터에 팔꿈치를 괸다. 앞치마를 두른 중년 여자가 주문서와 연필을 내려놓고 우리에게 메뉴판을 건넨다. 그녀는 아무 말 없이 미소를 지을 뿐이다. 손톱에는 짙은 갈색 매니큐어를 칠했고 커다란 결혼반지를 끼고 있다. 머리는 금발이지만 뿌리 쪽을 보니 원래는 회색인 것 같다. 그녀의 얼굴은 라스베이거스와 캘리포니아의 중간쯤이다. 아마 주말이면 라스베이거스에 가서 팁으로 받은 돈을 도박에 쏟아부을 것이다.

여자가 카운터를 돌아 할리 데이비슨을 타고 온 남자 쪽으로 걸어간다. 그가 웅얼거리며 주문을 하자 받아 적는다.

폴이 커피값을 확인하려고 메뉴를 보지만 시선은 밀크셰이크 쪽에 가 있다. 거기서 눈을 떼지 못한다. 폴이 메뉴판을 내려놓고 주머니에서 잔돈을 한 움큼 꺼낸다. 그는 소리 내어 잔돈을 세면서 동전을 한쪽 더미에서 반대쪽으로 옮긴다. 2달러 27센트다.

"커피 마실 거 아니지?" 내가 말한다. "밀크셰이크 먹는 거 아니야?"

"그럴지도." 그가 말한다.

"젤리는 못 먹게 하더니 넌 밀크셰이크 먹냐."

폴이 바의 작은 철제 용기를 돌리더니 가운데 칸에서 작은 젤리를 여러 개 꺼내서 카운터에 내려놓고 내 쪽으로 민다.

"젤리 먹어." 폴이 말한다.

나는 그에게 좋다는 미소를 짓고 젤리 두 개를 셔츠 주머니에 넣는다.

"밀크셰이크 먹자, 돈. 우린 그럴 자격이 있어."

"난 커피 마시고 싶어."

"정말?"

"응. 쭉 커피가 마시고 싶었거든. 그거면 돼."

"너 원하는 대로."

웨이트리스가 주문을 받으러 돌아온다.

"오늘의 특별 메뉴는 뭔가요, 부인?" 내가 묻는다.

"부인?" 그녀가 묻는다.

"네, 부인."

"글쎄요, 이렇게 정중한 신사분이라면 닭고기 스테이크에서 50센트 깎아드릴 수 있겠네요." 그녀가 사랑스러운 미소를 지으며 말하더니 우리 대답을 기다린다.

"그렇다면, 닭고기 스테이크를 직접 만드시나요, 아니면 뒤쪽에서 다른 사람이 만드나요?"

"저 뒤에 있는 친구가 만들어요." 그녀가 사실대로 말한다.

"그럼 흥미가 없군요. 부인이 만드신 음식을 먹고 싶은데. 요리 잘하실 것 같아서요."

"글쎄, 난 여기선 요리 안 해요."

"전혀요?"

"요리는 하지만 여기선 안 하죠."

"알겠어요." 내가 잠깐 생각한 뒤 말한다. "커피는 직접 내리시나요?"

"물론이죠."

"그럼 커피 한 잔 마실게요. 그거면 됐어요."

"신선한 커피를 만들어드릴게요. 어때요?"

"완벽해요. 가능하면 디카페인으로 주세요."

"그러죠." 여자가 폴을 본다.

"초콜릿 밀크셰이크 되나요?"

"한번 해보죠." 그녀가 이렇게 말하더니 웃는다.

"고마워요, 청년들." 여자가 메뉴판을 받아 들더니 카운터와 현금등록기 사이에 둔다. 그런 다음 접시가 쌓인 카운터 뒤 배식구에다가 확실하게 말한다. "밥, 초콜릿 밀크셰이크 하나." 흰 앞치마를 두른 검은 머리 남자가 고개를 끄덕여 주문을 확인한다. 웨이트리스가 다른 손님의 주문을 회전식 기계 장치에 놓더니 요리사가 볼 수 있게 돌린다. 남자는 앞치마에 손을 닦고 주문서를 집어 들더니 눈을 찡그리면서 팔을 멀리 뻗어서 본다.

"어디서 왔어요?" 웨이트리스가 묻는다.

"텍사스요." 내가 대답한다.

"텍사스? 여긴 왜 왔어요?"

"영화에 출연하고 싶어서요." 내가 말한다.

그녀가 깔깔 웃더니 카운터에 몸을 숙여 바에 팔꿈치를 올리고 턱을 괸다.

"피곤하세요?" 폴이 묻는다.

"온종일 여기서 일했거든요." 그녀가 말한다.

"긴 하루였겠네요. 힘드시겠어요." 폴이 말한다.

"그렇게 나쁘진 않아요. 익숙하거든요. 15년 동안 이 일을 했으니까."

"여기서 15년이나 일하셨어요?" 내가 묻는다.

"그래요, 15년." 그녀가 확실히 말한다.

"한곳에서 일하기에는 진짜 긴 세월이네요."

여자가 몸을 일으켜 카운터에 체중을 싣는다. 그녀는 미소를 지으면서 우리가 확실히 어리다고 말한다. 옛날 사람들은 직장을 얻고 아무데도 가지 않았다. 그런데 요즘 애들은 한곳에 머물 줄을 모른다. 항상 앞서 나가고 출세하는 것만 생각한다. 그렇다는 듯 폴이 고개를 끄덕이자 웨이트리스가 뒤로 돌아 커피를 끓이기 시작한다. 그녀가 일하는 동안 폴은 접시가 쌓인 선반과 바 뒤편을 나누는 파이 케이스에 든 파이를 본다. 그가 내 팔꿈치를 쿡쿡 찌르면서 파이를 가리킨다. 폴이 입술을 핥는다. 그가 가리키는 곳을 보자 한 조각 잘린 레몬 머랭 파이와 피칸 파이 하나가 있다. 피칸이 무척 많고 갈색이다. 혀에서 맛이 느껴지는 것 같다. 두껍고 차가운 질감의 필링과 부드러운 갈색 껍질. 저 유리를 뚫고 들어가고 싶다.

웨이트리스가 뒤돌아 파이를 물끄러미 바라보는 우리를 본다.

"맛있어 보이죠?"

"네, 부인, 그러네요." 내가 말한다.

밥이 뒤쪽 주방에서 주문한 음식이 나왔다고 말하자 그녀가 뒤로 돌아 옥수수 스프와 빵을 쟁반에 얹는다. 그러고는 바를 빙 돌아 오토바이를 타고 온 남자의 식탁에 내려놓는다. 밥이 금속 컵을 들어 커다란 유리 머그에 대고 뒤집는다. 폴이 주문한 초콜릿 밀크셰이크가 진득하게 빠져나와 머그 안으로 미끄러져 들어간다. 웨이트리스가 와서 셰이크와 금속 컵을 폴 앞에 놓는다. 그는 친절하게도 나에게 금속 컵을 건네고 쨍그랑 소리를 내며 숟가락을 넣어준다. 컵 바닥에 밀크셰이크가 2.5센티는 남아있다. 나는 그것을 숟가락에 모아서 입에 넣은 뒤 숟가락을 뒤집는다. 한 모금 꿀꺽 삼키니 밀크셰이크는 어느새 사라지고 없다.

"맛있다." 내가 말한다.

"미시시피 이쪽에서는 최고의 밀크셰이크죠." 웨이트리스가 말한다.

"어딜 가든 최고의 밀크셰이크지!" 접시 더미 뒤의 밥이 그녀의 말을 고친다.

웨이트리스가 눈을 크게 뜨고 고개를 흔든다. "밥이 주인이에요. 약간 편파적이죠. 하지만 밀크셰이크는 맛있어요. 만드는 법을 제대로 알거든요."

"정말 그렇군요." 폴이 빨대로 진득한 셰이크를 빨아먹으면서 말한다.

웨이트리스가 내 컵을 뒤집어 커피를 따른다.

"성함을 여쭈어도 될까요?" 내가 묻는다.

"베티요." 그녀가 미소 지으며 대답한다.

"만나서 반가워요, 베티. 전 돈이에요."

폴이 고개를 들고 소매로 입을 닦는다. "전 폴이에요." 그가 미소를 짓고 그녀와 악수하며 말한다.

"그래서, 영화에 출연하고 싶다고요?" 그녀가 말한다.

"네, 부인. 그 사람들이 제 얼굴을 스크린에 비출 수 있도록 여기에 왔죠. 제임스 딘처럼요."

베티 눈빛을 보니 그녀가 제임스 딘을 좋아했다는 걸 알겠다. "그 사람은 특별했죠. 당신, 보조개가 있네요. 비슷할 수도 있겠어요."

폴이 밀크셰이크를 먹다가 고개를 든다. "쟤 띄워주지 마세요, 베티. 전 쟤랑 여행을 해야 한다고요."

"들었지, 폴. 제임스 딘이래. 나 제임스 딘 닮았대."

"넌 내 엄지발가락같이 생겼어. 그리고 제임스 딘이랑은 전혀 달라."

베티가 미소 지으며 고개를 젓더니 뒤돌아서 파이 케이스를 연다. 그녀는 레몬 파이를 꺼내서 접시에 담고 피칸 파이도 한 조각 잘라서 접시에 올린 다음 레몬 파이는 내 앞에, 피칸 파이는 폴 앞에 놓는다.

"이게 뭐예요?" 내가 묻는다.

"파이요. 걱정 말아요, 서비스니까."

밥이 배식구 너머에서 파이를 흘깃 본다. 그가 베티에게 엄한 표정을 지어보이며 고개를 젓는다. "자꾸 그렇게 퍼주면 나 망할 거야, 베티!"

"당신 일이나 신경 써요, 밥. 이 청년들 배고파 보이잖아요. 게다가 이 사람들 언젠가는 유명해질 거라고요. 영화에 출연할 거래요."

밥이 씩 웃고 신음 소리를 내더니 양파를 썬다. "이게 내 일이라고." 그가 말한다.

"고맙습니다, 밥." 폴이 소리친다.

밥이 다시 끙 소리를 내더니 계속 양파를 썬다.

폴이 피칸 파이를 자르기 직전에 내가 그걸 가로채고 레몬 파이를 그 쪽으로 민다. 그는 주저하지 않는다. 폴이 하얀 거품과 노란 거품에 포크를 찔러 넣는다. 내가 신발을 갖다 놨어도 그는 포크를 찔러 넣었을 것이다.

18. 아침식사

식당 안으로 들어가니 어젯밤과는 느낌이 다르다. 하룻밤 사이 돈을 잃고 나서 집으로 돌아가는 도박꾼들이 가득하다. 폴과 나는 화장실 근처 자리에 앉는다. 웨이트리스가 오더니 컵을 뒤집고 커피를 채워준다. 그녀가 크림이 필요하냐고 묻자 내가 고개를 끄덕인다. 웨이트리스가 메뉴판 두 개를 식탁에 내려놓자 나는 시라도 읽듯이 메뉴를 읽는다.

어젯밤에 우리는 밥이 "무료 아침식사"라고 쓰고 서명을 한 명함을 받았다.

폴이 메뉴를 덮고 테이블 위에 올려둔다. 그러고는 포장된 작은 크림을 뜯어서 커피에 붓고 설탕을 뜯어서 넣은 뒤 한숨을 쉬며 커피를 젓는다. 그가 자리에 기대어 앉더니 뭘 주문할 거냐고 묻는다. 멕시코 요리. 내가 말한다. 멕시코 요리? 그가 묻는다. 응, 오믈렛. 멕시칸 오믈렛 말이야. 토르티야랑 같이 나와. 난 전부 두 개씩 있는 콤비네이션 시킬 거야. 폴이 말한다. 그런 다음 사이드로 해시브라운을 먹겠다고 덧붙인다. 사이드 메뉴도 주문할 거야? 내가 묻는다. 응. 폴이 대답한다. 난 음식을 추가 주문할 생각은 못 했다. 내가 사이드 메뉴를 살펴본다. 웨이트리스가 와서 주문할 준비가 됐는지 묻는다. 폴이 나를 보더니 시간이 좀 더 필요한 것 같다고 말한다. 아니야. 내가 말한다. 준비됐어. 난 멕시칸 오믈렛이랑 사이드 메뉴로 비스킷이랑 그레이비를 먹을래. 그거면 됐어. 그게 내가 원하는 거야. 폴이 웨이트리스에게 자기는 콤보 플레이트 2번과 사이드 메뉴로 해시브라운을 먹겠다고 말한다. 웨이트리스가 주문을 받아 적고 메뉴판을 돌려받은 뒤 주방으로 간다.

폴이 커피를 한 모금 마시고 식탁에 컵을 내려놓는다. 그는 식당 안을 둘러보며 사람들을 동쪽 어딘가에서 이사해온 가족들, 도박꾼들, 트럭 운전사들로 나누면서 이들이 어디서 와서 어디로 가는지 생각하는 것 같다.

"우리 이제 어디로 갈까, 돈?" 폴이 여전히 주변을 둘러보며 묻는다.

"뭐라고?"

"이제 어디로 가? 캘리포니아에 좀 있을 거야?"

"모르겠어. 네 생각은?"

"난 상관없어. 하지만 돈이 바닥나고 있잖아. 오리건에 빨리 가야 할지도 몰라."

"얼마나 지났지?" 내가 묻는다.

"3주 정도. 더 됐을지도 모르고."

"그렇게 오래됐어?"

"한참 됐지." 폴이 말한다.

웨이트리스가 양손에 접시를 들고 균형을 잡으면서 다가오더니 우리를 지나쳐서 내 뒤쪽 테이블에 접시를 내려놓는다.

"냄새 좋다." 폴이 말한다.

"정말."

"냄새 좋다." 폴이 다시 말하자 내가 미소 짓는다. 나는 크림과 가공 감미료를 커피에 섞기 시작한다.

"있잖아." 내가 말한다. "캘리포니아 바이셀리아Visalia에 친구가 있어. 여기서 가까운가?"

"바이셀리아라. 베이커스필드랑 프레스노 사이야. 많이 멀진 않아. 우리가 골짜기 위쪽으로 갈 거면 가는 길에 있지. 친구 누구?"

"마이크 터커라는 애야."

"걔 어떻게 알아?" 폴이 묻는다.

"몇 년 전에 콜로라도 캠프에서 만났어. 작년에 걔가 텍사스에 와서 만났었거든. 잠깐 들러서 만나면 좋을지도 모르겠다. 시간이 되면 말이야."

"괜찮네." 폴이 말한다. "그런데 걔가 싫어하려나?"

"마이크는 싫어하지 않을 거야. 진짜 멋진 애야. 우릴 만나면 좋아할 거야."

"전화부터 하는 게 좋을 거 같아. 우리가 잠깐 들러도 괜찮은지."

"응, 그렇게. 짐 어딘가에 전화번호가 있을 거야."

폴이 밴으로 가서 도로 지도를 가지고 온다. 우리는 바이셀리아를 거쳐서 오리건을 지난 다음 포틀랜드 북쪽 경계로 가는 길을 찾아본다. 웨이트리스가 우리 음식을 들고 다가온다. 접시가 팔 위까지 놓여 있다. 그녀가 내 앞에 멕시칸 오믈렛을 내려놓고 폴 앞에 그의 접시를 내려놓는다. 그런 다음 조심스럽게 해시브라운과 비스킷, 그레이비가 담긴 사이드 접시를 내려놓는다.

"배고파 보이시네요." 그녀가 말한다.

"네, 부인." 둘 중 하나가 대답한다.

"필요한 거 있으면 부르세요."

"그럴게요. 고맙습니다." 폴이 말한다.

그녀가 물러나서 앞치마를 펴고 테이블에 놓인 양념통들을 점검한다. 폴이 타바스코를 달라고 하자 다른 테이블의 병을 가져와서 미소를 지으면서 우리 테이블에 놓아준다.

"고맙습니다." 폴이 말한다.

폴이 자기 음식을 보고 나도 그의 음식을 본다. 그가 내 음식을 보고 나도 내 음식을 본다. 폴이 고개를 젓고 나는 포크를 들고 노란 오믈렛에 달려든다. 피망과 치즈, 양파가 있고 맨 위에는 새콤한 사워크림이, 옆에서는 버터가 반짝반짝 빛난다. 오믈렛 위에 살사가 한층 뿌려져 있다. 내가 포크를 미끄러뜨리자 이 모든 것이 피처럼 흘러나온다.

이제 폴도 나도 말이 없다. 우리는 아침 식사에 집중한다. 온 세상이 흐릿해지고, 중간중간 우리는 커피를 후루룩 마신다. 나는 오믈렛을 반쯤 먹은 뒤 비스킷과 그레이비를 먹는다. 햄과 베이컨 조각이 든 그레이비 소스에 찍은 하얗고 폭신폭신한 구름 같은 빵이 뱃속으로 들어간다. 따뜻한 빵이 목으로 넘어가고 탄수화물이 혈관으로 흘러 들어가는 것이 느껴진다.

식사가 끝나자 폴이 편하게 기대어 앉아 손으로 배를 쥔다. 나도 그렇게 한다.

오늘 아침만큼은 둘 다 고장 난 밴을 마주하고 싶지 않기에 가만히 앉아서 대화를 나눈다. 우리는 캘리포니아와 존 스타인벡, 그리고 할리우드에 대해 이야기한다. 나는 폴에게 지진을 겪어본 적이 있는지 묻고 우리는 로스앤젤레스의 온화한 날씨에 대해 잡담을 나눈다. 폴은 스모그가 많은 도시에서는 절대 못 살겠다고 말하고, 우리 둘 다 이번 여행에서 LA는 피하기로 합의한다. 그리하여 바이셀리아에 갔다가 곧장 오리건으로 가서 폴이 말하던 산을 보기로 한다.

"너 고향으로 돌아갈 거야, 돈?"

"무슨 뜻이야?"

"텍사스로 돌아갈 거냐고."

"거기 말고 내가 어딜 가?" 내가 묻는다.

"어디든지. 어디서든 살 수 있잖아. 자유국가니까."

"모르겠어. 아직 딱 맘에 드는 곳이 없었어."

"텍사스를 떠날 수 있겠어?" 폴이 묻는다.

"어쩌면. 가족이랑 헤어지고 뭐 그런 게 힘들겠지. 하지만 좋은 곳을 찾으면 그럴 수 있을 것 같아."

"오리건이 마음에 들 거야." 폴이 말한다.

"그래?"

"그럼."

"왜?" 내가 묻는다.

"진정한 아름다움을 본 적 없지, 너?"

"무슨 소리야?"

"산이나 뭐 그런 거. 시냇물, 폭포, 숲."

"당연히 봤지, 폴. 내가 지금까지 줄곧 방에 틀어박혀 지낸 건 아니라고."

"어디? 어디서 산을 봤는데?"

"콜로라도. 몇 년 동안 여름이면 캠프에서 일하면서 마이크랑 다른 친구들, 워싱턴 주에 사는 대니얼이라는 여자애를 만났거든. 참, 워싱턴에 들러서 대니얼 만나도 되겠다."

"마이크는 어떤 애야?" 폴이 묻는다.

"정말 멋지지. 키 크고 말랐는데 낡은 도요타 랜드크루저를 몰고 다녀."

"크루저가 있구나!" 폴이 열정적으로 말한다.

"응. 터프하지."

"돈, 나도 크루저 있어."

"그래? 어디?"

"오리건. 오리건에 크루저가 한 대 있어."

"오리건 어디?"

"숲에."

"뭐라고?"

"응, 삼림 지역 옆 도로에 아무도 모르게 숨겨놨어. 이 밴을 사서 여행하느라 그건 숨겨놨지."

"숲에다가 자동차를 숨겨놨다고?"

"크루저. 자동차가 아니고, 크루저야. 맞아, 숲에다 숨기고 나뭇가지로 덮어놨지. 거기 놔두면 아무도 발견 못 할 거야."

"있지 폴, 가끔 넌 재밌는 이야기가 무한히 흘러나오는 구멍 같아."

"무슨 뜻이야?"

"넌 도요타 랜드크루저를 숲에다 숨겨두고는 폭스바겐 밴을 사서 휴스턴으로 왔어."

"정신 나간 짓이지?" 폴이 말한다. "누가 부술지도 모르니까 숨겨야 했어. 사실 외관은 좀 낡았으니까 누가 좀 망가뜨려도 별 차이는 없겠지만, 그래도 아이들이 위에 올라가거나 하는 게 싫어서."

"그렇군." 내가 고개를 끄덕인다.

"그래서 말인데," 폴이 화제를 바꾼다. "너 오리건에 아는 사람 있어? 그 콜로라도 여름캠프에 북서부에서 온 사람도 있었어?"

"그건 왜 묻는데?"

폴이 씩 웃는다. "뭐 좀 얻어먹을까 싶어 그러지 뭐. 거기 잘 데가 있을까 해서. 우린 분명 돈이 많이 부족할걸. 친척은 없어? 잡다한 일을 좀 할 수도 있고, 알잖아?"

"잡다한 일?" 내가 묻는다. "우리 휴가 중이잖아."

"거기 도착할 때쯤이면 돈이 다 떨어질 거야. 너도 알잖아?"

"그런 생각이 들긴 했지." 내가 말한다.

"그러니까 말이야, 아는 사람 없어? 그 대니얼이라는 여자애, 가족은 있어?"

"거기 살던 사람은 너잖아, 폴. 넌 아는 사람 없어?"

"그건 다르지. 나한테는 거기가 고향이잖아. 잘 아는 사람한테 빌붙을 순 없어. 내가 무책임하다거나 뭐 그렇게 생각할 거 아냐."

"그렇군. 그러니까, 내가 무책임해 보이는 건 괜찮고 네가 나쁘게 보이는 건 안 된다는 거네. 그런 거야?"

"바로 그거야."

"진짜 웃긴다. 근데 어쩌냐, 오리건에는 생각나는 사람이 없네. 시애틀에는 줄리라는 친구가 있고 대니얼은 워싱턴 어딘가에 살지만 작은 마을인데 어딘지도 몰라. 근데 오리건엔 없어."

"시애틀은 너무 북쪽이지." 폴이 말한다. "그렇게 멀리는 못 갈 거야."

"결국엔 가겠지. 난 종국에는 시애틀도 보고 싶어."

"결국은 그렇게 되겠지. 어쨌든 우린 정말 돈 벌 방법을 찾아야 해. 그래야 한 주라도 더 여행을 하지. 시애틀이든 캐나다든 말이야." 폴은 캐나다가 프랑스나 마찬가지라는 듯이 눈을 크게 뜨면서 말한다.

"대니얼이 사는 마을 이름이 뭐라고?" 그가 묻는다.

"리지필드. 대니얼은 멋진 여자애야. 너도 좋아할 거야. 걘 너처럼 그래놀라granola: 원래는 볶은 곡물, 견과류 등이 든 시리얼의 일종이지만 건강에 좋은 음식을 먹으며 환경보호 등을 지지하는 사람을 가리키는 말로도 쓰인다 — 옮긴이거든."

"그게 무슨 뜻이야?"

"별 뜻 없어. 자연이랑 뭐 그런 걸 좋아한다고."

"리지필드라. 리지필드는 포틀랜드 약간 북쪽이야. 사실상 오리건이나 마찬가지지." 폴이 어깨를 으쓱하며 말한다.

"글쎄, 그럼 대니얼 만나러 가도 되겠다."

"그래." 잠시 후 폴이 말한다. "그래서……."

"그래서 뭐?"

"그래서, 걔 말이야, 음, 예뻐?"

"대니얼?"

"응. 그 **그래놀라**는 어떤데?" 폴은 **그래놀라**라는 단어를 내가 무슨 병명이라도 말한 것처럼 발음한다.

"꼭 알아야겠다면, 우연히도 참 예뻐."

"그럼 가자. 그 여자애 만나봐야겠어. 그래놀라라는 네 친구 말이야."

나는 폴을 진정시키려고 애쓴다. "잠깐, 잠깐. 난 중매쟁이가 아니야. 너 나한테 혹시 대니얼한테 관심 있는 거 아니냐고 물어보지도 않았잖아. 그냥 자동적으로 네 여자라고 생각하는구나?"

"걔가 자연을 좋아한다고 네가 그랬잖아. 그런 여자랑 네가 뭘 하게?"

"나도 자연 좋아하거든. 나라고 도시만 좋은 건 아냐."

"자, 정리해보자, 돈. 너는 자연을 좋아하는 대니얼이라는 여자애랑 사귀고 결혼해서 휴스턴으로 데려가고 싶어?"

"그게 어때서?"

폴이 뒤로 기대어 앉는다.

"무시하는 건 아냐. 진짜야. 하지만 텍사스는 자연이 아니잖아. 도시고, 스모그고, 습기고, 열기지. 사냥이나 낚시를 하고 싶으면 뭐 상관없겠지만 등산을 하거나 카약을 타거나 기타 등등을 하고 싶으면 안 될 말이지. 텍사스는 대니얼 같은 여자애를 위한 곳이 아니야."

"넌 대니얼 알지도 못하잖아. 걔가 어떤지 네가 어떻게 알아?"

"그래놀라라며. 그레이프-넛 Grape-nut: 시리얼 브랜드명 — 옮긴이 말이야."

"난 그레이프-넛이라고 부른 적 없어. 그냥 야외를 좋아한다고만 했지."

"나처럼 말이지." 폴이 엄지손가락으로 자기를 가리키며 말한다.

"그래, 맞아. 하지만 그렇다고 다른 의미가 있는 건 아니야."

웨이트리스가 계산서를 가지고 다가온다. 폴이 취조를 중단하고 우리에게 아침식사를 무료로 제공하라는 메시지와 사인이 담긴 밥의 작은 명함을 내민다.

"밥을 아세요?" 그녀가 묻는다.

"어젯밤에 만났어요. 여기 식당에서요."

"음, 당신들이 되게 마음에 들었나 봐요. 무료 식사를 자주 주는 건 아니거든요."

"네, 부인." 내가 말한다. "정말 좋은 사람이었어요. 믿을 수가 없었죠."

웨이트리스가 명함을 뒤집어 보더니 앞치마 주머니에 넣는다. "그런데요……."

"네?"

"밥이 주는 무료 식사에 팁은 포함이 안 된답니다."

"아." 폴이 말한다. "팁이야 당연히 많이 드리려고 했죠. 여기 내 친구 돈이 알아서 할 거예요."

"안녕하세요." 그녀가 말한다.

나는 미소를 짓는다. 폴도 미소를 짓는다. 나는 주머니를 뒤져서 몇 달러를 꺼내 식탁 위에 올려둔다. 아이들이 가지고 다니던 지폐처럼 마구 구겨졌다. 웨이트리스가 얼굴을 찡그리며 본다. 1달러를 더 꺼내자 그녀가 고개를 끄덕이고 간다.

"참 고맙다, 폴."

"뭐 이런 거 갖고."

"갈 준비 됐어?"

"아니. 너 아직 말 안 했잖아."

"무슨 말?"

"대니얼. 너 관심 있어? 둘이 무슨 관계야?"

"가자."

"안 돼. 말해."

"친한 친구야. 편지 친구. 하지만 꼭 알아야겠다면, 아니야, 아무 일도 없어."

"네가 좋아하는 타입이 아니구나?"

"그렇게는 말 안 했어. 대니얼은 멋지지. 멋진 여자야. 내가 좋아하는 타입이 아닐 뿐이지."

"네가 말한 것만큼 예쁘지는 않구나?"

"예뻐, 폴. 걔 정말 예뻐."

"어떻게 생겼는데?"

"가자." 내가 말한다.

"어떻게 생겼냐고?"

"글쎄, 걔가 너한테 관심이나 있을까 모르겠다. 어쨌든, 갈색 머리카락에 갈색 눈을 가졌고 운동을 잘 해."

"나처럼 말이지."

"뭐, 그렇다 치자. 게다가 무척 똑똑해. 루이 라무르 책은 안 읽어, 그건 확실해."

"영리해?" 폴이 얼굴을 찌푸린다.

"응, 아주 똑똑해. 문학 전공이야. 진짜 똑똑하지. 말도 잘하고. 대니얼의 편지는 꼭 시 같아."

"진심이야? 나 놀리는 거지?"

"아니야. 진짜야. 대니얼은 시를 쓰기도 하고 읽기도 해. **너처럼 말이지.**"

"난 시 안 좋아해." 폴이 투덜거린다. 내가 고개를 젓는다.

"대니얼한테는 그렇게 말하지 마."

"무슨 뜻이야?"

"바이런을 복습하는 게 좋겠다."

"바이런이 누구야?" 폴이 멍청한 척하면서 묻는다.

"바이런 경 말이야, 폴. 시인."

"네 친구야?" 그가 멍청한 표정을 짓는다.

"죽었어."

"아, 안 됐다. 너 아는 사람이었어?"

"응, 우리 삼촌."

"아, 근데 대니얼이 너네 삼촌 시를 좋아했구나?"

"대니얼이 우리 삼촌 시를 정말, 정말 좋아했지."

"돌아가셨다니 유감이다." 폴이 미소 지으며 말한다.

폴이 밴 뒤에서 느릿느릿 걸어온다. 그는 이를 쑤시면서 오른쪽 카뷰레터 윙너트를 푸는 나를 본다. 뒤로 돌아보니 그는 내가 해놓은 일을 보고 혼란스러운 표정이다. 나는 카뷰레터 뚜껑을 열어서 한쪽으로 치워놓고 안을 멍하니 들여다본다. 그런 다음 드라이버로 이쪽을 조이고 렌치를 집어서 저쪽을 조인다. 나는 다 알겠다는 듯 나지막한 소리를 낸다. 폴의 표정은 똑같다. 우리는 신음 소리와 한숨 소리로 서로를 놀린다. 나는 공구함에서 망치를 꺼내 프레임을 치기 시작한다. 이 모습에 폴의 눈이 동그랗게 커지더니 그건 생각 못했다는 듯 툴툴거린다. 내가 조금 더 세게 치자 그가 목청을 가다듬는다.

"뭐가 문제인지 알겠어, 돈?"

"물론이지. 문제가 뭔지 알겠어."

"뭔데?"

"유량 축전기가 문제인 거 같아."

"유량 축전기?"

"응."

"그게 뭔데?" 폴이 여전히 이를 쑤시며 묻는다.

"설명하기엔 너무 복잡해. 넌 그냥 거기 예쁘게 서 있어. 이건 내가 알아서 할게."

폴이 내 등을 차는 바람에 내가 엔진실 위로 휘청거린다. 나는 엔진실에 끼인 척을 한다.

"미안, 돈. 그렇게 체중을 실어서 찰 생각은 아니었는데."

"아니야." 내가 엔진실 위에서 양팔과 한 발을 허둥거리는 척하면서 말한다. 그러다가 케이스 위의 작은 구멍을 발견한다. 게다가 믿거나 말거나 프레임 홈에 볼트가 하나 있다.

"야, 폴."

"응."

"여기 좀 봐."

"그냥 예쁘게 서 있으라며?"

"나 진지해."

폴이 몸을 숙이고, 구멍에 햇빛이 비치도록 내가 조금 움직인다. "이거 보여?"

"응." 그가 말한다.

"이 볼트도 보여?"

"응."

"이게 이 구멍에 맞는 걸까?"

"해봐서 나쁠 건 없지."

나는 구멍에 볼트를 끼워서 돌린다. 구멍에서 휘발유 냄새가 난다. 연료 필터 윗부분이 틀림없다. 잔디 깎는 기계랑 똑같다. 폴이 앞쪽으로 돌아가서 시동을 켠다. 나는 고개를 숙이고 새는 곳이 없나 살피지만 아무것도 새지 않는다. 이렇게 쉽다니 믿을 수가 없다. 나는 엔진실을 닫고 조수석에 앉는다.

"어젯밤에 얼마나 고생했더라?" 폴이 묻는다.

"30분 정도? 더 될지도 모르고."

"어떻게 저 구멍을 못 봤지?"

"어두웠잖아."

"알아." 폴이 말한다. "그래도 절대 저걸 놓칠 수는 없어. 볼트가 바로 저기 있는데 말이야. 절대 그럴 리가 없어."

"무슨 말을 하려는 거야?" 내가 묻는다.

"생각해봐, 돈."

"뭘 생각해?"

"아침식사 말이야. 어쩌면 하나님은 우리가 여기 와서 밥과 베티를 만나길 원하셨는지도 몰라. 우리에게 식사를 베푸시기 위해서 우리가 여기 오길 바라신 거야. 네가 말한 그 달걀이랑 밀가루 토르티야 말이야. 협곡에서 그런 얘기 했었잖아."

"그 생각은 못 했네."

폴은 정적이 우리 귀까지 차오르도록 기다린다. 그는 거기 앉아서 앞 유리를 보면서 이쑤시개로 이를 쑤신다. "있잖아,

난 하나님이 우리와 함께하신다는 생각이 들기 시작했어. 우리를 도우신다고 말이야."

"그럴 수도 있지." 내가 말한다.

"그럴 수도 있겠지?" 폴이 말한다. "정말 이상한 일이야."

"누가 알겠어?" 내가 어깨를 으쓱하며 말한다.

19. 야간 골프

모하비에서 우리는 오븐 속 사막을 건너는 기분이었다. 왼쪽에는 조슈아트리 국립공원이 몇 킬로미터나 펼쳐져 있었다. 나는 계속 보노와 그 멤버들에 대해 생각하면서 희고 검은 산을 걸어 올랐다. 아일랜드 출신 세계적 록밴드 U2의 가장 위대한 앨범으로 평가받는 〈조슈아트리〉는 모하비 사막을 배경으로 삼았으며, 밴드 리더인 보노가 원주민들에게 '기도하는 나무'로 알려진 일명 '조슈아트리'를 앨범 제목으로 결정한 것으로 알려져 있다. — 편집자 우리는 사막에서 빠져나와 시에라 네바다를 향해 북쪽으로 이동했다. 고백하건대 캘리포니아는 나를 깜짝 놀라게 했다. 나는 캘리포니아에 와본 적이 없었고 캘리포니아에 대해서는 로스앤젤레스, 농구팀 레이커스, 할리우드, 스모그, 그리고 파도 타는 서퍼들밖에 몰랐다. 하지만 여기는 언덕과 인상적인 산맥도 있고, 갈색 사막이 초록으로 바뀐다. 초록빛 언덕들은 바위 위로 흐르는 시냇물을 품고 있고, 시냇물은 양 떼가 풀을 뜯는 초원에서 철벅인다. 시에라 네바다에는 로키 산맥과 맞먹는 높다란 봉우리들이 있다. 우리는 초원을 지나 천천히 내려가고 있다. 저 멀리 산이 보이고 사막은 우리 뒤에 있다. 나는 마이크와 캘리포니아의 산에 대해 대화한 적이 있지만 그 산들이 이렇게 장엄할 줄 몰랐다.

우리는 산에서 내려와 계곡으로 들어선다. 주간고속도로

는 바이셀리아 바로 서쪽을 지난다. 거기서 고속도로를 빠져나와 오렌지 동산을 지나 동쪽으로 가서 야구장이 있는 곳에서 도시로 들어간다. 폴이 공원에 차를 세우자 나는 공중전화로 마이크에게 전화를 건다. 나는 통화하는 내내 울타리 너머 멀리 있는 점수판을 보면서 팀 이름을 알아내려고 애쓴다. 마이크의 어머니가 전화를 받았고, 나는 오리건으로 가는 길에 들렀는데 마이크 있느냐고 묻는다.

"누구시죠?" 그녀가 말한다.

"마이크의 옛날 친구예요. 콜로라도에서 만났어요."

"그렇군요. 지금은 일하러 가고 없어요. 30분쯤 뒤에 올 거예요. 집으로 올래요? 얼마든지 기다려도 돼요."

"네, 좋습니다."

"지금 시내에 도착했어요?" 마이크의 어머니가 묻는다.

우리 위치를 알려주자 야구장에서 집까지 가는 길을 설명해준다. 멀지 않다.

우리는 천천히 차를 몰면서 여러 동네를 지난다. 여기 사는 사람들은 이 동네가, 이 집들 하나하나가 미국의 전부일 거라고 생각할지도 모른다. 나는 이 나라 땅이 얼마나 넓은지, 여기서 제일 가까운 도시 사이에 얼마나 기나긴 텅 빈 사막이 있는지를 생각한다. 그리고 우리는 정부 소유지라는 거대한 대양에 뜬 작은 섬에서만 살아갈 뿐이라는 생각이 든다. 바이셀리아는 텍사스처럼 평원이다. 하지만 저 멀리 지평선에 산이 보인다. 어두컴컴한 산봉우리들이 벽처럼 높이 솟아 비구름이 베이거스로 가지 못하게 막아선다.

우리가 마이크의 집에 도착하자 터커 부인이 레모네이드를 한 주전자 만들어서 칩과 함께 내온다. 터커 부인의 얼굴과 몸짓에서 마이크와 닮은 부분이 언뜻언뜻 보인다. 부인이 웃자 콜로라도에서 봤던 마이크의 얼굴이 그대로 떠오른다. 나는 우리가 어떤 가족에 속해 있다는 사실이, 남자와 여자가 섹스를 해서 그들과 조금 닮은 인간을 만든다는 것이, 어떤 방식으로든 아이는 그들의 일부라는 것이, 누구도 자신의 부모를 선택할 수 없다는 것이, 삶이 우리의 통제 밖에 있다는 사실이 정말 신기하다고 생각한다. 폴과 마이크의 어머니는 죽이 잘 맞아서 금세 영성에 대해, 폴이 여행 중에 했던 생각들에 대해, 하나님이 그의 기도에 어떻게 응답하셔서 정비공을 보내주셨는지에 대해, 하나님이 우리에게 얼마나 잘해주셨는지에 대해 대화를 나누기 시작했다. 나는 터커 부인이 마이크와 얼마나 닮았는지 계속 생각한다. 부인은 음식을 씹을 때는 마이크처럼 씹고 고개를 끄덕일 때는 입술을 약간앙 다무는데, 심각한 이야기를 할 때 마이크의 표정과 똑같다. 나는 어머니 자궁에서 나온다는 것은 마이크에게 어떤일이었을까 생각한다. 우리는 모두 어머니의 자궁에서 나온다. 누구든 다 마찬가지다. 우리는 작은 야구공처럼 살갗 안에 갇힌 채로 나와서 중력에 의해 지구에 매이고, 기어 다니면서 공이 뭔지, "엄마"라고 어떻게 말하는지, 그리고 마침내는 어떻게 걷는지를 배우고, 날개도 없이 이 땅에 매여 부모님이 귀엽다거나 재미있다고 생각한 이름으로 불린다. 그게 바로 우리다. 우리의 이름이고 살갗이며 씹는 방식이고, 대체로 다른 사람들이 우리라고 생각하는 바로 그 사람이다. 우리는 잠시 멈춰서 이 모든 것이 얼마나 말이 안 되는지 생각해보지 않는다. 잠시 멈춰서 이 모든 일이 **왜** 우리에게 일어나고 있는지 결코 묻지 않는다. 내가 한참 전에 말했듯이, **어떻게**가 아니라 **왜**에 대해서 말이다.

"이 모든 일에 대해 어떻게 생각해요?" 터커 부인이 나를 보면서 대화에 끌어들인다.

"하나님이랑 그 모든 일 말인가요?" 내가 묻는다.

"그래요, 하나님과 그 모든 일에 대해서요." 그녀가 확인해준다.

"전 하나님이 많은 것을 설명한다고 생각해요." 내가 터커 부인에게 말한다.

"많은 것을 설명한다고?" 그녀가 묻는다.

"그런 거 있잖아요. 우리가 왜 여기에 있는지, 또 어떤 일이 일어나고 있는지, 부인께서 어떻게 마이크를 뱃속에 품고 계셨는지, 음식을 씹을 때 모습이 마이크와 얼마나 비슷한지 뭐 그런 거요." 내가 이렇게 말하자 터커 부인은 혼란스러워하는 표정을 보인다.

"무슨 뜻이야, 돈?" 폴이 묻는다.

"모르겠어. 정확히는 나도 잘 모르겠어. 모든 게 이상하게 느껴져. 그러니까, 왜냐고 묻는 게 그런 거 아닐까? 그런 물음을 던지기 시작하면 모든 게 무너져내리는 거지. 그 무엇도 더 이상 아무 의미 없는 것처럼 말이야. 내 말은, 그걸 믿을 수 있다면, 정말 좋은 일이라는 거지. 하나님이 우리를 놀라게 하시려고 이 모든 일을 하셨고 산과 사막과 온갖 벌레와 동물은 모두 우리가 향유하기 위해 존재한다고 말할 수 있다면 정말 좋은 일이라는 거지. 난 그런 것에 대해 감사해. 하지만 그러려면 세상을 시적으로 봐야 해. 우리가 이 세상에 존재하는 것을 하나님의 이유나 하나님의 설명 없이 이해하려고 하면 혼란스럽고 이상해지니까. 옛날에 내게 여자 친구가 있었는데, 정말 사랑했어. 걘 정말 아름다웠지. 그런데 어느 날 키스를 하는데 갑자기 그 애 입에 병균이 가득하다는 생각이 드는 거야. 그 애도 남자들처럼 화장실에 갈 거라는 생각도 들고 말야. 그런 생각이 들고 나니까 더 이상 좋아할 수가 없었어. 그러니까, 난 걔가 좋았고 계속 사귀고 싶었지만 그건 꼭, 너도 알잖아, 이 여자도 나처럼 인간이고, 그 사실에는 어떤 시도 없다는 말이지. 그건 그냥 성적인 끌림과 병균과 체액과 화학작용일 뿐이야. 그러니까 내 말은, 하나님은 내가 세상을 더 시적으로 볼 수 있게 도와주신다는 거야."

내가 이렇게 말하자 터커 부인은 웃음을 터뜨리고 폴은 내 어깨를 두드린다. 그녀가 칩을 더 먹겠느냐고 묻자 우리는 괜찮다고 말한다. 그러자 터커 부인은 비닐봉지를 말아서 찬장에 다시 넣는다.

"진입로에 랜드크루저가 있던데요, 터커 부인. 마이크는 걸어 다녀요?" 내가 묻는다.

"스케이트 타고 다녀요." 그녀가 말한다.

"스케이트요?" 폴이 묻는다.

"음, 그게 뭐죠? 스케이트 말고 뭐 다른 말로 부르던 데……." 터커 부인이 머리를 긁적이면서 천장을 본다.

"아 롤러블레이드요?" 폴이 묻는다.

"맞아요. 롤러블레이드 타고 다녀요. 직장이 몇 블록만 가면 되거든요."

"무슨 일 하는데요?" 폴이 묻는다.

"웨이터예요. 몇 년 됐죠. 한동안은 고급 식당에서 일했는데 지금은 아침식사를 파는 작은 식당에서 일해요. 부담감이 적어서 좋대요. 사실 고급 식당에서는 서빙 할 때 손님 앞에서 불을 붙여야 하는 디저트가 있었거든요. 마이크는 항상 손님 타이에 불을 붙이기라도 하면 어떡하나 걱정했어요. 그래서 사람들이 그 디저트를 주문하면 싫어했죠. 내 생각에는 불타는 디저튼지 뭔지 아무튼 그것 때문에 마이크가 그만둔 것 같아요. 디저트에 불붙이는 걸 싫어했으니까." 그녀가 잠시 말을 멈추었다가 다시 잇는다. "오늘 밤에 자고 갈 거예요?"

"아닙니다, 터커 부인. 폐를 끼쳐드리고 싶지는 않아요." 폴이 말한다.

"아뇨, 전혀 폐 아니에요. 다른 사람들도 항상 자고 가는데요, 뭘. 마이크 친구 중에 키스라는 애는 몇 달 동안이나 우리 집 소파에서 잤어요. 우린 걔가 있다는 걸 알지도 못했죠. 그런 걱정은 하지 말아요."

"누가 이 집 거실에서 살았었다고요?" 폴이 묻는다.

"그래요. 걘 한동안 차에서 살았는데 마이크가 우리 집에서 지내도 좋다고 했거든요. 이곳 커뮤니티 칼리지에서 알게 된 친구예요. 정말 똑똑한 아이죠. 남은 학기 내내 바로 여기서 지냈답니다."

"그렇군요." 내가 말한다.

터커 부인이 레모네이드가 든 터퍼웨어 물병을 냉장고에 다시 넣고 싱크대 앞으로, 부엌 창 앞으로 간다.

"저기 오네요." 그녀가 마이크를 발견하고 말한다. "도로에서 올라오고 있어요."

폴과 나는 밖으로 나가 마이크의 랜드크루저 뒤쪽 짧은 진입로로 간다. 폴은 크루저를 가까이에서 살펴보고 나는 마이크를 만나러 거리로 향한다. 그는 천천히 다가오고 있다. 키가 크고 말랐으며 머리는 밝은 빨강색이다. 마이크는 폴처럼 인상 좋은 친구다. 아마 항상 여자들에게서 편지나 전화를 받을 거다. 그는 헐렁한 카키색 반바지와 티셔츠 차림에 배낭을 메고 스케이트를 타는 사람처럼 미끄러져 오고 있다. 마이크의 몸이 왼쪽으로 쏠렸다가 다시 오른쪽으로 쏠리고, 그가 양팔을 흔들면서 전진한다. 마이크는 100미터쯤 떨어진 곳에서 멈추더니 허리에 손을 얹는다. 나는 빙긋 웃으며 진입로 끝에 서 있다. 마이크도 환한 웃음을 짓는다.

"말도 안 돼. 너 여기서 뭐 해?" 마이크가 스케이트를 탄 채 다가와서 나를 꽉 껴안는다. 그는 긴 팔을 나에게 두르고 내가 뭔가에 숨이 막히기라도 한 것처럼 내 등을 두드린다. "세상에, 돈. 진짜 반갑다. 여기서 뭐 하는 거야?"

"지나가는 길이라서. 너 만나러 잠시 들렀어."

"당연히 그래야지. 네가 이쪽으로 오는지 몰랐네."

"전화부터 했어야 하는데. 그냥 지나던 길이라서……."

"설명할 필요 없어." 마이크가 말한다. 그가 폴에게 가서 인사를 한다. 솔직히 폴과 마이크처럼 잘 생기고 재미있는 이들이 내 친구라는 게 자랑스럽다. 두 사람은 마이크의 크루저에 대해 대화를 나누기 시작한다. 폴이 이런저런 질문을 한다. 마이크와 나는 폴에게 우리가 어떻게 만났는지 설명하고 옛날 이야기를 해준다. 우리는 다시 집으로 들어간다. 마이크는 샤워를 하고 옷을 갈아입고 나와서 일이 끝나고 집으로 돌아올 때마다 자기한테서 베이컨 탄 냄새가 난다고 말한다. 우리는 터커 부인에게 인사를 한 다음 크루저를 타고 바이셀리아를 잠깐 둘러보러 간다. 그런 다음 시내 반대쪽 멕시코 식당으로 들어갔다. 비좁은 가게다. 마이크는 우리를 데리고 놀러가고 싶다고 말하고 폴과 나 모두 반대하지 않는다. 우리는 뒤로 기대 앉아 코로나 맥주를 홀짝인다. 나는 마이크에게 지난달에 무슨 일이 있었는지 이야기하면서 그랜드 캐니언 밑바닥까지 갔다 온 일도 말하고, 폴과 내가 휴스턴에서 어떻게 만나게 되었는지도 들려준다. 대화가 점점 잦아들고 폴은 이 도시에서는 할 일이 뭐가 있는지, 야구 경기를 보기에는 너무 이른지 묻는다. 마이크는 양손을 벌리고 주변을 둘러본다. 마치 이게 다야, 라고 말하는 것 같다. 그는 여기 이 멕시코 식당이 있지, 라고 말하더니 맥주병을 든다. 맥주도 있잖아. 할 건 많아. 쇼핑몰 같은 것도 있고, 공원이나 뭐 그런 것도 있어. 폴과 나는 마이크와 함께 웃는다. 공항 활주로 끝에 누워서 비행기가 착륙하는 걸 느낄 수도 있어.

"좋은 생각이네." 폴이 말한다.

"난 맥주를 좀 더 마셔야 할 거 같은데." 내가 말한다.

"사실 말이야." 마이크가 말을 꺼낸다. "예전에는 밤에 화물 제트기 같은 게 착륙했는데 요즘은 다들 트럭만 쓰는지 이젠 밤에 제트기가 착륙을 안 해. 전에는 거기 누워서 제트기가 날아다니는 걸 느끼곤 했었지. 정말 대단하거든. 무슨 전기 소켓에 꽂힌 것처럼 몸속 전체가 진동해."

"설마." 폴이 말한다. 나는 마이크에게 전기 울타리에 오줌 눴던 이야기를 폴에게 해주라고 말하고, 24시간 동안 성기에 감각이 없었던 대목에 이르자 마이크와 나는 바지를 지릴 듯이 웃는다.

대화가 다시 잦아들자 마이크는 야간 골프나 칠까, 한다.

* * *

그날 밤 우리는 차를 타고 바이셀리아 북쪽으로 간다. 마이크가 골프 코스 건너편 주차장에 크루저를 세운다. 마이크가 뒷좌석에 앉은 나를 향해 내 자리 바로 뒤에 골프 클럽이 몇 개 있다고 말한다. 그는 자기한테 9번 아이언을 주고 나와 폴이 쓸 것도 하나씩 꺼내라고 한다. 나는 그의 말대로 폴에게 7번을 건네주고 나는 8번을 갖는다. 마이크가 조수석 서랍에서 빈 비닐봉지를 꺼내더니 하나는 자기가 갖고 하나는 나에게 건넨다. 폴이 이제 뭘 할 거냐고 묻자 마이크는 야간 골프를 칠 거라고 말한다. 나는 아무것도 묻지 않는다.

자정이 지난 시간이고 바이셀리아는 모두 잠들었다. 우리는 자동차에 앉아 있고 길 건너에는 골프 코스 울타리가 있다. 마이크가 울타리 중에서 나무 그늘에 가려진 부분을 가리킨다. 가로등이 울타리를 대부분 비추고 있지만 그곳만 그림자에 가려져 있다.

"저기서 울타리를 뛰어넘어야 해." 마이크가 말한다.

"알겠어." 폴이 울타리를 보며 말한다.

마이크는 아무 말 없이 트럭에서 뛰어내리더니 달려가서 길을 건넌다. 그는 울타리 너머로 몸을 던진 뒤 어둠 속으로 뛰어간다. 폴과 나는 침묵 가운데 앉아서 길 건너 그림자 속 깊숙한 곳을 응시한다. 우리는 잠시 더 앉아서 시간을 보낸다. 폴 옆에는 골프 클럽이 있다. 그가 클럽을 내려다보면서 손잡이를 만지작거린다.

"우리도 울타리를 넘으라는 건가 봐, 폴." 내가 말한다.

"그런 것 같아."

"음, 이제 따라가야 할 거 같은데."

내 말에 폴이 트럭에서 뛰어내려 지그재그로 달려 길을 건넌다. 그는 은행 강도인 척 연기를 한다. 폴의 몸짓은 모조리 과장되어 있다. 그는 차를 본 척하고 도로에 엎드린다. 그런 뒤 일어나서 꼼짝도 않고 서 있다가 팔을 내밀고 나무가 된 척한다. 폴이 울타리 너머로 클럽을 던지고 주머니에 비닐봉지를 넣고 철사 울타리를 기어올라 넘어간다. 클럽을 집어 들고 어둠 속 깊숙이 달려가는 그의 그림자가 보인다. 나는 이 놀이가 주는 스릴을 곰곰이 생각하면서 자동차 한 대가 지나갈 때까지 가만히 앉아 있다가 길을 건넌다. 울타리를 넘다가 셔츠가 찢어지고, 나는 클럽과 비닐봉지를 들고 어둠 속으로 달려 나간다. 그러다가 연못 가장자리를 발견하고 가만히 서서 친구들 소리에 귀를 기울인다. 아무 소리도 들리지 않는 것 같아서 탁 트인 들판을 향해 걸어가기 시작한다.

어두운 나무와 달빛 사이로 두 친구의 웃음소리가 들린다. 소리가 들리는 쪽으로 걸어가자 폴이 있다.

"쉿. 돈, 너야?"

"응."

"어디 있었어?"

"몰라. 저기 어딘가."

"왜 이렇게 오래 걸렸어?"

"너희가 어디 있는지 몰라서. 마이크는 어디 있어?"

"저쪽에." 폴이 어딘가를 가리키지만 그의 손도 잘 안 보인다. 눈이 어둠에 조금 적응하지만 아직 너무 어두워서 돌아다닐 수가 없다. 구름이 달과 별을 덮고 있어서 온통 뿌옇고 탁하다.

"마이크는 뭐 하고 있어?"

"나랑 똑같은 거. 골프공을 주워서 봉지에 넣고 있어."

"왜?"

"이유는 말 안 했어. 야간 골프는 원래 이렇게 하는 거래."

"그렇군." 내가 말한다. "그럼 난 뭘 하면 돼?"

"골프공 주워."

"어디 있는데?" 내가 묻는다.

"사방에 있어."

"사방에?"

"응. 우리가 있는 이곳이 골프 연습장 한복판이거든."

"아. 그렇구나. 그런데 골프공은 주워서 뭐 해?"

"쳐야지." 마이크가 말한다. 목소리가 어디서 들려오는지 모르겠다.

"어딜 향해서 치는데?" 내가 묻는다.

"서로를 향해서."

"뭐라고?" 폴이 묻는다.

"골프 연습장 반대편으로 가서 서로 맞추는 거야." 마이크가 말한다.

나는 마이크의 표정을 읽어낼 수 없지만 어조가 농담 같지는 않다. 마이크가 다시 어둠 속으로 사라진다. 나는 이 순간이 얼마나 중요한지 깨닫고 서둘러 무릎을 꿇고 골프공을 줍는다. 비닐봉지를 옆에 내려놓고 공을 주워서 담고 또 담는다. 아드레날린이 치솟아서 속도가 더욱 빨라진다. 저 멀리서 어두운 밤을 뚫고 마이크가 **시작!** 하고 외치는 소리가 들린다. 폴이 땅에 봉지를 떨어트리고 자세를 잡는다. 나는 반쯤 찬 내 비닐봉지를 들고 어두운 구석으로 달려간다. 마이크의 클럽이 공에 부딪히는 소리가 들린다. 딱 소리가 총소리처럼 공기를 가른다. 15미터쯤 떨어진 곳에서 폴이 시끄럽게 떠들면서 낄낄거리더니 마이크를 향해 공 치는 소리가 들린다. 나는 같은 지점에서는 절대 연이어 공을 치지 않는 전

략을 세운다. 우리가 서로의 위치를 파악하는 유일한 방법은 공을 때리는 클럽 소리다. 계속 움직이면 마이크와 폴은 내 위치를 절대 알아낼 수 없다. 그래서 나는 땅에 공을 놓은 다음 마이크를 향해서 친다. 공이 떨어지는 소리와 마이크가 웃는 소리가 들린다. 가깝다, 그 정도는 알 수 있다. 나는 공을 땅에 내려놓는 대신 클럽을 들고 50미터 정도 달려간다. 폴이 공을 치는 소리가 나더니 공이 내 옆을 스친다. 소리를 들으니 공이 얼마나 빠른지 알 수 있다. 맞았으면 꽤 아팠을 것이다. 나는 다시 땅에 공을 내려놓고 폴을 겨냥한다. 70미터쯤 떨어져 있으므로 그의 머리를 맞추려고 공을 높이 친다. 아무 소리도 안 들린다. 아슬아슬하지도 않았다. 나는 골프 연습장의 세로 경계를 따라 25미터 정도 다가간다. 내가 달려가는데 폴이 진지하게 중얼거리면서 신음하는 소리가 들린다. 맞은 거다. 그는 웃고 있다. 아마도 땅바닥에 누워서 머리에 난 혹을 문지르고 있을 것이다. 나는 다시 공을 떨어뜨린 다음 마이크를 향해서 친다. 이번에도 놓쳤다. 마이크가 나를 향해 공을 치자 공이 바로 앞에 떨어져서 나는 얼른 뛰어서 비켜야 했다. 공은 바로 눈앞까지 와야지만 보인다. 이제 어둠 속에서 초점을 조금 더 잘 맞출 수 있게 되어 마이크가 스윙할 때 반사되는 클럽이 보인다. 그는 다시 폴을 겨냥하고 있다.

마이크는 이 골프 연습장을 잘 알고 확실히 골프도 더 잘

치므로 나와 폴보다 유리하다는 생각이 든다. 나는 폴에게 팀을 짜서 공격하자고 얘기하려고 다시 달려간다. 내가 가까이 다가가자 폴이 스윙을 하고, 공이 내 옆에 떨어진다. 나는 신음 소리를 내면서 쓰러져서 데굴데굴 구르며 맞았다고 말한다. 마이크와 폴 모두 실컷 웃는다.

"폴. 쉿, 폴."

"왜?"

"같이 하자."

"무슨 소리야?"

"마이크가 더 잘 하잖아. 그러니까 힘을 합쳐서 혼내주자고."

"어떻게?"

"뒤로 돌아가서 치는 거야."

"마이크가 어디 있는데?"

"저쪽에. 이리 와봐."

폴이 공을 몇 개 모아서 비닐봉지에 넣은 뒤 우리는 골프 연습장 세로 경계를 따라 달려서 나무 뒤 경계 밖으로 나간다. 마이크가 공을 치는 소리가 또 들린다. 공이 뜨자 그가 웃는다. 마이크의 클럽이 잠시 번쩍이자, 나는 폴에게 멈추라고 한 다음 내가 마이크를 본 위치를 가리킨다. 우리는 그와 직선상에 있지만 한 50미터는 떨어져 있다. 마이크는 아직도 폴이 아까 서 있던 곳을 겨냥하고 있다.

"클럽 버려." 폴이 말한다.

"왜?"

"가까이 가서 덮치자."

"공을 그냥 던지자고?" 내가 묻는다.

"그래."

폴이 봉지에 들어있던 공을 한 움큼 집어서 주머니에 넣고 반대쪽 주머니에도 넣는다. 우리는 무기를 잔뜩 챙긴다.

"폴, 넌 뒤로 가. 난 옆에서 습격할게. 잘 보이기 전까지는 던지지 마."

"알았어." 폴은 대답하자마자 골프 연습장 뒤로 달려간다. 나는 그가 출발하는 소리를 기다렸다가 마이크를 향해 달려간다. 폴이 마이크를 맞추자 마이크가 쓰러진다. 폴이 뒤에서 마이크를 공격하고 나는 옆에서 골프공을 던진다. 마이크가 항복이라고 외치지만 우리는 물러서지 않는다. 마이크가 정신을 차리고 일어서더니 골프공을 손에 쥐고 폴을 향해 던진다. 마이크의 손에서 공이 벗어나는 순간 그의 윤곽 전체가 눈에 들어온다. 내가 그를 겨냥해서 공을 던지자 공이 땅에 한 번 튀어 마이크의 정강이를 맞춘다. 그는 다시 몸을 숙여서 공을 몇 개 더 줍는다. 그런 뒤 나를 향해서 하나 던져 허벅지에 정통으로 맞춘다.

폴이 돌격이라고 외치자 우리 두 사람이 빠르게 접근한다. 우리는 곧 마이크를 포위하고 골프공을 마구 던진다. 마이크는 웃음을 멈추지 못한다. 한참 후에 마이크가 마침내 휴전을 선언한다.

마이크는 연못 가장자리에 골프공을 200개 정도 늘어놓았다. 사방이 조용하고 우리는 더 이상 말할 기분이 아니다. 이제 달이 조금 나왔기 때문에 마이크가 스윙을 하자 연못 위로 똑바로 날아가는 공이 보인다. 공은 한동안 연못 위에 멈춘 것처럼 보이더니 떨어지면서 물을 첨벙 튀긴다. 이따금 경찰차가 클럽하우스를 끼고 돌아서 천천히 달린다. 그때마다 우리는 배를 대고 납작 엎드려 경찰차가 지나가기를 기다린다.

20. 오리건 트레일

우리는 해가 뜬 다음에야 집으로 돌아왔고, 여섯 시가 되자 마이크는 교대를 하러 가야 했다. 그는 아침 먹으러 오라고 하지만 폴과 나는 이미 잘 먹었고 이제 출발해야 한다.

"우리 재워준 걸로도 충분히 고마워, 마이크." 내가 말한다.

"야, 좀 더 있다가 가. 갈 데도 없잖아."

"오리건에 가려고. 이젠 출발해야 해."

"오리건은 여덟 시간이면 가잖아. 내일 떠나."

폴을 쳐다보자 어깨를 으쓱한다. 우리는 부엌 테이블에 앉아 있다. 마이크의 어머니가 커피를 끓여주신다. 마이크가 내 잔을 다시 채운다.

"전혀 폐 되지 않아. 넌 항상 그렇게 생각하는데, 진짜 아니야. 오리건에 왜 그렇게 급하게 가려고 해?" 그가 말한다.

"뭐, 서두를 건 없어. 그냥 한번 가보고 싶어서 가는 거야."

"가고 싶으면 가든지." 마이크가 으쓱한다.

"더 좋은 생각이 있어." 내가 말한다. "같이 가자, 마이크. 우리랑 같이 가."

"그래!" 폴이 말한다.

"못 가." 마이크가 한숨을 쉰다.

"왜?" 내가 묻는다.

"일 때문에."

폴이 다시 끼어든다. "같이 가자, 마이크. 너 오리건에 가 봤어?"

"한 번도 안 가봤어." 그가 말한다.

"너도 정말 좋아할 거야."

"마이크. 우리 리지필드 가서 대니얼 만나려고." 내가 말한다.

"콜로라도에서 만났던 그 여자애?"

"응." 내가 말한다.

"빨간 드레스 입었던 애?" 마이크가 갑자기 신이 나서 묻는다.

"응."

"빨간 드레스는 또 뭐야?" 폴이 묻는다.

"넌 가서 찬물로 샤워나 해, 폴." 내가 말한다.

"정말 매력적인 애야." 마이크가 폴에게 말한다.

"그럴 줄 알았어. 그 여자 얘기 좀 해봐, 마이크." 폴이 말한다.

"얘 좀 봐. 자기한테 기회가 있을 것처럼 구네." 마이크가 말한다.

"그렇게 예뻐?" 폴이 말한다.

"그럼, 그렇게 예쁘지."

"좋아, 더 말해봐." 폴이 조른다.

마이크는 폴에게 우리가 대니얼을 어떻게 만났는지 설명한다. 그는 대니얼이 얼마나 똑똑하고 얼마나 축구를 잘하는지도 말한다. "콜로라도에서 보낸 그해 여름에 우린 정말 친했어. 떼놓을 수 없을 정도였지. 일출을 보러 레드마운틴에도 올라갔어. 걔 정말 재밌었어, 그치, 돈?"

"재밌었다고?"

"오래된 흑백 영화를 보거나 했었지. 하지만 그 빨간 드레스는 정말."

"그러게." 내가 말한다.

"빨간 드레스가 뭔데?" 폴이 묻는다.

"캠프 마지막 날에 대니얼이 빨간 드레스 입었거든. 길고 몸에 딱 붙는 그런 거 있잖아. 아, 정말 예뻤는데. 우린 다들, 음, 아무튼 걘 그냥 말괄량이가 아닐지도 몰라."

"당연하지. 분명히 그 속에 여자가 들어 있다고." 마이크가 덧붙인다.

"나 걔 꼭 만나야겠어!" 폴이 외친다. "당장 가자. 같이 가자, 마이크."

마이크가 말한다. "못 간다니까. 일해야 해. 너희들끼리 즐거운 시간 보내."

마이크가 나와 눈을 마주치더니 주먹을 쥐어 식탁에 올린다. 나도 주먹을 쥐고 마이크의 주먹을 툭툭 친다. "대니얼한테 안부 전해줘." 그가 말한다.

폴이 운전대를 잡고 5번 주간고속도로를 타러 서쪽으로 간다. 5번 도로는 오리건을 지나서 포틀랜드까지 우리를 데려다줄 것이다.

밴은 평평한 계곡을 즐긴다. 우리는 앞서 160킬로미터 전쯤에서 적당한 주행 속도를 찾았고 그때 이후 지금까지 밴은 흔들리지도, 컥컥대지도, 불평하면서 기침을 하지도 않았다. 이제 우리는 미국의 곡창지대, 양배추, 비트, 과일나무, 포도밭을 누비며 순탄하게 나아가고 있다.

폴의 말에 따르면 해가 질 때쯤이면 오리건에, 자정 직전이나 직후에는 포틀랜드에 도착할 것이다. 내가 밤에도 계속 달릴 거냐고 묻자 그는 고개를 저으며 할 수 있을지 모르겠다고 말한다.

"이거 무슨 순례 같은 거야?" 내가 친구에게 묻는다.

"순례?" 폴이 묻는다.

"응."

"무슨 뜻이야?" 그가 묻는다.

"우리가 영적인 순례 여행을 하는 거냐고."

"모르겠는데. 난 순례가 뭔지 모르겠어."

"어떤 것에 대한 해답을 찾거나 하나님이 어떤 분이신지 알아내려고 하는 거 아닐까." 내가 말한다.

"넌 하나님이 어떤 분이신지 알아내려는 중이야?" 폴이 묻는다.

"모르겠어. 그랜드 캐니언에서는 약간 그랬던 것 같지만, 근데 그러려면 뛰어들어야 하잖아, 안 그래? 내 말은, 이 세상이 하나님의 것이라는 걸, 그분이 존재하시고 우리를 위해 이 세상을 만드셨다는 걸 보고 믿어야 하잖아. 세상을 시적으로 봐야 하잖아."

"마이크 어머니한테 했던 얘기는 다 뭐야? 여자 친구랑 키스하는 얘기 말이야." 폴이 묻는다.

"모르겠어. 난 이제 더 이상 영적 순례를 하는 것 같지 않아." 내가 말한다.

"하나님을 찾고 있는 것 같지 않다고?" 폴이 묻는다.

"응, 아닌 것 같아. 그러니까 내 말은, 그분이 계시다는 건 알아. 하지만 내가 삶에서 다른 걸 바란다면 어떻게 해? 돈을 벌고 결혼을 하고 세속적 의미에서 행복하기를 바란다면?" 내가 말한다.

"돈을 번다고?" 폴이 어깨를 으쓱하며 묻는다. "모르겠어. 네 삶에서 뭔가를 바란다고 해서 그대로 되는 건 아니잖아. 삶에서 중요한 게 다른 거라면? 우리가 무슨 생각을 하든 중요하지 않다면?"

"삶에서 중요한 게 뭔지는 알아. 하지만 그게 내 마음에 들지 않는다면?" 내가 말한다.

"음, 어렵네. 삶은 삶이지."

"완전 짜증 나는 거면 어떻게 해?" 내가 묻는다.

"완전 짜증 나는 거면 어떡하냐고?" 폴이 말한다. "너나 내가 할 수 있는 일은 없을 것 같은데. 그러니까 그건, 다른 사람의 DNA를 가지고 태어나고 싶다든가 뭐 그렇게 말하는 거나 마찬가지야. 삶은 삶이고, 우리한텐 그다지 자유가 많은 것 같지는 않아."

"중력이나 뭐 그런 거처럼 말이지." 내가 말한다.

"응, 중력이나 뭐 그런 거처럼." 폴이 확인한다. "선택의 여지가 많진 않지."

"완전 짜증 나네." 내가 창밖으로 손을 내밀고 오므려서 바람을 모으며 말한다.

"짜증 나지 않으면?" 폴이 말한다.

"무슨 뜻이야?"

"그러니까, 우리가 그냥 삶에 굴복하고 이제 됐어 하고 말했더니 삶이 더 좋아지면? 삶이 그렇게 힘들었던 건 우리가 자꾸 삶에 맞서 싸우려 들었기 때문이라면?"

잠시 생각해보지만 내가 그 생각을 좋아하는지 잘 모르겠다. 우리한테는 선택의 여지가 별로 없는 것 같다. 아, 오해하지 마시라. 나는 삶이 좋다고 생각하지만, 인간으로서 우리에겐 선택의 여지가 별로 없다는 느낌이 든다. 하나님과의 관계 외에 삶은 아무 의미가 없는 것처럼 느껴진다. 그건 괜찮지만, 만약 좀 쉬고 싶으면 어떻게 해야 할까? 끔찍하게 들릴 거라는 건 알지만, 그렇다면 어떻게 해야 할까?

"완전 짜증 나는 것 같아." 내가 몇 분 뒤에 말한다. 폴은 아무 말도 하지 않는다. 그는 운전대를 잡지 않은 손을 창밖으로 내밀고 손을 오므려 바람을 모은다.

"넌 순례 중이야, 돈?" 폴이 묻는다.

"모르겠어." 내가 말한다.

"넌 순례 중이야?" 내가 묻는다.

폴은 잠깐 아무 대답도 하지 않는다. "어쩌면 우리 모두 순례 중인지도 몰라." 그가 말한다. "어쩌면 삶은 하나의 여행인지도 몰라. 우주를 관통하는, 무無를 관통하는 기나긴 여행. 어쩌면 우린 모두 어딘가로 가고 있는 건지도 몰라. 아니면, 누군가가 우리를 어딘가로 데려가고 있는지도 몰라."

"그럼 우리가 어디로 가고 있는 건데?" 내가 묻는다.

"그건 우리가 결정할 문제가 아닐지도 몰라, 그냥 그것에 굴복해야 하는 걸지도."

"**그것**이 뭔데?" 내가 묻는다.

"**그것**이 뭐든 하나님이 바라시는 거지. 어쩌면 우리는 하나님께 갔을 때 그분이 우리를 혼내지 않으실 거라고 믿어야 하는지도 몰라. 하나님은 선하시다는 걸 믿어야 하는지도." 폴이 말한다.

"그럴지도 모르지." 내가 말한다. 이제 우리는 더 이상 그런 이야기를 하지 않는다. 눈을 감고 잠을 좀 자려고 하지만 소용없다. 나는 좌석에 기대어 몇 킬로미터고 끝없이 펼쳐진

농장을, 우리 뒤쪽 저 멀리 산까지 뻗은 녹지를, 이 모든 작물을 만들어내는 대지를 내다본다. 모든 일은 다 자기 나름의 속도로 일어나고, 우리 행성을 지탱하는 것은 다들 우화를 안 믿는 척하는 물리학자들이 어머니 자연이라고 부르는 어떤 미스터리다.

"피곤해?" 내가 묻는다.

"엄청 피곤해. 어젯밤에 잠을 별로 못 잤잖아."

"그러게. 나도 좀 피곤하네."

"운전할 수 있을 거 같아?" 폴이 묻는다.

"오리건까지 얼마나 멀어?"

"세 시간쯤 더 가야 해. 곧 산지에 도착할 거야. 높은 산은 아니지만 이제 슬슬 보일 거야."

"나 운전할 수 있어." 내가 말한다.

폴이 갓길에 차를 세운다. 그는 밖으로 나와서 몸을 펴고 다시 접었다가 허리를 굽힌다. 폴이 옆구리에 양손을 얹고 몸을 뒤로 젖힌다. 나는 운전석으로 자리를 옮기고 폴은 조수석에 탄다.

다시 출발한 밴은 흔들리면서 갓길 가장자리를 덜컹덜컹 넘는다. 거우 1.5킬로미터 정도 지나서 폴을 보니 벌써 잠들었다. 이름을 불러도 대답이 없고, 입이 약간 벌어져 있다. 곯아떨어진 것이다.

80킬로미터쯤 더 가자 고원지대에 다다라 산지로 접어든다. 바이셀리아에서 출발한 지 여섯 시간이 지났다. 마이크의 말이 맞다면 곧 오리건에 도착할 것이다. 산에는 상록수가 빽빽하다. 도로 가에는 삼나무가 늘어서 있다. 80킬로미터 정도 지나자 나무들이 어마어마해진다. 키가 크고 밑동이 굵다. 땅은 영원히 젖어 있는 것처럼 보인다.

두 시간이 지나도 폴은 깨지 않는다. 주간고속도로는 삼나무 숲 사이를 누비고, 나는 풍경의 변화와 시원하고 촉촉한 공기와 나니아C. S. 루이스의 판타지 소설 《나니아 연대기》 시리즈의 무대가 되는 나라 이름 — 옮긴이 같은 분위기에서 힘을 얻는다. 산지가 이제 완만한 경사로 바뀌지만 오르락내리락 하는 건 마찬가지다. 올라갈 때는 느리고 내려올 때는 빠르다. 나는 폴이 했던 말을 떠올린다. 하나님이 이번 여행에서 우리에게 주시는 것이 무엇이든 굴복해야 한다는 말에 대해, 그것이 모두 그분이 하시는 일임을 인정해야 한다는 말에 대해 다시 생각한다. 나도 안다. 하나님이 별과 친구와 사랑과 시를 만드신 것은 우리로 하여금 경탄케 하기 위함이란 걸. 하지만 나의 일부는 자유를, 옳은 것이나 종교적인 것과 상관없는 무언가를 원한다. 심각한 건 아니지만, **어떻게**와 **왜**라는 물음에 대해 이미 말했듯이 **왜**를 알면 갇혀버린다. 그러나 **어떻게**만 질문하고 **왜**라는 질문을 하지 않으면 아무것도 모른 채 행복할 수 있다. 하나님이 우주를 어딘가 좋은 곳으로 이끌어가고 계신다고 하더라도, 거기서 벗어나고 싶은 사람들은 어떻게 하시는 걸까 하는 생각이 들기 시작한다.

한 시간 더 야간 운전을 하고 나자 눈꺼풀이 무거워지고 생각을 집중하기가 힘들다. 주변에 숲처럼 깊은 어둠이 내려 앉았다. 하늘에 달이 떠 있지만 달빛은 키 큰 나무를 뚫고 여기 도로까지 닿지 못한다. 나는 어느새 멀리 맞은편에서 차가 다가오면 우리 차로에서 벗어나지 않으려 애쓰고 있다. 또 어느새 잠깐이라도 눈을 감았다 뜰 핑계를 찾고 있다. 나는 자꾸 눈을 감으려다 다시 얼른 뜨고 고개를 흔들어 잠을 쫓는다. 하지만 소용없다. 점점 의식을 잃어간다.

나는 기분을 바꾸려고 야광으로 칠해진 차선을 넘나든다. 차가 덜컹거리면 몸이 흔들려서 조금 도움이 된다. 나는 차창을 내리고 개처럼 고개를 내민다. 노래도 부른다. 그러다가 이제는 뒤에서 곯아떨어진 폴에게 말을 건다. 경적도 울려보고 나무에게도 말을 걸어본다. 앞쪽에서 무언가가 내 시선을 끈다. 나는 속도를 줄여 갓길로 들어간 다음 자동차극장에서처럼 차를 세운다. 10미터쯤 위에 커다란 갈색 표지판이 있다. "오리건 주에 오신 것을 환영합니다." 나는 표지판 아래 차를 세운 다음 내려 서서 깨끗한 공기를 마신다. 그러고는 숲속으로 몇 미터 들어가서 오줌을 눈다. 나는 바지 지퍼를 올리고 가만히 서서 정적을 느낀다. 그리고 밴으로 돌아가서 문을 열고 폴을 넘어가 베개에 머리를 누인다.

21. 시내트라

나는 문을 닫지도, 밴을 옮기지도 않은 채 잠에 빠져들었다. 경찰관이 폴의 바짓가랑이를 당기면서 밖으로 나오라고 한다. 폴이 내 이름을 불러 나를 깨운다. 나는 침대 가장자리로 미끄러져 내려가서 눈을 문지르면서 여기가 어딘지 기억해 내려고 주변을 둘러본다. 폴이 "오리건 주에 오신 것을 환영합니다"라는 표지판을 올려다보고 있고 경찰관이 몇 가지 질문을 한다.

"두 분, 뭐 하고 계시는 겁니까?"

"그러니까, 자고 있었는데요, 경관님." 폴이 여전히 표지판을 보면서 말한다. "근데 우리가 왜 여기에 차를 세우고 있는지는 전혀 모르겠네요."

"어젯밤에 술 마셨습니까?" 경찰이 묻는다.

"아뇨, 전 안 마셨어요. 잤어요."

"술 마셨습니까?" 경찰관이 밴을 들여다보고 손전등으로 담요를 들추면서 묻는다.

"아니에요, 경관님. 어젯밤에 운전을 했는데 너무 고단해서요. 그래서 여기 차를 세웠어요. 어두워서 몰랐어요."

"표지판 못 봤습니까?" 경찰관이 우리 모두에게 그림자를 드리우고 있는 커다란 장치를 가리키면서 묻는다.

"봤죠. 그냥 저, 잘 몰라서요."

"뭘 몰랐습니까?"

"어디에 차를 세워야 할지를요. 화장실도 가고 싶었고요."

경찰관이 밴을 더 깊숙이 들여다보면서 손전등 끝으로 상자들을 이리저리 민다. 그는 자기가 그러려고만 하면 우리한테 뭘 할 수 있는지 말한다. 무슨 법률을 언급하면서 우리를 체포할 수도 있고 딱지를 끊을 수도 있다고 한다.

"나쁜 의도는 없었어요." 내가 그를 설득한다.

"음, 얼른 출발하세요." 경찰관이 말한다. "여기 계시면 안됩니다."

경찰관은 떠나고 폴이 몸을 푼다. 그가 내 발을 잡자 나는 발로 차버린 다음 신음을 내면서 다시 담요를 덮는다. 폴이 운전석으로 돌아가 시동 거는 소리가 들린다. 밴이 흔들리면서 풀밭에 난 바퀴자국을 지나 도로로 접어들고, 나는 몸을 일으켜 문을 닫는다. 그런 다음 생각한다. '오리건에 도착했군.' 어젯밤에는 너무 어두워서 주변이 안 보였기에 나는 담요에서 머리를 내밀어 차창 밖을 내다본다. 폴에게서 오리건 이야기를 워낙 많이 들었기 때문에 오리건에는 분명 뭔가 마법 같은 힘이 있을 거라는 생각이 든다. 나는 침대에서 나와 조수석에 앉는다.

사실 난 오리건이 더 푸른 줄 알았다. 그렇다고 푸르지 않다는 말은 아니다. 그리고 물론 아름답다. 하지만 나는 열대우림 같은 풍경을 상상했나 보다. 폴은 오리건을 세 부분으로 나눌 수 있다고 했었다. 우리가 지금 있는 이 계곡과 빽빽한 나무들 때문에 보이지 않지만 우리 오른쪽에 있는 산지, 그리고 산 너머 사막이다.

"모하비 사막이랑 비슷해?" 내가 묻는다.

"아니." 그가 대답한다. "고원 사막에 더 가까워. 협곡도 있고 구불구불한 언덕도 있어. 노간주나무, 산쑥, 뭐 그런 거."

"그쪽으로 갈 거야?" 내가 묻는다.

"물론이지." 폴이 말한다. "그쪽으로 가야 할 걸."

"왜?"

"일자리 구하러. 돈이 곧 떨어질 거거든. 네가 눈치챘는지 모르겠지만."

"생각은 했어. 그래도 너한테 계획이 있을 줄 알았지."

"그렇군." 폴이 말한다.

"그래서?"

"그래서 뭐?"

"네 계획이 뭐야, 폴?"

"일자리 말이야?"

"응."

"음, 나 지난 3년 동안 여름이면 블랙 뷰트 목장에서 일했었거든. 캐스케이드 산맥의 시스터스 외곽에 있어."

"시스터스가 도시 이름이지?"

"응. 얘기했잖아. 아이스크림족만 빼면 정말 멋진 곳이야."

"아이스크림족?" 내가 묻는다.

"응. 관광객들 말이야. 떼를 지어 와서 아이스크림콘을 빨면서 걸어 다니거든."

"그렇군, 아이스크림족."

지도를 보니 오리건을 지나는 주요 주간고속도로는 둘밖에 없는 것 같았다. 현재 우리가 타고 있는 5번 주간고속도로는 남북으로 뻗어 있다. 5번은 캘리포니아에서 올라와서 유진, 세일럼, 포틀랜드를 지나 워싱턴 주와 시애틀을 거쳐 캐나다까지 이어진다. 또 하나는 84번 주간고속도로인데, 오리건 주 북쪽 경계를 따라서 동서로 지나간다. 84번이 지나는 도시는 별로 많지 않은 것 같지만 아이다호를 지나 유타 주 솔트레이크시티까지 이어진다.

오리건 주 사람들은 이 위에서 자기들끼리 산다. 나는 열두 개의 주요 고속도로가 지나면서 인구 백만 명 이상의 도시 여섯 군데를 잇는 텍사스에 익숙하다. 그래서 꼭 알래스카나 노던 테리토리 Northern Territory: 오스트레일리아 북부 주 — 옮긴이의 머나먼 오지를 여행하는 기분이다. 지도를 보면 오리건 동부 어딘가는 내가 손바닥을 펼쳐서 덮어도 도시 하나조차 가려지지 않는 부분도 있다. 그쪽으로 이어지는 건 작은 도로 몇 개밖에 없는데, 도로는 다 점점 작아져서 가느다란 시냇물이 되는 것 같다. 우린 지금 오지에 있네. 내가 소리 내어 말해본다.

폴이 창문을 내리고 공기를 들이마신다. 신선하다. 숲의 냄새가, 산에서 내려온 듯한 냄새가 난다. 근처에서 흐르는 강 냄새도 나고 시원한 공기도 느껴진다.

"블랙 뷰트 얘기 좀 해봐. 거기서 무슨 일 해?"

"난 인명 구조원으로 일할 거야. 몇 년 동안이나 했거든. 3년 정도 여름마다."

"나는?"

"청소부."

"진심이야?"

"응. 청소부. 괜찮은 일이야. 돈도 잘 줘."

"뭐든 하지 뭐. 돈 얼마나 있어?" 내가 말한다.

"많진 않아. 백 달러 정도. 이 정도면 리지필드까지, 아니면 시애틀까지도 갈 수 있어. 그런 다음 다시 블랙 뷰트로 돌아가는 거지. 그 이상은 못 가."

"나 50달러 있어." 내가 말한다. "그 돈이면 조금 더 갈 수 있을 거야."

"먹을 거." 폴이 말한다. "먹을 걸 잊지 마, 돈. 뭘 먹어야 해. 50달러면 먹을 걸 살 수 있을 거야."

"그걸 잊고 있었네. 대니얼이 먹여줄 거야. 그건 확실해."

"전화는 했냐?" 폴이 묻는다.

"아니. 마이크네 집에서 하려고 했는데 급하게 나온 데다가 피곤해서. 생각을 못 했네."

"전화해야 되지 않을까? 무작정 찾아갈 수는 없잖아."

도시가 가까워지자 폴이 주간고속도로를 빠져나가 몇 블록을 지나더니 유진으로 들어간다. 커피숍이 보이자 커피 한 잔 마시면 좋겠다는 생각이 든다. 그런데 커피숍이 또 보인다. 한 거리에 커피숍이 두 군데나 있다. 휴스턴이라면 거리 하나에 두 개는커녕 도시 전체에 두 곳도 없을 거다. 휘발유를 넣으려고 차를 세웠을 때 공중전화로 가서 대니얼에게 전화를 건다. 장거리 전화라서 1달러 25센트다.

"여보세요. 대니얼이니?"

"아닌데요." 부드러운 목소리가 대답한다.

"뷔르 씨 댁이 맞나요?"

"네, 맞아요. 난 셜리 뷔르예요."

"대니얼 동생인가요?"

"대니얼 엄마지만, 칭찬 고마워요!"

"안녕하세요, 뷔르 부인. 전 도널드라고 해요. 몇 년 전에 콜로라도에서 만난 친군데요, 그 뒤로 편지로 연락하고 지냈어요."

"아, 알아요, 돈이군요. 통화하니 반갑네요. 대니얼 바꿔줄까요?"

"네, 괜찮으시다면요. 반가웠습니다, 부인."

"나도 반가웠어요." 뷔르 부인이 이렇게 말하고는 전화를 내려놓는다. 부인이 대니얼을 부르는 소리와 대니얼이 대답하는 소리가 들린다. 대니얼이 전화를 받으러 오면서 엄마에게 말하는 소리도 들린다.

"여보세요." 대니얼이 말한다.

"안녕."

"안녕." 잠시 침묵. "근데 누구야? 미안." 그녀는 혼란스러운 것 같다.

"돈 밀러야."

"도널드!"

"응."

"목소리 들으니까 정말 반갑다. 내 편지 받았어?"

"어떤 거?"

"코스타리카에서 보낸 거!"

"코스타리카?"

"못 받았어?" 기분이 상한 것 같다.

"못 받았어. 너 코스타리카 갔었어?"

"응. 오늘 아침에 돌아왔어."

"설마. 못 믿겠다. 그럼 못 만날 뻔했네." 내가 말한다.

"무슨 소리야?" 대니얼이 묻는다.

"나 여기 왔어. 아니, 여기가 아니라 근처에 왔어."

"어디 근처?" 대니얼이 묻는다.

"여기?" 내가 근처에 있음을 알아챈 모양이다.

"응. 지금 오리건이야!"

"설마!" 대니얼이 소리친다. "오리건 어디?"

"유진이라는 도시야."

"돈, 유진이면 5번 도로 타고 조금만 오면 되잖아. 정말 가깝네. 여기로 올 거야? 그러는 게 좋을걸."

"응, 아마 시애틀로 갈 거 같아. 우리가 어디로 갈지 정확히는 모르겠지만 일단은 널 만나러 가고 싶어."

"꼭 와, 돈. 꼭 와야 해. 그런데 도대체 여기서 뭐 하는 거야?"

"친구랑 폭스바겐 밴을 타고 여행하고 있어. 여기저기 보면서……."

"히피처럼 말이지!"

"응. 히피처럼. 60년대 사람들처럼 살고 있어."

"꼭 와야 해, 돈. 올 거야?"

"응. 초대하는 거라면 갈게."

"당연히 초대하는 거지! 얼른 와!" 대니얼은 방방 뛰고 있다. 그녀의 어머니가 뒤에서 무슨 일인지 묻는다. 대니얼이 설명하려 한다.

"가는 길 좀 알려줘!"

나는 전화를 끊고 미소를 지으며 폴에게 걸어간다. 폴이 밴에 시동을 걸고 어떻게 됐는지 묻는다. 그가 자기 얘기는 했냐고 묻자 나는 까먹었다고 말한다.

"까먹었다고?" 폴이 말한다.

"리지필드까지 얼마나 걸려?" 내가 묻는다.

"세 시간 정도." 그가 말한다.

"해 지기 전에 도착할 거라고 했는데."

"그 전에 도착할 거야." 폴이 말한다.

"음, 포틀랜드에서 시간을 좀 보내면 되겠다. 대니얼한테 좋은 인상을 주려면 너 샤워부터 해야겠어. 냄새 나."

"마이크네 집에서 샤워했어!" 폴이 외친다.

"비누칠은 했냐?" 내가 묻는다.

폴이 웃는다. 그가 밴을 몰고 다시 도로로 나간다. 우리는 주간고속도로를 향해 달리면서 또 다른 커피숍을 지난다.

"도대체 커피 가게가 왜 이렇게 많아? 사방에 있네."

"태평양 연안 북서부에 온 걸 환영해, 돈. 여긴 이 세상 커피의 수도라고 할 수 있지."

"블록마다 있어." 내가 놀라며 말한다.

"이 정도는 아무것도 아니야. 포틀랜드에 가면 한번 봐."

우리는 유진에서 금방 벗어난다. 다시 농장이 펼쳐진다. 오리건 주의 농업은 과일과 채소만이 아니라 크리스마스트리도 있다. 1.5미터 높이의 소나무들이 완벽한 열을 이루며 평평한 계곡을 지나 언덕 위까지 펼쳐져 있다. 땅이야 경사지든 말든 소나무는 줄을 맞춰 서 있다. 언덕 뒤로 산 윤곽이 보인다. 내가 폴에게 저것도 시에라 네바다냐고 묻자 그는 단호하게 아니라고 답한다. 캐스케이드 산맥이야, 화산이지.

"화산?" 내가 묻는다.

"세인트헬렌스 산 들어봤지?" 폴이 묻는다.

"세인트헬렌스 산이 이 근처야?"

"경계만 넘으면 바로야, 진짜로. 워싱턴 주로 140킬로미터만 가면 돼. 포틀랜드에서도 보여. 근데 여기 저 큰 산은 후드 산이야. 멀지만 도시에서도 보이지. 거의 어디서든 보여."

나는 산그늘에서 사는 건 어떤 걸까 생각해본다. 휴스턴 사람들은 모두 도시의 그늘에서 산다. 도시는 우리가 우리 위치를 파악하는 방법이다. 도시는 우리의 나침반이자, 유리와 거울로 이루어진 산으로 거기 서 있다. 생각하다 보니 우리는 인간이 만든 것이든 자연이 만든 것이든 거대한 구조물을 정말 아름답게 여기는구나 싶다. 그렇게 거대한 구조물에 경탄하는 것은 우리를 작고 하찮게 느끼게 하기 때문인 걸까, 우리를 겸손하게 만들기 때문인 걸까, 하는 생각이 든다. 그리고 한참 전에 콜로라도에서 내가 우주의 중심이 아니며 더 위대하고 큰 것들, 시간과 땅의 힘 속에서 단련된 거대한 구조물들이 있다는 느낌이 들었던 기억이 난다. 그 거대한 구조물들은 마치 이야기가 당신에 대한 것이 아니라 당신을 위한 것이라고 말해주듯, 우리가 신이 아니라는 사실을 상기시키듯 하늘을 밀어올리고 있다.

우리는 곧 계곡을 벗어나 산기슭으로 접어든다. 주간고속도로에 자동차와 버스, 트럭, 미니밴이 점점 모여든다. 포틀랜드 남쪽은 땅이 솟아올라서 초록색으로 변한다. 가게들은 나무 밑 그림자에서 쉬고 있다.

고속도로 오른쪽에서 땅이 강으로 뛰어든다. 강은 커다랗다. 아까 지도에서 본 윌래밋 강이다. 주간고속도로는 강을 따라 나 있고 곧 눈앞에 포틀랜드 시내가 나타난다. 서부지만 오래되고 안정된 도시 같다. 강이 스카이라인을 왕관처럼 쓰고 있다.

우리는 일정을 논의하면서 일단 샤워부터 하기로 한다. 하지만 어디서? 나는 대학을 찾아서 운동 시설을 이용하자고 제안한다. 난 절대 운동선수 타입은 아니지만 당당한 걸음걸이는 보통 어디서든 통한다. 폴은 시내 어딘가에 포틀랜드 주립대학이 있다고 말한다. 우리는 일방통행 도로를 헤매다가 테니스 코트와 그 옆에 붙은 건물을 발견한다. 포틀랜드는 걸어 다닐 수 있는 도시이고, 모퉁이마다 커피숍이 있다. 아마 한 거리에 커피숍이 열다섯 개도 넘을 거다. 블록은 휴스턴 블록의 반 정도인데 모퉁이마다 소매점이 있다. 걸어 다니는 사람들이 많기 때문에 꼭 도시가 우리를 초대하는 것처럼 여겨진다. 포틀랜드 사람들은 타이도 매지 않고 양복도 입지 않으며 슬랙스와 스웨터 또는 정장 셔츠만 입고 다닌다. 우리는 업무 지구 한복판을 지나는 중이지만 양복을 입은 사람은 정말이지 하나도 안 보인다. 폴은 포틀랜드가 나

이키와 컬럼비아 컴퍼니의 본부라고 말한다. 포틀랜드는 정말로 그래놀라 운동선수 같은 느낌이, 유행은 따르지 않지만 여피족 같은 느낌이 있다. 지나가던 사람에게 근처에 대학교가 있냐고 묻자 공원 지구라는 곳을 가르쳐준다. 우리는 구불구불 도로를 지나서 마침내 도심 정원과 산책로로 지정된 몇 블록을 발견한다. 공원 지구 끝에 가니 어느 모로 보나 학교 같은 분위기여서 밴을 세운다.

캠퍼스 안을 잠시 돌아다닌 우리는 운동 시설을 발견한다. 폴과 나는 당당한 걸음으로 정문을 지나 체육관 안으로, 그런 다음에는 라커룸 안으로 들어간다. 칸막이 창구 안의 남자가 우리에게 수건을 건네주고, 우리는 고맙다고 인사한 뒤 샤워를 한다. 나는 다른 사람 앞에서 벌거벗는 것이 싫다. 운동 시설에서는 특히 더 그렇다. 폴이 열려 있는 샤워실로 가서 물을 튼다. 나는 라커에 붙어서 아직 바지를 벗지 않는다. 그러다가 아무도 보지 않는 것 같을 때 얼른 바지와 속옷을 벗고 샤워기 쪽으로 급히 걸어간다. 폴이 말을 걸려고 하지만 나는 관심이 없다. 나는 비누 거품을 잔뜩 칠하고, 머리를 적시고, 씻어낸 뒤 라커룸으로 돌아간다. 폴이 내게 작다는 둥 그런 말을 하지만 나는 얼른 바지를 입고 그에게도 비슷한 말을 날린다. 폴이 느긋하게 샤워를 하고 있어서 나는 돌아다니기 시작한다. 나는 체력 단련실에 들어가서 아령을 하나 들고 운동을 좀 한 다음 아령을 선반에 다시 내려놓는다.

잠시 후 폴이 들어오더니 운동은 샤워한 뒤가 아니라 샤워하기 전에 하는 거라고 말한다. 우리는 다시 밖으로 나간다. 깨끗하게 씻으니 세상이 새롭게 느껴진다. 내가 비누를 다 씻어내지 않은 것 같다고 말하자 폴이 웃으면서 비누를 다 씻어내려면 원래 3초 이상은 걸린다고 말한다.

　　폴이 오늘은 하늘이 맑지만 흔한 일은 아니란다. 그의 말에 따르면, 런던 같은 날씨가 계속되다가 7월이 되면 따뜻해져서 8주 정도는 플로리다 같은 날씨가 된다. 겨울이면 2주씩 해가 뜨지 않지만 7월 4일 이후에는 90일 동안 하늘에 구름 한 점 없다. 여름에 포틀랜드에 오면 완벽하다고 폴은 장담한다.

　　"이제 뭐 할래?" 내가 묻는다.

　　"커피 마실래?" 폴이 묻는다.

　　"뭐, 로마에 가면 로마법을……."

　　우리는 공원 지구 모퉁이의 작은 커피숍으로 들어간다. '커피 피플'이라는 곳인데 책을 열심히 읽는 학생들, 부유한 사업가들, 헤드폰을 낀 노숙자들로 가득하다. 스피커에서는 프랭크 시내트라 _{미국의 가수 겸 영화배우 — 편집자의} 노래가 흘러나온다.

　　내 앞에 있는 사람이 라떼를 주문하는데, 나한테는 정말 생소한 메뉴다. 나에게 커피란 아침식사 때 기름진 음식과 함께 주문하는 음료다. 그런데 커피만 파는 가게라는 것{심지어 그런 가게가 한 블록에 50개나 있는 것}에 익숙해지려면 시간이 좀 필요할 것 같다. 나는 컵에 빈 공간을 얼마나 원하는지, 거품을 원하는지, 사이즈는 뭘로 할 건지 등등의 질문에 대답하느라 주문에 애를 먹는다. 내가 전조등 불빛에 놀란 사슴처럼 거기 서 있었더니 어느 부인이 1달러를 주면 자기가 알아서 주문해주겠다고 말한다. 내가 커피 한 잔 값으로는 어마어마한 금액인 1달러를 건네자 그녀는 바 반대쪽에서 내가 주문한 커피가 나올 때까지 기다리라고 말한다. 폴과 나는 주문한 커피를 받아 뒤쪽 테이블에 자리를 잡는다. 그가 가게에 있던 체스 세트를 가지고 와서 우리는 게임을 세팅한다.

"널 제일 행복하게 만드는 게 뭐야?" 폴이 폰체스의 말 중 하나로 장기의 졸에 해당한다. 전체 구성은 킹 1·퀸 1·룩 2·비숍 2·나이트 2·폰 8개로 되어 있다

― 편집자을 두 칸 앞으로 전진시키며 말한다.

"모르겠어."

"뭐든지 말해봐, 돈. 인생에서 뭐가 제일 행복해?"

"글쎄, 아마도 아내, 자식들, 좋은 직장 아닐까. 글쎄 모르겠어. 왜 물어? 널 제일 행복하게 만드는 건 뭔데?"

"난 우리가 정말 원하는 건 사람들에게 사랑받는 게 아닐까라는 생각을 계속했어. 하나님, 여자들, 친구들, 부모님 모두에게 말이야. 인생이란 그런 거 같아."

"그런 것 같네." 내가 아까 전진시킨 폰을 지원하려고 다른 폰을 한 칸 전진시키면서 말한다. "너 할 말 있는 것 같은데?"

"맞아." 폴이 인정한다. "그런 것 같아. 뭐 별로 심오한 얘기는 아니야. 그냥, 네가 지금까지 여러 가지 생각을 한 건 아는데, 내 생각에 하나님이 우리를 여기로 보내신 건 하나님을 즐기라는 뜻이 아닐까 해. 우리에게 자유의지를 주신 덕분에 가끔은 힘들지. 사람들은 자유의지를 이기적으로 사용하니까 말이야. 하지만 내 생각에 하나님은 우리가 그분을 즐기게끔 만드신 것 같아. 그분은 사랑이시잖아. 네가 그분에게서 등 돌리는 모습을 보면 난 정말 싫을 것 같아. 그러니까, 하나님이 사랑이시라면 말이야."

폴이 폰을 전진시키고 나는 몇 분 동안 체스 판을 유심히 보면서 모든 말의 역할을 파악하려 애쓴다. 나는 나이트를 내 폰 너머로 전진시킨 다음 탁자를 탁 친다.

"고맙다." 내가 말한다. "내가 그러는 건 그냥 소동을 일으키려고, 관심을 끌어보려고 그런 거 같아. 세상이 좋다는 거, 하나님은 선하시다는 거 다 알아."

"나도 가끔 그래." 폴이 말한다.

"뭘 어쩌는데?" 내가 묻는다.

"있잖아, 관심 끌려고 그런 말 하는 거, 충격적이거나 뭐 그런 말."

나는 폴에게 아무 말 하지 않지만 그는 절대 그러지 않는다는 사실을 안다. 폴은 나보다 자신을 더 잘 알고, 누구보다 자신을 더 잘 안다.

22. 친절

포틀랜드에서 몇 킬로미터만 가면 워싱턴 주와 경계 역할을 하는 컬럼비아 강이 나온다. 우리는 포틀랜드를 떠나서 교외를 지나 북쪽으로 간다. 가는 내내 동쪽으로 후드 산과 세인트헬렌스 산이 서 있다. 우리는 너른 강을 건너 워싱턴 주에 들어서고, 사과나무를 보면서 나는 워싱턴에 대해 아는 건 사과밖에 없다는 생각을 한다. 폴이 시애틀까지 얼마나 남았는지 설명하더니 거기서 320킬로미터만 가면 캐나다라고 말한다. 그러자 우리가 북쪽으로 얼마나 많이 올라왔는지 실감이 난다. 대니얼의 설명을 정확히 따라가자 곧 주간고속도로에서 내려 농로에 들어선다. 왼쪽 오른쪽이 전부 밭이고 작은 잡화점과 주유소를 개조한 햄버거 가게가 있다.

오른쪽으로 꺾어서 몇 킬로미터를 더 간 뒤에 마운틴 뷰 기독교센터로 가는 길을 알려주는 표지판을 찾는다. 대니얼은 그 표지판이 보이면 거의 다 온 거라고 했다. 우리는 교회를 지난 다음 진입로에서 왼쪽 길로 꺾는다. 이 긴 도로에 1에이커약 1,224평 또는 2에이커 정도 되는 집이 여러 채 있다. 우리는 도로를 따라가다가 뷔르라는 이름이 적힌 우편함을 발견한다. 다시 오른쪽으로 꺾어 또 다른 진입로를 따라 작은 언덕을 올라가자 전면에 창이 가득한 하얀색 큰 집이 나온다.

마당은 관목과 꽃으로 꾸며져 있고 골프 코스처럼 깔끔하다. 폴이 밴을 주차한 다음 심호흡을 한다. 내가 뒤돌아서 자동차 뒤창을 내다보자 현관문이 열리고 대니얼이 나온다. 그녀는 내 기억보다 더 아름답다. 허리에서부터 날씬한 몸매를 따라 올라가면 축구로 단련된 튼튼한 몸통과 긴 팔, 꿈에서나 볼 듯한 얼굴이 나온다. 내가 폴을 보면서 어떻게 생각하느냐고 조용히 묻는다.

"예쁘네." 그가 말한다.

대니얼은 머리가 짧다. 그녀는 홀치기염색을 한 셔츠와 카키색 바지에 전투화 차림이다. 그리고 빵처럼 갈색으로 탔다. 치아는 완벽하고 미소도 완벽하다. 폴과 나는 3,200킬로미터를 여행하는 동안 예쁜 여자를 한 번도 보지 못한 것 같다. 적어도 우리가 같이 시간을 보낼 수 있는 예쁜 여자는 못 봤다.

"안녕! 안녕!" 대니얼이 인사하면서 조수석으로 와서 문을 열고 포옹하려고 팔을 활짝 벌린다.

"안녕, 대니얼. 얼마 만이지?" 내가 그녀에게 말한다.

"3년이야, 돈. 3년이나 됐어!"

폴이 밴을 빙 돌아와서 주머니에 손을 넣고 가만히 서 있다. 내가 두 사람을 소개하자 대니얼이 손을 내밀고 폴이 부드럽게 악수를 한다.

"얼른 들어와. 배고프지."

폴은 강하고 과묵한 사람인 척하지만 나는 대니얼에게 우리가 말이라도 먹을 수 있다고 말한다. 대니얼이 말은 없지만 칠면조 샌드위치는 있다고 답한다.

"그거면 돼." 내가 말한다.

집 안으로 들어가자 대니얼의 어머니 셜리 뷔르 부인이 우리를 맞이한다. 셜리 아주머니는 체구가 작다. 대니얼이 누구를 닮아서 아름다운지 금방 알 수 있다. 셜리 아주머니가 부엌에서 분주하게 움직인다. 우리는 현관을 들어서자마자 아침식사를 하는 작은 구석 자리로 안내를 받고, 아주머니는 카운터에 접시를 놓더니 빵에 칠면조와 양상추, 토마토를 얹고 마요네즈를 뿌린다. 아주머니는 끊임없이 말을 하면서 대니얼이 콜로라도에서 정말 즐거운 시간을 보냈고, 그때 만난 친구들 몇 명과 계속 편지를 주고받고 있으며, 대니얼이 코스타리카에 갔을 때는 정말 보고 싶었고, 자신과 남편은 예전에 우리 밴과 같은 차를 가진 친구들이 많았다고 이야기한다. 대니얼과 셜리 아주머니가 동시에 이야기하는데, 한 사람이 내게 질문을 하면 다른 사람이 대답한다.

"돈, 너희들 여기 워싱턴엔 어쩐 일이니?" 아주머니가 묻는다.

"엄마, 말했잖아요. 미국 전역을 여행하고 있대요." 대니얼이 말한다.

"미국 전역을? 정말 넓잖아! 지금까지 어디 어디 갔었어?"

"여기저기 많이 갔어요, 엄마. 돈은 텍사스에 살아요, 기억하죠?"

"맞아. 기억난다, 돈. 너 텍사스 사람이지. 말해보렴, 텍사스 사람들은 커다란 카우보이 모자를 쓰고 다니니?"

"엄마는 영화를 너무 많이 보셨어요. 텍사스 사람들이 전부 카우보이는 아니라고요!"

"우리도 텍사스에 한 번 갔었잖아." 셜리 아주머니가 이야기를 시작한다. "기억나니, 대니얼? 너 어렸을 때 갔잖아. 너랑 엘라이다가 가는 내내 싸웠는데, 기억나?"

"기억나요. 엘라이다가 버릇없게 굴었잖아요!" 대니얼이 외친다.

"엘라이다가 누구야?" 내가 묻는다.

"여동생." 대니얼이 미소 지으며 말한다. "엘라이다 얘기했었잖아. 내 편지 읽긴 하는 거야?"

"읽고 또 읽었지." 내가 말한다.

"내 남동생 이름은 뭐야?" 대니얼이 나를 시험한다.

"이름은 기억 안 나. 콜롬비아에서 입양했다고 했잖아."

"네이트야." 대니얼이 말한다. "이름이 네이트야, 돈." 그녀가 키친타월 뭉치로 내 머리를 때리고는 우리와 함께 식탁 앞에 앉는다.

우리는 칠면조 샌드위치를 먹으면서 질문 폭격을 받는다. 셜리 아주머니는 폴도 대화에 끼우려고 하지만 대니얼은 별로 신경 쓰지 않는 것 같다. 대니얼은 마이크와 캘리포니아와 그랜드 캐니언에 대해 계속 질문을 퍼붓는다. 텍사스에 대해서, 또 우리가 여행한 지 얼마나 됐는지, 어디서 잤는지, 샌프란시스코나 새크라멘토에는 갔는지 알고 싶어 한다. 그러면서 할아버지가 새크라멘토에 사신다고 한다.

폴이 셜리 아주머니에게 남편 분은 어디 가셨냐고 묻자 지금 하늘에 있다고 대답한다. 폴은 돌아가셨다는 뜻인 줄 알고 사과하지만 아주머니는 웃으면서 말 그대로 하늘에 있다고 얘기한다. 랜디 뷔르 씨는 독일에 출장 갔다가 비행기를 타고 돌아오는 중이다. 그는 휴렛팩커드에서 일한다. 출장을 자주 다니지는 않지만 한번 가면 중국이나 독일처럼 오랜 기간 다녀와야 하는 곳이다.

셜리 아주머니가 부엌 바닥을 닦기 시작한다. "두 사람 다 어쨌든 랜디가 집에 올 때까지 여기 있어야 해. 너희를 만나면 좋아할 거야. 엘라이다랑 네이트도 만나야지. 몇 시간만 있으면 학교에서 돌아올 거야. 저녁도 꼭 먹어야 해." 아주머니가 말한다.

"폐 끼치고 싶지는 않아요." 내가 말한다.

"갈 데도 없잖아. 아까 그랬지. 차 타고 돌아다닌다고. 내 말은, 맛있는 식사를 하기 전까지는 못 간다는 거야. 칠면조 샌드위치는 식사로 안 치는 거야."

"너무 수고스러우신 거 아니에요?" 내가 묻는다.

"전혀 아니야. 아무튼 오늘 밤에는 여기서 지내렴."

"자고 가라고요?" 내가 묻는다.

"그래. 여기서 저녁 먹고, 내일은 일요일이라 엘라이다랑 네이트랑 랜디도 다 같이 아침을 먹을 테니 너희도 같이 먹고 출발하면 되잖니."

"너무 수고스러우실 것 같은데요." 내가 말한다.

"그럼 어딜 가려고?" 아주머니가 묻는다. "지금 가면 금방 또 멈춰서 자야 되잖니. 그러느니 여기서 자는 게 낫지."

대니얼이 일어나서 부엌으로 걸어가 카운터에 팔꿈치를 올리고 턱을 괸다. 그녀가 미소를 짓고 고개를 끄덕이면서 엄마 말에 동의한다. "자고 가, 도널드 밀러. 너희가 길에서 자게 놔두지 않을 거야." 그녀는 이렇게 말하면서 입술을 삐죽거린다. 아, 대니얼은 정말 예쁘다.

"무슨 말씀이든 따르겠습니다, 숙녀분들." 내가 자리에서 일어나 다리를 펴면서 주변을 둘러본다. "우리 안 보내주겠다, 폴." 아직 구석에 앉아 있는 폴에게 내가 말한다.

"괜찮네." 폴이 말한다. 그 말을 듣고 셜리 아주머니와 대니얼이 킥킥 웃는다.

우리는 이웃집 염소 울타리가 있는 진입로 끝까지 걸어간다. 폴은 염소 한 마리한테 드미트리어스라는 이름을 붙인 뒤 줄여서 드미트리라고 부른다. 대니얼은 폴이 재미있다고 생각한다. 이때 대니얼의 여동생 엘라이다가 등장한다. 그녀는 혼다 프렐류드를 타고 진입로를 달려온다. 엘라이다는 진입로를 달리는 내내 경적을 울리다가 왼쪽으로 휙 꺾더니 다시 오른쪽으로 꺾는다. 대니얼이 그녀를 보고 웃는다. 그녀가 우리를 향해 차를 달리다가 브레이크를 밟는다. 그런 다음 창을 내리고 폴과 나에게 묻는다.

"누구세요?" 엘라이다가 묻는다. 미소도 짓지 않는다.

"대니얼의 친구들이야." 내가 대답한다.

"저게 당신들 히피 밴이에요?" 그녀가 묻는다.

"내 거야." 폴이 말한다.

"두 사람 히피예요?"

"아니." 내가 말한다.

"당신, 금발머리." 엘라이다가 폴을 가리킨다. "누구 만나는 사람 있어요?"

"아니." 폴이 말한다.

꽃잎을 떼고 있던 대니얼이 엘라이다의 차창에 꽃잎을 던진다. 엘라이다는 다시 시동을 걸고 기어를 넣더니 끼익 타이어 소리를 내면서 출발한다. 그러고는 창밖으로 팔을 내밀고 소리를 지르면서 웃는다.

"쟤 미쳤어." 대니얼이 웃으면서 고개를 젓는다. "너 미쳤어!" 그녀가 다시 한번 꺾어서 집 뒤편으로 사라지는 엘라이다를 향해서 소리친다. 엘라이다는 대니얼처럼 예쁘고, 긴

갈색 머리에 매끄러운 피부를 가지고 있다. 완벽하다고 할 수 있다. 나는 생각한다. '분명 고등학생이야.'

"엘라이다 소개해줄게." 대니얼이 집으로 달려가고 우리가 뒤를 따른다. 엘라이다는 차에서 책을 꺼내고 있다. 그녀는, 이번에는 미소를 지으면서, 우리가 누구냐고 묻는다. 대니얼이 엘라이다에게 콜로라도 이야기를 상기시키면서 날 거기서 만났고 그 뒤로는 편지로 연락을 주고받았다고 말한다.

"당신이 바로 그 텍사스 사람이군요!" 엘라이다가 외친다.

"응." 내가 말한다.

"그렇다면, 히하!" 엘라이다가 엉덩이를 한쪽으로 흔들면서 허리에 손을 얹고 카우보이 같은 소리를 낸다. 그녀가 고개를 오른쪽으로 젖히자 나는 마음이 두근거리고 초조해진다.

두 자매는 성격이 다르다. 대니얼은 대화로 사람들을 즐겁게 하지만 엘라이다는 장난으로 즐겁게 한다. 우리는 다시 집안으로 들어간다. 엘라이다와 대니얼은 〈자매들〉이라는 노래를 부르면서 어깨동무를 한다. 귀엽다. 셜리 아주머니가 특히 좋아한다. 엘라이다가 돌아오니 셜리 아주머니의 역할은 여주인에서 감독으로 바뀐다. 대니얼에게 저녁 준비를 시키고 엘라이다에게는 학교에 가서 네이트를 데려오라고 한다. 엘라이다가 네이트는 항상 자기가 데리러 가고 대니얼은 쉬운 일만 한다고 불평한다. 대니얼은 엘라이다가 저녁 준비를 한다면 자기가 네이트를 데리러 가겠다고 하지만 엘라이다는 됐다고, 자기가 가겠다고 한다. 셜리 아주머니는 7시에 도착할 랜디 아저씨를 데리러 공항에 가야 한다. 아주머니는 아저씨가 배고파할 거라면서, 네이트랑 얘들도 배가 고플 거야, 하고 말씀하신다. 폴과 나는 어느새 '얘들'이 됐다.

다들 할 일이 있으니 폴과 나는 이참에 밴 오일을 갈면 되겠다고 생각한다. 그러면 남자다워 보일 것이고 빈둥대는 게으름뱅이라는 인상도 피할 수 있다. 우리는 곧 밴 밑으로 들어가서 여자애들에 대해서 이야기한다. 폴은 대니얼과 사랑에 빠졌다고 한다. 내가 진정하라고 말한다. 그는 대니얼과 나 사이에 뭔가 있느냐고 묻고, 나는 아니라고 답한다. 나는 대니얼도 나에게 흥미가 없는 것 같고, 게다가 그녀는 여동생이나 마찬가지라고, 그러면서 엘라이다는 내가 본 사람 중에 가장 아름답다고 말한다. 폴은 대니얼과 엘라이다가 여동생 같지 않다, 특히 대니얼이 그렇다고 말한다. 그는 또 나에게 엘라이다는 너무 어리다고, 내가 변태라고 말한다. 세 살 정돈데 뭐, 하고 말하자 폴이, 고등학생이잖아, 한다.

밴을 손보는 건 나 혼자 거의 다 한다. 폴은 렌치를 들고 차 밑에 누워 있을 뿐이다. 그는 걱정스러운 표정을 짓다가, 미소를 짓다가, 다시 걱정스러운 표정을 짓는다. 대니얼 생각 그만해, 내가 말한다. 닥쳐, 그가 말한다. 나는 볼트를 당겨 이 집 차고에서 빌린 팬에 오일을 뺀다.

"걘 날 안 좋아해." 폴이 끙끙거린다.

"걘 널 아직 모르잖아. 이제 막 왔는데 뭐."

"하지만 곧 떠날 거잖아. 다시는 못 볼 거야." 폴이 한숨을 쉰다.

"진심이구나?"

"응." 그가 말한다.

엘라이다와 대니얼, 폴, 내가 식탁에 둘러앉아서 담소를 나누며 콜로라도에서 찍은 사진을 보고 있는데 랜디 아저씨와 셜리 아주머니가 도착한다. 아저씨는 피곤해 보이지만 우리가 있다고 귀찮아하지는 않는다. 여자들이 많은 집에 살다 보니 그 친구들과 어울리는 데 익숙하시다는 걸 알겠다. 심지어 이 집에서 남자를 봐서 기쁘신 게 아닐까 하는 생각도 든다. 그가 현관에 가방을 내려놓고 와서 악수를 청한다. 아저씨는 쉰 살 정도로, 머리가 희끗희끗하지만 몸이 좋다. 대니얼과 코가 닮았다. 노르웨이나 뭐 그런 쪽에서 온 작고 뾰족한 코다. 아저씨가 우리 대화에 끼어들지만 독일에 다녀온 이야기는 거의 하지 않는다. 아이들이 더 어렸을 때 온 가족이 독일에 다녀온 적이 있어서 대니얼과 엘라이다는 아저씨에게 예전에 갔던 곳에 갔느냐고 묻지만 아저씨는 아니라고 대답한다. 순전히 일만 했어, 아저씨가 고개를 저으며 말한다. 이쪽 공장에 갔다가 저쪽 공장에 가는 식이었는데 출장은 원래 그런 거라고 하신다. 저녁을 먹으면서 아저씨가 식탁 앞에 앉아 꾸벅꾸벅 졸기 시작하자 셜리 아주머니가 두 분 다 일찍 잠자리에 들겠다고 말한다. 아주머니가 자기 접시를 들고 일어나자 아저씨가 아주머니의 엉덩이를 톡톡 친다. 엘라이다가 그 모습을 보고 씩 웃는다.

폴, 엘라이다, 대니얼과 나는 남부의 교회들에 대해 오랫동안 이야기를 나눈다. 이들 셋은 대형 교회를 본 적이 없다. 폴이 그런 것처럼 대니얼과 엘라이다도 신도가 1,000명이면 큰 교회라고 생각한다. 나는 제1침례교회와 제2침례교회 이야기를 해준다. 둘 다 신도가 2만 명이 넘고 레이크우드의 경우 3만 명이 넘는데, 세 교회 모두 같은 도시에 있다. 게다가 이건 시작에 불과하다. 남부에서는 영성이 큰 사업이라서 거대한 건물들과 출판사들, 대규모 회의와 세미나 등이 연결되어 있다. 세 사람은 어떻게 2만 명이 전부 같은 교회에 다닐 수 있는지 이해하지 못한다. 리지필드 전체 인구도 2만 명이 안 된다. 나는 대형 교회에는 대단한 점도 있는데, 그 정도로 큰 교회에 다니면 뭔가 거대한 운동에 참여하는 기분이 든다고 말해준다. 그리고 내 생각에는 같은 공간에 있는 2만 명 모두가 믿는 것을 나도 믿는다는 사실이 위안을 주는 면도 있을 것 같다.

"하지만 서로 많이 친하지는 않겠다, 그치?" 대니얼이 묻는다.

"그럴 것 같진 않아." 내가 말한다.

"난 코스타리카에서 믿음에 대해 많이 생각했어." 대니얼이 큰 주제 안에서 화제를 바꾸면서 말한다. "거기서는 정말 모든 게 폭발하기 직전이었어. 난 교회와 기독교에 대해 정말 다시 생각하게 됐어. 내가 믿는 것에 대해 어떤 결정을 내려야 한다는 걸 알았거든."

"네가 그런 경험을 한 줄은 몰랐네." 내가 말한다.

대니얼은 코스타리카에 있을 때 진지하게 생각했다고 한다. 그녀는 다른 학생들에게 역시 기독교 신자들인 그들의 믿음에 대해 진지하고 어쩌면 기분 나쁠 수도 있는 질문을 했을 때 아이들이 성실하게 답해주어 무척 고마웠단다. 대니얼 말로는, 비행기를 타야 하는데 지갑을 잃어버렸다는 사실을 깨달았을 때 모든 것이 해결되었다. 신분증이 없으면 비행기를 탈 수 없다. 여유 시간이 한 시간밖에 없었기 때문에 대니얼은 택시를 타고 전날 갔던 클럽으로 갔다. 택시 안에서 가는 내내 기도하면서 정말 죄송하다고, 하지만 정말 심란했다고 하나님에게 말했다. 대니얼은 결국 전날 앉았던 자리에서 지갑을 찾았고, 이 사건은 그녀가 하나님의 존재를 믿도록 도와주었다.

"미신이나 그 비슷하게 들린다는 건 알지만, 하나님이 이렇게 말씀하시는 것 같았어. '애야, 네가 지금 날 의심하는 건 알지만 난 여기 있단다. 그러니 날 믿으렴.' 그 일이 도움이 됐어." 대니얼이 말한다.

폴은 이번 여행 중 라스베이거스의 고물상에서 비슷한 경험을 했다고 말한다. 그는 예수님의 존재에 의문을 품은 게 아니라 자신이 신앙을 경험하며 살고 있는지 진지하게 의문을 가졌다. 그런데 고물상에서 자동차 부품을 찾은 일이 '도구적 사건'이었다는 것이다. 폴은 정말로 그렇게, "도구적 사건"이라고 말한다. 그리고 나서 여자애들한테 내가 무신론자라고 덧붙인다.

"무신론자라고, 돈?" 대니얼이 묻는다.

"아니야. 난 그냥 하나님이 우리한테 날개를 달아주시거나 하지 않은 게 짜증난다고 했을 뿐인데 폴은 내가 신앙의 위기를 겪고 있다고 생각하나 봐." 내가 말하자 대니얼이 미소를 짓는다.

"날개라고?" 무척 아름다운 엘라이다가 묻는다.

"응, 날개." 내가 답한다.

엘라이다가 찻잔을 내려놓고 닭처럼 양팔을 파닥거린다.

어느새 새벽 세 시가 되어 우리 모두 하품을 한다. 엘라이다는 우리가 1층에서 자도 된다고 하지만 폴과 나는 둘 다 고개를 저으며 우린 밖에서 자겠다고 한다.

"밖에서?" 엘라이다가 묻는다.

"응, 실내에서는 못 자겠어. 한 달 넘게 밴에서 잤거든. 이젠 신선한 공기에 익숙해져서 말이야." 우리 둘 중 누군가가 말한다.

"좋아!" 엘라이다가 외친다. "두 사람이 밖에서 자면 우리도 밖에서 잘래!"

"뭐라고?" 대니얼이 묻는다.

"다 같이 잔디밭에서 자자. 내가 침낭 가져올게." 엘라이다가 이렇게 말하더니 계단 밑으로 사라진다. 그녀가 벽장을 휘젓는 소리가 들린다. 대니얼이 자기가 침낭을 가져오겠다고 하더니 랜디 아저씨가 침낭을 넣어두는 쓰레기봉투에서 꺼내 온다. 아침식사를 하는 구석 자리에 옆문이 있는데 거기서 밖으로 나가면 앞마당이 내려다보이는 데크가 있다. 대니얼이 데크로 나가서 침낭을 펴는 엘라이다를 본다. "우리도 밖에서 자겠네." 대니얼이 미소 지으며 말한다.

* * *

"…… 그들이 집으로 다시 들어갔더니 에드나 이모의 유령이 있었어. 칼과 호박을 들고 서 있었지." 엘라이다의 목소리는 차분하고 부드럽다. 속삭임에 가깝다. "그들이 에드나 이모를 보자 이모는 바람 속에서 흔들리기 시작했어. 그녀가 말했지. 엘라이다의 목소리가 굵어진다. '너희는 절대 호박밭에서 자는 게 아니었어.'"

대니얼이 참지 못하고 끼어든다. "엘라이다, 에드나 이모는 무서운 이름이 아니야. 그리고 네 이야기에는 요점이 없어."

"무서운 이야기야." 엘라이다가 말한다.

"세 살짜리한테는 무섭겠지!" 대니얼이 말한다.

"쉬." 폴이 여자애들에게 조용히 하라고 한다.

"왜 그래?" 대니얼이 묻는다.

"저 소리 들었어?" 폴이 말한다.

"무슨 소리?" 엘라이다가 묻는다.

"목소리."

"무슨 목소리?"

"바람 소리 같았는데, 속삭임이었어. 누가 내 귀에 속삭였어. 아주 낮은 목소리였는데."

엘라이다가 침낭을 머리끝까지 끌어올린다. 침낭 밑에서 그녀가 묻는다. "그 목소리가 뭐라고 했는데?"

"뭐라고 했냐면." 폴이 말을 멈추고 목소리를 낮게 깐 다음 거슬리는 소리로 속삭인다. "네 명은…… 오늘 밤…… 죽을 것이다."

엘라이다가 숨을 헉 들이마신다. 대니얼이 킥킥 웃는다. 그런 다음 정적이 흐른다.

"누구를 말하는 건지 모르잖아. 우린 아닐 거야." 내가 말한다.

23. 목장

폴은 뷔르 씨 집에서 블랙 뷰트 목장으로 전화를 걸어 인명 구조원 자리를 확보한 다음, 집안 관리 부서에서 빈자리를 찾아 내가 면접 볼 시간을 정해준다. 넌 청소부가 되는 거야. 그가 말한다. 여자 스무 명이랑 일하게 될 거야, 네 맘에 쏙 들걸, 하며 나를 안심시킨다.

블랙 뷰트 목장은 중부 오리건 산속에 자리한 크고 활기찬 소 방목장이다. 리조트이지만 포틀랜드의 부자들과 캘리포니아에서 오는 사람들의 여름 별장이기도 하다. 목장은 고원 사막 바로 위 캐스케이드 산맥의 산기슭에 있다. 블랙 뷰트 아래 초원에 가면 쓰리 시스터스와 워싱턴 산, 제퍼슨 산이 다 보인다고 한다. 여름마다 전국에서 학생들이 와서 숲에 살면서 목장에서 일한다. 숲에 살면서 목장에서 일하는 학생들과, 부모님의 여름 별장에서 대부분 부모 없이 여름을 보내는 십대 아이들이나 대학생들, 두 문화가 공존한다. 자전거 도로는 몇백 킬로미터나 이어지고 목장 부지에서 바깥으로 이어지는 국유림 고속도로는 수천 킬로미터나 된다. 여름을 보내기에 정말 좋은 곳이야, 폴이 말한다.

"내 면접은 언제야?" 내가 묻는다.

"내일 아침에 바로."

대니얼은 화가 난 것 같다. 우리는 대니얼네에서 일주일 넘게 지냈다. 처음에 우리는 부랑자로 이 집에 왔지만 나중에는 대니얼 가족이 우리를 보내주지 않았다. 셜리 아주머니는 정말 우리를 계속 붙잡았다. 한 끼만 더 먹고 가라고 했다가 그다음에도 한 끼 더 먹어야 한다고 주장했고, 그러면 우리는 커피를 한잔 마시다가 결국 하룻밤 더 머물면서 잔디밭에 누워서 이야기를 나누고 저 멀리 눈 덮인 꼭대기가 달빛에 빛나는 세인트헬렌스 산에 대해 생각했다. 우리는 밤에 포틀랜드로 가서 맥주를 한 상자 사서 클럽 밖에 앉아 건배를 한 뒤 안으로 들어가 춤을 좀 추고 담배를 몇 대 피운 다음 거리를 걸어 다니면서 새벽 네 시에 윈도쇼핑을 했다. 지난 주말에는 내가 술에 취해 타코 벨 가게 뒤에서 토하자 폴과 대니얼, 엘라이다가 비웃었다. 바보 같은 짓이었고, 그 사실을 셜리 아주머니가 그 사실을 알게 되셨을 때는 정말 끔찍한 기분이었다. 대니얼의 식구들이 이제 진짜 가족 같았다. 그날 밤 나는 엘라이다에게 사랑을 고백했고, 엘라이다는 눈을 굴리는 것으로 대답했다. 다행히 우리는 다음날 한바탕 웃는 것으로 그 일을 넘길 수 있었다.

그러나 폴과 대니얼 사이에서는 불꽃이 튀었다. 우리가 여름 내내 숲에서 살 거라는 사실을 고려하면 과연 두 사람이 잘될지, 어떻게 될지 두고 봐야겠지만 말이다. 하지만 두 사람 모두 분별 있고 참을성이 많은 성격 같다. 랜디 아저씨와 셜리 아주머니는 두 사람의 로맨스가 진행되는 것을 보면서 즐거워했다. 두 분은 폴을 인정하신다.

대니얼은 곧 새크라멘토로 가서 할아버지 할머니와 지내며 여름학기 수업을 들을 것이다. 그녀는 3년 만에 학사 학위를 딸 계획인데 이제 2년이 지났다.

우리는 거의 오후 내내 걸려 천천히 짐을 싼다. 폴은 서둘러 떠나려 하지 않고, 나도 마찬가지다. 폴과 대니얼은 강가로 산책을 가고, 나는 엘라이다가 시킨 대로 밴을 몰고 학교로 가서 주차장에서 기다린다. 밴에 앉아서 엘라이다가 나오기를 기다리고 있으려니 어느 교실 창문이 열리고 배낭이 떨어지면서 책 몇 권을 잔디밭에 쏟아낸다. 이어서 엘라이다가 배낭 위로 떨어지더니 몸을 낮추고 창문 안을 빼꼼히 들여다보면서 선생님한테 들켰는지 살핀다. 그녀는 책을 주워 담고 교실 안으로 손을 넣어 창문을 닫은 뒤 탈옥수처럼 밴을 향해 달려온다. 엘라이다와 나는 그녀가 여름에 일하는 버거빌에 가서 밀크셰이크를 마신다. 엘라이다가 내가 자기를 좋아한다는 말을 여러 번 꺼내서 내가 그만 하라고 말한다. 내가 곤란하게 한 거야?

그녀가 말한다. "여고생이잖아, 돈. 나이 든 남자애들의 관심을 막을 순 없겠지."

우리가 집으로 돌아오자 빈둥거리시던 랜디 아저씨가 집에 할 일이 있어서 시간 맞춰 출근하지 못하는 척하신다. 아저씨가 나와 엘라이다를 보더니 고개를 절레절레 흔든다. "학교 빼먹는 거냐?" 랜디 아저씨가 엄격한 얼굴로 엘라이다에게 묻는다.

그녀가 손으로 입을 가리고 기침을 한다. "몸이 안 좋아요, 아빠." 아저씨가 엘라이다의 어깨 너머로 나를 보며 묻는다. "너도 한 패냐?"

폴과 대니얼은 마른 풀을 잔뜩 묻힌 채 강가에서 돌아온다. 내가 폴에게 두 사람 헛간에서 뒹굴다 온 것 같다고 속삭이자 그는 얼른 소매와 배에 묻은 흙과 풀을 털어낸다. 대니얼이 그 모습을 보고 따라하면서 얼굴을 붉히며 미소를 짓는다. 나는 마지막 가방을 밴 뒤쪽에 던져 넣는다. 네이트는 학교 가기 전에 미리 작별 인사를 했고, 셜리 아주머니는 우리에게 줄 도시락을 싸느라 바쁘다. 아주머니가 도시락을 들고 와 내게 건네자 나는 그걸 조수석에 내려놓고 아주머니와 포옹을 한다.

랜디 아저씨가 밴 앞에서 우리를 부르더니 기도를 드린다. 아저씨는 하나님이 우리를 보호해주시고 우리가 알고 싶어 하는 것을 가르쳐주시기를 기도한다. 또 우리를 만나게 해주시고 가족이 되게 해주신 것을 하나님께 감사드린다. 그러고 나자 할 말이 없어서 폴과 나는 모두와 포옹을 나누고 밴에 오른다. 폴이 운전대를 잡고 진입로를 향해 출발한다. 밴이 이웃집 헛간을 돌아 주도로에 접어들 때 나는 세인트헬렌스 산을 오래도록 바라본다. 나는 저 화산이 폭발해서 산 정상 600미터 정도가 날아가고 구름 같은 재를 1.5킬로미터 높이로 내뿜는 모습을 상상한다. 폴은 멍한 표정이다. 대니얼을 생각하는 게 틀림없다.

오리건에는 고원 사막이 있지만 태평양 쪽 계곡은 분위기가 전혀 다르다. 26번 고속도로는 포틀랜드 동쪽 도시 그레셤과 약 30킬로미터에 이르는 오르막길을 지나 샌디 시로 이어진다. 샌디를 지난 우리는 빽빽한 상록수 숲을 만나고, 로도덴드론, 웰치스, 거번먼트 캠프 같은 이름을 가진 도시들을 지난다. 빽빽한 초록 숲은 후드 산의 수목한계선까지 올라간다. 이 위는 공기가 깨끗하고 희박하다. 우리 오른쪽으로는 지형이 급강하하여 협곡이 되고 왼쪽으로는 3,300미터나 올라간다. 온통 눈과 얼음으로 덮인 후드 산은 잠자는 듯한 땅에서 불쑥 솟아올라 금방이라도 몸을 굴려 우리를 깔아뭉갤 것 같은 인상을 준다. 한낮의 햇빛을 받아 하얗게 빛나는 산이 산 사면의 사시나무와 상록수들을 비추는 것처럼 보인다. 여기저기 바위가 드러나 있지만 대부분 눈과 얼음이다. 갈색 얼음이 도로 가까지 밀려와서 질척한 갓길 옆에서 두텁고 지저분한 벽을 이룬다. 왼쪽의 상록수들은 더 이상 숨을 쉴 수 없는 곳까지 올라간다. 나는 부글거리는 용암이 심한 경사를 이루며 저곳을 내려오는 상상을 한다. 가끔은 후드 산이 완벽한 고깔 모양으로 보이지만 거기서 1.5킬로미터쯤 더 가면 꼭대기가 울퉁불퉁해 보이고, 또 1.5킬로미터 더 가면 다시 완벽한 고깔 모양이 된다. 어느 사진작가가 스무 개의 지점에서 스무 장의 사진을 찍은 다음 아마추어에게 보여주면서 스무 개의 산을 찍은 거라고 말해도 믿을 것 같다.

우리는 룸미러 속에서 멀어지는 후드 산과 헤어져 중부 오리건으로 내려가기 시작한다. 지형이 무척 갑작스레 변한다는 폴의 말이 맞았다. 계곡에서 낙엽수를 보다가 위로 올라가면 빽빽하고 키 작은 덤불숲이 나오지만 곧 바위와 모래, 산쑥으로 바뀐다. 단 세 시간 만에 스코틀랜드에서 유타로 넘어온 기분이다. 태평양에서 밀려온 구름은 너무 무겁고 밀도가 높아 캐스케이드 산맥을 넘지 못하는 탓에 중앙 오리건은 강수량이 훨씬 적다. 폴의 말에 따르면 겨울에는 가끔 눈이 오지만 여름은 완벽하다고 한다. 따뜻하고 햇살 좋고 건조하다.

블랙 뷰트 뒤로는 눈 덮인 산이 적어도 눈에 보이는 것만 여섯 개가 자리 잡고 있다. 폴은 여섯 개의 산이 각각 노스 시스터, 미들 시스터, 사우스 시스터, 제퍼슨, 워싱턴, 쓰리 핑거드 잭이라고 가르쳐준다. 그는 여섯 개의 산에 전부 올라가봤다고 한다. 폴의 말에 따르면, 이 산들을 가로지르는 퍼시픽 크레스트 트레일the Pacific Crest Trail은 멕시코에서 시작해서 시에라 네바다를 지나 후드 산으로 이어지고, 컬럼비아 강을 건너 워싱턴까지 간 다음 레이니어 산과 캐나다로 연결된다. 폴은 멕시코에서 퍼시픽 크레스트 트레일을 따라 북쪽으로 하이킹하는 게 일생일대의 꿈이다. 그러자면 최소 6개월은 걸린다고 한다.

시스터스 시내에 들어서자 폴이 설명한 그대로다. 아이스크림족과 줄지어 늘어선 상점들이 있다. 상점 앞에 나무 보도가 깔린 서부 도시다. 동쪽으로는 산들이 솟아 있다. 우리는 이제 블랙 뷰트 기슭에 도착한 셈이다. 블랙 뷰트는 완벽한 고깔 모양의 산으로 고도가 적어도 1,500미터는 된다. 이정도면 산이라고 불러야 한다. 산은 크고 꼭대기가 구름에 둘러싸여 어두우며 빽빽한 숲이 정상까지 이어진다.

시스터스 시내에서 30킬로미터만 가면 블랙 뷰트 목장 입구가 있다. 30킬로미터 내내 오르막길이다. 캐스케이드 산맥에 들어서자 텍사스를 떠난 이후로 공기가 가장 맑다. 깨끗한 공기가 피부로도 느껴진다. 마치 공기가 눈에 보일 것 같다. 공기를 뚫고 다른 게 보일 것도 같다. 쓰고 있던 안경을 누군가 닦아준 느낌이다. 햇빛이 소나무들 사이로 들어와 숲을 더욱 밝게 칠하자 도로와 숲 바닥의 느낌이 달라진다. 시냇물이 암반을 지나 다리 밑으로 흘러가기 때문에 다리 위를 지날 때면 축축함과 시원함을 느낄 수 있다.

폴이 왼쪽으로 꺾은 뒤 속도를 줄이고 내리막길을 따라가 목장 입구에 차를 세운다. 경비실과 대문이 보이고, 폴이 경비실 창으로 다가간다(크기는 고속도로 요금소만 하다). 경비원이 무슨 일이냐고 묻자 폴이 여름 동안 일할 인명 구조원이라고 대답한다. 경비원이 문을 열고 우리가 안으로 들어간다. 목장은 내 예상을 뛰어넘는다. 눈앞에 숲으로 둘러싸인 초원이 펼쳐져 있고, 초원(2.5제곱킬로미터^{약 75만평} 정도)다을 가로질러 시냇물이 흐르며, 시냇물 근처에는 말과 소들이 있다. 우리는 목장 관리사무소에서 제일 가까운 주차장에 차를 세운다. 저 멀리 구름 위로 높다란 세 봉우리, 쓰리 시스터스가 서 있다. 쓰리 시스터스 옆에는 쓰리 핑거드 잭과 제퍼슨 산이 있다. 우리 뒤에는 블랙 뷰트가 있다.

폴은 자신이 일할 수영장을 가리킨다. 수영장은 연못까지 이어져 있고 테니스 코트가 그 뒤에 있다. 폴이 말한다. 수영장이 세 개야, 교대를 하지만 난 보통 이 수영장을 맡아. 홍커스라는 카페에서 일하는 친구들이 음식을 갖다 줘서 여기가 좋다면서 폴이 덧붙인다. 작년 여름 내내 한 끼도 사 먹은 적 없어.

폴은 30분 동안 조용하다. 우리는 차를 타고 목장을 돌아다니는 중인데 그는 몇 킬로미터 지날 때마다 차를 세우고 예전 기억을 떠올리듯 숲을 들여다본다. 우리가 한 바퀴 돈 장소는 목장 뒤쪽인 듯한데, 쓰리 시스터스가 보인다. 엇비슷한 세 봉우리는 수목한계선 근처에서 서로 겹쳐진다. 셋

다 독특하고 고귀하면서도 겸허하다. 다른 봉우리를 이기려고 높이 솟아오르지 않는다. 우리는 숲으로 이동하고, 나는 집과 저택, 대저택들이 얼마나 큰지 주목하여 본다. 골프 코스가 숲으로 들어갔다 나왔다 하며 펼쳐져 있고 옆으로는 시냇물이 흘러 숲 앞에서 웅덩이와 작은 연못을 이룬다.

"이제 어디 가?" 내가 묻는다.

"캠프 만들러. 해 지기 전에 해야 해. 한 시간쯤 남았네."

우리는 정문 쪽으로 돌아가서 그곳을 지나쳐 왼쪽으로 난 도로를 따라간다. 조금 더 가니 또 다른 보안 출입문이 나온다. 폴이 작은 쪽지를 보면서 비밀번호를 누르자 대문이 열리고 우리는 안으로 들어간다. 초원의 일부를 둘러싼 나무들 사이에 거대한 집 몇 채가 자리 잡고 있다. 집들은 자갈 깔린 보도로 연결되어 있지만 부지가 각각 1에이커약 1,200평 정도 된다. 도로는 집들 사이를 구불구불 지나 골프 코스와 연못을 가로지른 다음 또 다른 집들로 이어진다. 폴이 사시나무가 덮인 작은 계곡으로 이어지는 울타리 너머 공터를 가리킨다. 그는 울타리 너머 숲 쪽에다가 캠프를 만들 거라고 설명하면서, 숲에서 캠핑을 하는 것은 불법이라고 덧붙인다. 걸리면 산림청에서 벌금을 물릴 것이다. 그러니 비밀 작전이다.

"이렇게 하자." 폴이 설명한다. "장비는 이 도랑에 놔두고 밴을 주차장에 세워놓고 다시 오는 거야."

"그러든지." 내가 말한다.

폴이 밴을 세우고 옆문을 열어 자기 배낭을 꺼낸다. 도랑
은 도로에서 20미터 정도 떨어져 있다. 폴은 배낭을 도랑으
로 미끄러뜨린 뒤 다시 와서 침낭을 가져가고, 또 다시 와서
다른 물건들을 가져간다. 나도 내 장비를 꺼내서 그와 똑같이
한다. 폴에게 텐트가 하나 있다. 여행 내내 쓰지 않았기 때문
에 나는 텐트가 있는지조차 몰랐는데, 폴이 밴에서 텐트를 꺼
내 도랑에 밀어 넣는다. 그런 다음 우리는 차를 몰고 출발해
서 한두 바퀴 돈 다음 또 다른 공동 수영장 주차장에 밴을 세
운다. 여기 놔두면 아무도 신경 안 쓸 거야, 폴이 말한다.

"그냥 밴에서 사는 건 어때?" 내가 묻는다.

"목장 경비원이 돌아다니면서 차에서 사는 사람이 없는지
확인할 거야. 여기에 한동안 주차해두는 건 괜찮아. 며칠에
한 번씩 자리를 옮기면 돼. 하지만 차에서 자는 건 안 돼. 그
러면 쫓겨날 거야."

난 백 가지도 넘는 질문이 있지만 폴은 대답할 기분이 아
닌 것 같다. 집에 돌아온 기분인 것이다.

이제야 알겠다. 나는 지금껏 폴을 알았지만, 그는 항상 새
로 온 사람이었다. 그런데 이제 내가 새로 온 사람이 되었다.
이상한 입장 변화다. 여기는 분명 폴의 안전 지역이다. 숲이
나 뭐 그런 것들 말이다.

우리는 장비를 가지러 얼른 돌아온다. 폴이 어깨 너머를
확인한 뒤 도랑으로 내려간다. 나도 내 짐을 들고 그의 뒤를

따라 달린다. 폴이 가방을 울타리 너머로 던지자 가방이 바위턱 아래를 따라 굴러 내려간다. 그는 나머지 짐을 가지러 돌아가서 누군가의 눈에 띄지 않도록 조심하면서 짐을 들고 다시 숲으로 뛰어온다. 그렇게 각자 두 번씩 왕복해서 짐을 모두 옮긴다.

우리는 울타리와 바위를 뛰어넘은 다음 바닥에 떨어진 짐을 모은다. 폴이 앞장서서 빽빽한 숲으로 들어간다. 겨우 몇 미터씩만 떨어져서 자라는 어린 사시나무들 사이로 90미터쯤 가자 공터가 나오고 텐트가 하나 쳐져 있다. 헨리다, 폴이 말한다. 헨리는 벌써 캠프를 세웠다.

"헨리가 누구야?" 내가 묻는다.

"옛날 친구." 폴이 대답한다. "너도 헨리가 마음에 들 거야, 돈. 정말 멋진 애거든." 폴이 텐트 입구로 걸어가서 장비를 털썩 내려놓는다. "행크!" 그가 외치지만 아무 대답도 없다. "없네." 폴이 텐트 안을 들여다보며 말한다. "음, 우리도 텐트 세워야겠다."

"텐트가 작네." 내가 말한다.

"텐트 안에서 자는 건 아니야." 폴이 말한다. "낮에 짐만 넣어두려고. 이쪽 나무 밑에 세워야겠다. 그러면 안 보일 거야." 폴이 텐트를 치기 시작한다. 나는 폴을 도우려 하지만 뭘 어떻게 하는지 몰라서 결국 뒤로 물러서서 가만히 보면서 폴이 달라는 물건만 건네준다.

"아까 그 바위로 가서 나머지 짐 좀 가져올래?" 폴이 말한다.

"알았어. 전부 여기로 가져오면 되는 거지?"

폴은 텐트를 치느라 바빠서 고개도 들지 않고 말한다. "응, 여기로."

나는 용감하게 사시나무를 헤치며 돌아간다. 가는 길에 풀을 뜯는 사슴 두 마리와 마주친다. 빽빽한 나무 사이로 점박이 무늬가 박힌 우아한 갈색 몸통이 보인다. 사슴은 내 발소리를 듣고 딱딱하게 굳더니, 갑자기 몸을 휙 돌리다가 내 눈을 빤히 보더니 뛰어가 버린다.

24. 숲

고도 1,219미터에 자리잡은 블랙 뷰트 목장은 30킬로미터 근방에 도시가 없다. 그 덕분에 밤하늘의 별이 초원으로 떨어지는 것만 같다. 자정이 되면 하늘에 어둠보다 빛이 더 많아 보인다. 하나님이 작은 별들을 한 줌 쥐어서 위로 던지자 그것들이 정점에 도달해서 반짝반짝 빛나는 것 같다. 우리가 알고 있는 피조물들은 이토록 짧은 순간만 존재하다가 다시 부서지는 것 같다. 반짝반짝 빛나는 푸른 별 무리가 두껍고 빽빽하게 펼쳐져서 반짝이다 지고, 반짝이다 진다. 밤하늘은 소리 없는 음악이다. 그 위에서 사신다니 하나님은 정말 잘하고 계신 거다. 나는 풀 한 줄기를 입에 물고 초원에 누워 하늘을 올려다보는 우리를 하늘에서 천사들이 내려다보면 어떨까 생각한다. 그리고 저 바깥 다른 차원에, 하나님의 상상 속 다른 칸에 존재할 다른 모든 피조물에 대해서 생각한다. 저 바깥에, 혹은 어디에든, 혹은 존재하지 않는 곳에, 피조물이 얼마나 더 있을까. 과학자들은 이 모든 것이 항상 무無에서 비롯되었다는 것에 당혹스러워하고, 나는 무無가 존재하는 세상은 어떨지 궁금하다.

나는 포틀랜드에서 폴이 했던 말에 다시금 감탄한다. 하나님은 선하시고, 그분이 가지신 것도 좋으므로 하나님에게서 달아나도 좋을 게 없다는 말. 내가 달아나고 싶다고 해도 그건 내가 정말 원하는 것이 아니다. 내가 원하는 것은 하나님이다. 내가 그렇게 생각하지 않더라도 말이다. 하나님이 이 모든 존재를 만드셨다는 것은 자기가 무슨 일을 하고 있는지 잘 알고 있었다는 뜻이고, 그러므로 그분은 신뢰할 수 있는 분이라고 할 수 있다. 내가 원하는 것은 그분밖에 없다. 그분 안에서 길을 잃고, 그분의 사랑을 느끼고, 그분이 하시는 이 놀라운 일을 더 많이 느끼기를 바랄 뿐이다. 나는 하나님의 시스템이 얼마나 아름다운지, 내가 선택하거나 만들어낼 수 있는 그 어떤 것보다도 하나님의 시스템이 얼마나 좋은지 감탄한다. 나는 밤하늘을 올려다보면서 하나님이 피조물에게 보내시는 이 사랑의 편지에, 어딘가에 평화와 질서가 있다고 상기시켜주는 내용에 감탄한다. 나는 하나님 나라가 얼마나 위대한지, 또 앞으로 얼마나 더 위대해질 것인지를 생각한다. 이토록 진귀하고 아름다운 순간에, 내가 어찌 이 모든 것으로부터 멀어지기를 바랄 수 있을까. 하늘에는 별이 너무도 많고, 나는 별들의 꿈을 꿀 것이다. 나는 눈을 뜨고 별을 바라본 뒤 눈을 감고 다시 별을 본다. 아침에는 해가 뜰 것이고, 봄에는 꽃이 필 것이며, 다람쥐들이 나무 꼭대기에서 꼭대기로 곡예하듯 뛰어다닐 것이고, 아기들은 옹알이를 할 것이다. 이 모든 것이 얼마나 기쁜 일인지 생각한다. 나는 폴이 그랜드 캐니언에서 했던 말, 우리는 자동차와 돈과 물건들을 원한다고 얘기했지만 그 순간 정말 원했던 것은 시리얼 한 그릇밖에 없었다는 말도 떠올린다. 그 생각을 하면서 나는 소리 내어 웃는다. 나는 정말 가진 게 없다. 돈도, 집도, 아무 것도 없이 신발 한 켤레와 침낭밖에 없는데, 이제야 삶이 얼마나 좋은지, 얼마나 아름다운지 비로소 깨닫는다.

생각해보니 내가 자연의 아름다움을 만난 것은 이번이 처음이다. 심장을 두근거리게 하는 시를 읽은 적은 있다. 소설에서 어떤 장면을 읽고서 두 손에 머리를 파묻고 인간이 말을 어쩌면 이렇게 멋지게 조율할 수 있을까 감탄한 적도 있다. 하지만 지금까지 자연은 한 번도 내게 감동을 주지 않았다. 나는 생각한다. '하나님은 예술가야.' 이 사실을 오래전부터 알고는 있었다. 일출과 일몰에서 그분의 붓 자국을 보면서, 그분이 조각하신 산과 강을 보면서 말이다. 밤하늘은 하나님의 작품 중에서도 최고작이다. 내가 휴스턴에 머물러 있었다면 이 사실을 결코 깨닫지 못했을 것이다. 아마 작은 아파트를 사서 이케아의 잡동사니들로 채우고, 섹시하다는 점 때문에 어떤 여자와 데이트를 하고, 자기계발 서적들을 한 권 또 한 권 처음부터 끝까지 읽으면서 내 영혼 밑바닥에서 점점 커지는 구멍을 메우려 애썼을 것이다. 그 구멍을 지금은 오리온자리가 틀어막고 있는 것 같다. 그리하여 이제 내 영혼에는 당연한 것을 깨닫기 위해 충분히 오래 멈췄을 때만 얻게 되는 소속감과 사랑의 감정이 고일 수 있을 것이다.

초원에서 잠들었다가 추위 때문에 몇 번이나 깬 나는 온기를 얻으려고 이리저리 뒹군다. 태양이 산자락에 닿을 즈음 마침내 일어난다. 여전히 춥고 땅은 조금 축축하다. 해는 한 시간쯤 전에 떠올랐고, 내가 누워 있던 자리는 풀이 쓰러져 있다. 몇 시나 됐는지 전혀 모르는 채로 나는 초원을 가로질러 캠프로 간다. 캠프에 도착하자 폴이 텐트를 뒤지고 있다. 그는 내가 오는 소리를 듣고 밖으로 나오더니 면접을 놓쳤다며 뭐라고 한다.

"무슨 면접?"

"오늘 아침에 청소부 면접 있잖아, 이 바보야!"

"까먹었어. 내일 갈게." 내가 말한다.

"아니야, 돈. 지금 가야 해. 우리 둘 다 일을 구해야지." 폴이 말한다.

"이미 늦었다면 내일 가는 게 나을 거야."

"아니야!" 폴이 소리친다. "지금 가야 해. 가서 늦어서 죄송하다고 사과해."

"지금 가는 게 좋아요." 낯선 목소리가 말한다.

"저 사람은 누구야?" 내가 묻는다.

"돈, 여기는 헨리야. 헨리, 얘는 돈이야. 텍사스에서 온 친구." 헨리가 배낭을 끌고 텐트 밖으로 나온다.

"외로운 별의 주에서 온 그 친구 말이지." 헨리가 미소 지으며 말한다. 어젯밤에 캠프로 돌아왔나 보다. 마르고 강인하며 금발 머리가 사방으로 뻗친 친구다. 이가 크고 뭐든 공짜로 얻을 수 있을 것 같은 그런 미소를 가진 잘생긴 남자다.

"만나서 반가워, 헨리."

"반갑다, 돈. 넌 청소부 할 거라면서?"

"응. 넌 뭔데?" 내가 말한다.

"난 인명 구조원이야."

"힘든 일이네." 내가 눈을 굴리며 말한다.

"누군가는 해야지." 헨리가 말한다.

폴을 보니 걱정스런 표정으로 사시나무들 사이로 해를 보고 있다.

"여덟 시 반이야, 돈. 서두르는 게 좋겠어. 면접은 여덟 시였어."

"해를 보면 몇 시인지 알아?" 협곡에서 겪어서 알고는 있었지만 새삼스레 내가 묻는다.

"응. 늦었어, 얼른 가."

"그런 능력도 있는 줄은 몰랐네." 예전에 그런 대화를 했었는지 떠올리려 애쓰며 내가 말했다.

"능력?" 폴이 묻는다.

"태양을 보고 시간을 아는 거 말이야. 미국 원주민들은 그런 능력이 있었대."

"야, 얼른 가." 폴이 태양을 보면서 말한다. "가는 길 기억나?"

"길을 따라 올라간 다음에 왼쪽이지. 3킬로미터, 맞아?"

"응 3킬로미터." 폴이 확인한다.

"나 어때 보여?" 내가 묻는다.

"끔찍하다. 면접 보기 전에 머리 좀 어떻게 해." 폴이 말한다.

"괜찮아 보여." 헨리가 빙긋 웃으며 말한다. "나라면 언제든 너한테 화장실 청소를 맡기겠어."

"고마워, 헨리." 내가 폴에게 헨리처럼 예의 좀 배우라는 손짓을 하면서 말한다.

"끝나면 중앙 수영장에서 보자. 어디였는지 기억 나?" 폴이 말한다.

"찾아갈게." 내가 쓰러진 나무를 밟고 사시나무 쪽을 향하면서 답한다.

"멋진 녀석이네." 내가 걸어가자 헨리가 폴에게 말한다.

"쟤 늦을 거야." 폴이 말한다.

확실히 늦긴 했지만 오늘 아침에는 숲이 안개 속에서 자라나는 것 같다. 사시나무에는 구름 조각들이 두텁게 걸려 있다. 춥다. 영상 4도도 안 될 거다. 나는 걷기에 적당한 속도를 찾아서 유지한다. 인터뷰에 늦지 않기 위해서라기보다는 몸을 데우기 위해서다. 캠프에서 90미터 정도밖에 안 나왔는데 어제처럼 사슴과 마주친다. 두 마리인데 한 마리는 뿔이 있다. 사슴이 고개를 들어 날 발견하고 뻣뻣하게 굳더니 적어도 30초 정도 나를 빤히 본다. 내가 한 발 내딛자 사슴들이 숲속으로 숨는다. 사슴은 우아한 몸짓으로 화살처럼 빠르게 안개 속을 달려가다가 속도를 늦추고 훌쩍 뛰어오르더니 껑충껑충 재빨리 나무 뒤로 사라진다.

시설관리과 사무소로 가는 길은 언덕을 빙 돌아 나 있고 주변에는 나무와 집이 줄지어 서 있다. 블랙 뷰트 목장에는 집이 적어도 1,000채는 있을 거다. 처음에 폴이 소 목장에서 일하자고 했을 때 나는 소를 밧줄로 묶고 야생마를 모는 상상을 했다. 하지만 여기는 리조트다. 처음에는 분주한 소 목장으로 시작했을지 몰라도 지금은 거대한 부동산 기획이 되었다. 나는 여기 집 한 채가 얼마나 할까, 이런 집을 '두 번째' 집으로 쓰는 가족은 얼마나 돈이 많을까, 생각한다.

"도널드 밀러 씨인가요?" 내가 시설관리 부서로 들어가자 검은 머리 여자가 묻는다. 그녀는 서류철을 들고 사무실에서 나오는 길이다. 스트레스를 받은 것 같다. 창백하고 흰 얼굴에 빨간 립스틱 자국이 남은 입술. 손이 거칠다. 한 손에는 서류철, 한 손에는 무전기를 들고 있다. 그녀는 무전기를 통해 무서운 목소리로 명령을 내린 다음 나에게 자기 사무실에서 기다리라고 한다. 곧이어 청소할 집을 할당하는 소리가 들린다. 1팀은 1호에서 40호까지, 2팀은 41호에서 80호까지, 그런 식으로 10팀까지 이어진다. 그녀는 직원 한 명과 담소를 나누더니 다시 사무실로 들어온다.

"늦었네요." 그녀가 말한다.

"네, 부인. 죄송합니다⋯⋯."

"면접에 늦는 게 습관인가요?"

"아닙니다, 부인. 그게 아니라⋯⋯."

"내가 당신의 개인적인 문제까지 들을 필요는 없겠죠. 여기서 일하고 싶으면 시간을 지켜야 해요."

"알겠습니다." 내가 말한다.

"알겠다고요?" 그녀가 비꼬며 말한다. "알았으면 제시간에 왔겠죠. 하지만 지금까진 몰랐던 거죠. 이제는 알았겠지만, 당신은 몰랐던 거예요. 아니면 제시간에 왔을 테니까요. 알겠어요?"

"함정이 있는 질문인가요?" 내가 미소 지으며 묻는다.

"참 재밌군요. 이제 잘난 척하는 사람을 직원으로 얻게 생겼네요."

"아닙니다, 부인. 그런 뜻은 아니었습니다." 내가 주저하면서 말을 고른다. "그냥 어색한 분위기를 바꿔보려고 한 거였어요. 앞으론 늦지 않겠습니다. 그건 꼭 약속드려요."

"아직 당신에게 일을 준 건 아니에요, 밀러 씨. 제시간에 출근할 기회가 없을지도 몰라요."

넓직한 어깨에 나이가 많고 어머니 같은 분위기의 여직원이 개켜진 수건 더미를 들고 사무실로 들어서자 사무실에 감돌던 긴장이 깨진다. 이 여자가 부르는 걸 들으니 면접관 이름이 루시인가 보다. 어머니 같은 이 아주머니의 이름은 로렐이다.

로렐이 루시에게 1호부터 40호까지의 콘도와 집을 청소하려면 수건이 더 필요하다고 말한다. 루시는 더 가져가도 되지만 어디 있는지 확인할 수 있게 꼭 적어놓으라고 말한다. 로렐은 사무실에서 나가기 전에 나를 보고 말한다. "신선한 먹잇감이네." 그녀가 이렇게 말하면서 미소를 짓기에 나도 미소 짓는다. 로렐이 웃는다.

"내가 데려갈게요." 로렐이 말한다. "우리 팀에 힘쓰는 사람이 하나 있으면 좋을 거예요."

"지각하는 버릇이 있어요." 루시가 로렐에게 말한다.

"내가 채찍질로 가르치죠 뭐." 로렐이 이렇게 말하고 싱긋 웃으며 나를 본다. 나도 싱긋 웃는다.

"데려가세요." 루시가 말한다. "말썽 피우면 저한테 말하세요. 안 좋은 태도를 이미 하나 발견했거든요."

"저 사람 이름이 뭐예요?" 로렐이 묻는다. 아무도 나에게는 묻지 않는다.

"신경 쓰지 마세요." 루시가 로렐의 등을 툭 치면서 말한다. "오래 못 갈 테니까."

로렐이 사무실을 나가 세탁실로 걸어가서 수건을 더 가져간다.

"좋아요, 도널드 밀러 씨. 사회보장번호 우리나라의 주민등록번호와 비슷함 — 편집자가 어떻게 되죠?" 루시가 말한다.

내가 번호를 알려준다.

"주소는요?"

내가 텍사스 주소를 알려준다.

"텍사스에서 여기까지 온 거예요? 통근하기에는 좀 먼 거리 아닌가요?"

나는 이곳에는 주소가 없다고 말한다.

루시가 의자에 기대어 앉는다. 그런 다음 펜을 내려놓고 길고 헝클어진 머리카락을 손으로 쓸어내리더니 창밖을 본다.

"도널드, 이 주변 숲에서 살면 안 되는 거 알죠?"

이제 끝장인가보다. 내가 다 망쳤다. "네, 부인. 그렇게 들었습니다."

루시가 나를 한참 바라보더니 고개를 저으면서 펜을 집어들어 서류에 주소를 적기 시작한다.

"뒤쪽에 샤워실 있어요." 그녀가 말한다.

"네?"

루시가 사무실 바깥 세탁실 반대쪽 문을 가리키며 말한다. "저 문을 나가면 샤워실이 있어요. 아침에 샤워를 해야 할 사람이 있으면 저기서 할 수 있다는 말이에요."

"알겠습니다."

"내일 아침 일곱 시 반까지 여기로 오세요." 그녀가 말한다. 루시는 고개도 들지 않고 내 서류만 작성하고 있다.

나는 거기 앉아서 그녀를 본다. 나는 다리를 꼬았다가 다시 푼다.

"이제 가도 돼요." 그녀가 말한다.

"감사합니다." 내가 말한다.

"시간 맞춰 오세요."

"네."

"내 이름은 루시예요. 루시라고 불러도 되지만 내가 당신 친구는 아니라는 걸 명심하세요. 한 번만 더 실수하면 그걸로 끝이에요."

"알겠습니다." 내가 말한다.

"오늘 아침에는 몰랐죠. 이제는 알지도 모르지만, 아침에는 몰랐던 거예요."

사무실 밖으로 걸어 나가는 나를 보고 로렐이 낄낄 웃는다.

블랙 뷰트 목장의 모든 길에는 자전거도로가 있다. 길은 검은 아스팔트로 되어 있는데 자전거도로가 길의 반을 차지한다. 나는 어디로 가는지도 모른 채 거리를 누빈다. 북쪽으로 계속 걸어가면 폴이 일하는 중앙 수영장이 나올 것이다. 나는 크고 비싼 집들 사이를 어슬렁어슬렁 걸어간다. 볼보를 탄 여피족 부부가 나를 지나친다. 두 사람 다 손을 흔들지 않는다.

자전거도로가 길에서 떨어져 나와 집들과 멀어지더니 잡목림으로 들어간다. 바로 여기서 나는 꿈속의 여인을 발견한다. 그녀는 혼자 자전거를 타고 있다. 저렇게 아름다운 여자가 혼자 자전거를 타고 가면 안 되는데. 그녀는 빠른 속도로 나를 지나치면서 싱긋 웃는다. 폴로 스타일의 블랙 뷰트 셔츠를 입고 있다. 목장 어딘가에서 일하는 게 틀림없다. 폴은 분명 저 여자를 알고 있을 거다. 나는 뒤돌아 그녀가 페달을 밟으며 오른쪽으로 휘어지는 자전거도로를 따라 나무들 사이로 사라지는 모습을 지켜본다. 아마도 내가 온 방향일 것이다. 그녀는 긴 갈색 머리에 예의 바르고 순수해 보였다. 나는 생각한다. '당신처럼 멋진 여자가 이런 숲에서 뭘 하는 거죠?'

자전거도로는 워싱턴 산, 쓰리 핑거드 잭, 제퍼슨 산이 보이는 초원으로 이어진다. 바로 내가 어젯밤에 잠을 잔 초원이지만 이제 안개는 걷히고 없다. 눈 덮인 산꼭대기는 늦은 아침 햇빛을 받아 빛나고 아름답다. 사방이 고요하지만 내마음속에서는 산꼭대기에 맹렬하게 부는 차가운 바람 소리가 들린다. 구름은 높고 흩어져 있다. 구름 너머는 깊고 끝없는 푸른빛이다. 초원의 너비는 1.6킬로미터쯤 되는 것 같다. 탁 트인 초원으로 걸어갈수록 풍경은 더욱 장관을 이룬다. 오른쪽으로는 블랙 뷰트가 솟아 있고 내 뒤로는 쓰리 시스터스와 브로큰 탑 화산이 있다. 초원 가운데 서면 블랙 뷰트뿐아니라 여섯 개의 산도 보인다. 나는 생각한다. '정말 놀랍군.

콜로라도 따위는 아무것도 아니네.'

　내가 아는 한, 인명 구조원의 주된 임무는 호루라기를 들고 줄을 손가락 사이에 줄줄이 꿰었다가 다시 푸는 것이다. 정말 유능한 인명 구조원은 30분 동안 이걸 해도 끈이 꼬이지 않는다.

　나는 의자에 앉아서 호루라기를 빙빙 돌리는 폴을 발견한다. 헨리는 수영장에 넣을 화학약품을 준비 중이다. 폴이 일을 얻었느냐고 물어서 그렇다고 대답한다. 잘 됐네, 우리 둘 다 일해야지. 그가 말한다. 넌 이걸 일이라고 부르냐? 내가 손으로 수영장을 가리키면서 말한다. 누군가는 해야지. 그가 말한다. "생명을 구하는 건 인간의 일이야."

　"배고파?" 폴이 묻는다.

　"먹을 순 있어." 내가 대답한다.

　"헨리, 나 점심 좀 먹고 와도 돼?"

　"내 것도 좀 갖다 줘." 헨리가 말한다.

　"그럴게." 폴이 자리에서 내려온다.

　"나중에 봐, 헨리." 내가 말한다.

　"그래. 오늘밤에 보자. 동굴에 같이 갈 거야?"

　"무슨 동굴?" 내가 묻는다.

　"아직 말 안 했어." 폴이 말한다.

　내가 헨리를 향해 고개를 끄덕이고, 그는 수영장을 감시하러 돌아선다. 헨리가 자리에 앉아서 호루라기를 빙빙 돌리기 시작한다. 헨리가 어떤 아이에게 오늘 인명 구조원이 지켜야 할 아이는 두 명이니까 인명 구조원 한 사람당 한 명인 셈이다 뛰지 말라고 얘기한다.

폴과 나는 잔디밭을 가로질러 호수의 오리들에게서 이름을 따온 홍커스 카페 honker: 기러기라는 뜻 — 옮긴이 야외 테라스에 자리를 잡는다. 우리에겐 20달러 정도밖에 없기에 나는 폴에게 무슨 돈으로 식사할 거냐고 묻는다. 그는 카페 주인이 숲에 사는 사람들을 돌봐준다고 말한다. 부모 집에서 사는 애들은 돈을 내지만 숲에서 사는 사람들은 공짜로 먹는다 것이다.

"주문해?" 내가 묻는다.

"아니. 여기 가만히 앉아 있으면 조만간 음식이 알아서 찾아올 거야. 많이 남은 것만 주거든. 왜 있잖아, 남은 피자나 뭐 그런 거."

"그렇군."

"그래서 돈은, 급료는 얼마나 준대?"

"안 물어봤어."

"안 물어봤다고?"

"생각을 못 했어. 되게 터프하더라고. 내가 늦어서 화가 많이 났거든."

"내 그럴 줄 알았지." 그가 말한다.

"청소를 그렇게 진지하게 생각하는 줄 몰랐지."

"맞아. 무슨 군대 같아. 커다란 흰색 밴을 타고 사람이라도

칠 것처럼 돌아다니면서 무전기로 얘기하고 그러거든. 그 여자들이라면 작은 제3세계 나라도 점령할 수 있을 거야. 아주 진지하지." 폴이 말한다.

"그럴 줄 알았어."

젊은 여자가 문을 열고 나와 폴에게 인사한다. 아까 초원에서 본 그 애다. 자전거를 타던 여자. 폴이 일어나서 그녀와 포옹을 한다. 그는 그녀를 몰리라고 부른다. "몰리, 앤 내 친구 돈이야."

"반가워." 그녀가 말한다. 초원에서 날 본 것을 기억하지 못한다.

"만나서 반가워." 내가 말한다.

"너네 배고프지?" 몰리가 묻는다.

"죽을 것 같아." 폴이 말한다.

"칼조네 calzone: 밀가루 반죽 사이에 고기, 야채, 치즈 등을 넣고 오븐에 굽는 이탈리아 요리 — 옮긴이 어때? 괜찮지?"

"근사한데." 폴이 말한다.

몰리가 카페로 다시 들어간다.

"쟨 어디 살아? 오리건 출신이야?" 내가 질문을 퍼붓기 시작한다.

"넌 엘라이다 좋아하는 줄 알았는데." 폴이 말한다.

"쟨 고등학생이잖아, 이 역겨운 변태야. 몰리는 어디 출신이야? 숲에 살아?"

"어디 출신인지는 몰라. 미네소타 어디 있는 학교에 다닌 대. 하지만 오리건 출신 같지는 않아. 여름마다 조디랑 여기서 지내."

"조디가 누구야?" 내가 묻는다.

"몰리랑 같이 지내는 사람."

"그 말은 벌써 했고."

"조디는 친구야. 이 목장에 조디네 가족 여름 별장이 있거든. 조디는 인명 구조원이야."

"그리고 몰리는 개 친구고?"

"응." 폴이 확인해준다. 잠시 후 그가 말을 꺼낸다. "반하는 거 말인데……."

"나 안 반했어. 그냥 쟤가 자전거 타는 방식이 맘에 들어." 내가 폴에게 말한다.

"몰리가 자전거를 어떻게 타는지 네가 어떻게 알아?" 폴이 묻는다.

"누구든 자전거는 다 똑같이 타잖아." 내가 말한다.

"너 무슨 소리 하는 거야?" 폴이 묻는다.

"너야말로 무슨 소리야?" 내가 말한다.

"어쨌든." 폴이 눈을 굴리며 말한다. "반한다는 얘기가 나와서 말인데, 오늘 누가 전화했게?"

"누가 했는데?"

"대니얼."

"대니얼이 너한테 전화를 했어?"

"우리한테. 수위실로 전화가 와서 수영장에 있는 날 연결해줬어."

"뭐라던데?"

"여기 온대. 새크라멘토로 가는 길에 들리겠대."

"며칠이나?" 내가 묻는다.

"딱 하루. 새크라멘토까지 밤새 운전해서 갈 거래. 3주 뒤에 올 거라는데. 아마 금요일일 거야. 3주 뒤, 맞지?"

"오늘이 무슨 요일이야, 폴?"

"오늘이라." 폴이 잠시 생각한다. "화요일인 거 같아. 확실하진 않지만."

"화요일이라고?" 내가 확인한다.

몰리가 커다란 칼조네 두 개를 가지고 오더니 미소를 지으며 내 몫을 내려놓는다. 그녀가 나에게 오늘밤에 동굴에 갈 거냐고 묻는다. 나는 무슨 소린지 모르겠다는 표정을 지으며 폴을 본다.

"아직 말 안 했어." 폴이 말한다.

"좋아. 그럼, 재밌게 놀아." 몰리가 말한다.

"여기 돈이 네가 자전거 타는 게 좋대." 폴이 말한다. 내가 그를 죽일 듯이 노려본다.

"무슨 말인지 모르겠는데." 몰리가 말한다. 하얀 얼굴에 파란 눈이 꼭 호수 같다.

"폴한테 여기는 자전거 타고 다니면 좋을 것 같다고 얘기하는 중이었어. 아까 초원에서 널 본 것 같다고."

"그런 대화는 기억 안 나는데." 폴이 어깨를 으쓱하면서 말한다.

"네가 바보라서 그런 거지." 내가 말한다. "조용히 해. 안 그러면 글 안 가르쳐준다."

"응, 여긴 자전거 타기 좋아." 몰리가 초원을 내다보며 말한다. "너 자전거 있니?" 그녀가 묻는다.

"돈은 네 손잡이에 타면 되겠네." 폴이 말한다. "나중에 둘이 술 마시고 취하면 돈이 네게 자기 감정도 얘기해줄 수 있고 말이지." 폴의 말에 내가 그의 정강이를 걷어찬다.

"음, 재밌겠네. 난 이제 일하러 가야겠다. 만나서 반가웠어, 돈." 몰리가 말한다.

"나도 만나서 반가웠어, 몰리. 즐거운 하루 보내. 나중에 또 보자."

"나중에 또 보자." 폴이 여자애 같은 목소리를 흉내 내며 말한다.

"자꾸 그러면 대니얼한테 네가 사실은 회복 중인 게이라고 말할 거야." 내가 폴에게 말한다. "진짜야, 폴. 네가 예수님을 만나서 그때 이후로는 남자를 원한 적이 거의 없다고, 그러니 걱정할 거 없다고 말할 거야. 네가 언제나 대니얼을 좋아할 거고, 대체로 그런 개종은 오래간다고 말이지."

25. 동굴

오늘밤 우리는 숲에서 자지 않는다. 다들 동굴에 갈 거라고 폴이 말한다. 저 산들 아래 터널에 기다란 용암 동굴이 있다는 것 같다. 그중에 폴과 친구들이 매년 캠핑을 하는 특별한 동굴이 하나 있다. 거기에는 온갖 추억이 있다.

　우리는 거의 온종일 카페에서 시간을 보냈다. 나는 폴과 점심을 먹으며 한참 동안 얘기를 했고, 그런 다음 헨리가 이 지역 사람한테 일을 맡기고 와서 합류했다. 그 뒤에는 다른 친구들이 등장해서 폴이 나를 소개했다. 에디, 팻, 브릭, 오언이었다. 다들 뉴욕 대학교NYU 출신 같았고, 모두 문학 전공에 가수 브루스 스프링스틴의 팬이었다. 오언은 서사시를 쓰는데, 항상 공책을 가지고 다니면서 여자와 바위와 물과 비행의 은유에 대한 생각을 적는다. 폴이 다시 일하러 가고 나서 에디와 나는 여자애들에 대해, 에디가 섹스를 한 지 얼마나 오래되었는지에 대해 이야기한다. 거의 한 달은 됐단다. 나는 아무 말 없이 나도 적어도 한 달은 되었다는 듯 고개만 끄덕인다. 솔직히 에디는 어떤 남자애들처럼 섹스에 지나치게 무신경하지는 않지만 섹스라는 행위에 어떤 감정을 연관시킨다. 마치 자기는 하루나 이틀 밤 정도 사랑에 빠졌다가 금방 빠져나올 수 있다는 듯이. 에디는 섹스가 사실은 관계에 관한 것이라고 말하지만 자신에게 그 '관계'라는 것이 별로 오래가지 않는다고 인정한다.

우리 무리는 모두 사시나무 캠프로 짐을 옮겼다. 브릭은 옛날에 폴과 함께 어떤 집 뒤쪽 데크의 테라스용 가구 세트를 전부 훔쳤던 이야기를 하기 시작한다. 가구를 훔쳐서 숲속에 거실을 차렸다고 한다. 두 사람은 한밤중에 다시 가서 바비큐 그릴을 훔쳤지만 경비원이 손전등을 번쩍이며 모퉁이를 도는 바람에 들판 한가운데 버리고 올 수밖에 없었다. 경비원들이 두 사람을 쫓아왔지만 브릭과 폴은 숲으로 들어가서 사슴처럼 사라졌다. 내가 동굴에 대해 묻자 에디는 전통이라고, 친구들이 여기 다 모이면 동굴에 가서 잔다고 말한다. 그는 동굴이 산 약간 위쪽에 있다고 말하면서 기억하는지 묻는 듯 브릭을 본다.

브릭이 밴을 몰아 구름 사이로 달빛이 부드럽게 비추는 어둡고 가파른 길을 올라간다. 그는 폴에게 운전에 대해 얘기하는 중이다. 이렇게 낡은 밴치고는 나쁘지 않다고 말한다. 폴은 네바다에서 만난 정비공과 고물상, 그리고 하나님이 우리 기도에 어떻게 응답해주셨는지를 이야기한다. 브릭은 영적인 타입은 아니기 때문에 그냥 어깨를 으쓱하고 만다. 마침내 그가 어떤 숲에 밴을 세운다. 밴 옆구리가 소나무에 긁히고 오언이 앉은 쪽은 문이 잘 안 열린다. 주차 참 잘도 했다, 에디가 말한다. 고마워, 브릭이 말한다. 밴에서 내린 아이들은 자기들이 무슨 일을 하고 있는지 잘 아는 것처럼 움직인다. 아이들이 각자 침낭을 들고, 브릭이 내게도 침낭을 하나 던져준다. 에디가 성냥 어디 있냐고 묻자 팻이 자기한테 라이터가 있다며 증명이라도 하듯 담배에 불을 붙인다.

"달릴까?" 에디가 묻는다.

"당연하지." 폴이 말한다.

그러자 에디가 숲으로 쏜살같이 뛰어가고 팻과 오언이 그 뒤를 따른다. 팻은 담배를 횃불처럼 높이 들고 있다. 그는 작은 나무들을 피해서 매끄럽고 재빠르게 달리더니 통나무를 넘어 사라진다. NYU 패거리 중에서 키가 제일 큰 오언은 그냥 나무 사이를 헤치며 달린다. 그는 무슨 괴물 시인처럼 숲을 달리면서 한 걸음 뗄 때마다 나뭇가지를 부러뜨린다. 나는 그들 뒤에 있고 폴과 브릭은 내 뒤에 있다. 헨리는 바로 내 옆에서 달린다. 우리 무리가 이렇게 달그림자 속을 달리는 건 정말 볼 만한 광경이다. '여기 배경 음악이 있다면 백파이프 연주일 거야.' 나는 생각한다. 다들 가쁜 숨을 몰아쉬는데, 날씨가 추워서 입김이 나온다. 소리를 지르거나 하는 사람은 없다. 그냥 빨리 달릴 뿐이다. 우리가 왜 달리고 있는지 나는 모른다. 걷는 게 나을 것 같다. 하지만 길을 잃고 싶지 않았기 때문에 달린다. 우리는 달리고 또 달린다. 숲속으로 20분쯤 들어가자 언덕 꼭대기에 도착한다.

"여기야." 폴이 숨을 몰아쉬며 말한다.

"동굴은 안 보이네." 내가 말한다.

폴이 땅에 난 구멍을 가리킨다. 아주 큰 건 아니고 가로 세로 각 1.5미터 정도 크기다. 폴은 그게 동굴 입구라고 말한다. 브릭이 배낭에서 손전등을 꺼내 구멍 안을 비추며 말한다. "사다리가 떨어졌어."

"매년 이렇다니까." 에디가 투덜댄다.

브릭이 배낭에서 끈을 꺼내 허리에 묶더니 머리에 헤드랜턴을 장착한다. 다른 친구들이 밧줄을 잡고 브릭이 동굴 속으로 내려간다. 브릭이 비추는 빛이 돌 벽에 그림자를 드리우자 동굴이 꽤 크다는 걸 알겠다.

브릭이 동굴 바닥에서 손으로 만든 사다리를 주워 입구로 내민다. 에디가 제일 먼저 내려가고 그다음에 폴, 그다음에 나와 헨리, 오언, 팻이 바로 뒤를 따른다. 손전등을 가진 폴과 브릭이 동굴을 깊숙이 비춘다.

빛을 따라 100미터 정도 내려가니 폴과 브릭이 낡은 불구덩이를 파내고 있다. 동굴 주변에 낡은 장작이 흩어져 있는데 일부는 아직 안 쓴 것이다. 우리는 불을 피울 장작을 모으기 시작한다. 팻이 라이터로 불을 붙이면서 그 와중에 담배에 또 불을 붙인다. 불길이 살아나 동굴을 비춘다. 바위가 깊이 박혀 있고 울퉁불퉁하지만 바닥은 평평하다. 동굴은 뒤쪽으로 200미터 정도 뻗어 있고 그 이상은 어두워서 보이지 않는다.

"저 뒤에 가본 적 있어?" 내가 폴에게 묻는다.

"아니. 1~2킬로미터 정도는 가본 적 있는데 거의 다 비슷해. 작아지지도 커지지도 않아.

"여기 동물은 없어?" 내가 그에게 묻는다.

"한 번도 못 봤어. 동물이 들어오기엔 좀 힘든 입구잖아. 저기서 떨어지면 아마 죽을걸. 아니면 물을 못 마셔서 금방 죽을 거야."

"그렇군." 내가 말한다.

우리는 몇 시간 동안 잡담을 나눈다. 대부분 예전에 목장에서 술을 마시고 도둑질을 하고 여자를 만난 이야기다. 에디, 팻, 오언이 침낭을 펴고 눕는다. 오언은 무언가를 쓰고 팻은 주머니칼을 만지작거리고 있다. 에디가 파이프를 꺼내 불을 붙이자 달콤한 연기가 공기를 채운다. 나는 뒤로 기대어 폴에게 속삭인다.

"나 내일 아침 일곱 시 반에 일하러 가야 되는 거 알지. 그전에 샤워도 하고 싶어."

"걱정 마, 내가 데려다줄게. 괜찮을 거야." 그가 안심시킨다.

에디가 우리 대화를 듣고 말한다. "어디서 일해, 돈?"

"집안 관리." 내가 말한다.

"군인 타입이구나." 브릭이 말한다.

"바로 그거야." 헨리가 끼어든다.

누군가가 나에게 얼마나 있을 생각이냐고 묻고, 나는 콜로라도에서 일을 얻느냐 마느냐에 달려 있다고 말한다. 나는 콜로라도에 있는 이와 비슷한 캠프에 지원했지만 합격했는지 전화를 해보지 않았다. 만약 합격한다면 여기서 청소로 돈을 모아 콜로라도 스프링스행 비행기표를 살 생각이다. 폴이 내 말을 듣고 놀란 표정을 짓는다. 그동안 여행이 끝나고 내가 뭘 할지에 대해 제대로 이야기한 적이 한 번도 없었다. 하지만 이게 나의 계획이다.

"네가 콜로라도에 갈 생각인지는 몰랐어." 폴이 말한다.

"최종 결정이나 뭐 그런 건 아니야. 지원서를 여행 떠나기 전에 보냈거든. 6월에 시작하니까 합격을 하든 말든 난 여기 적어도 한 달은 있을 거야."

"잘됐다. 숲속의 여름을 네가 놓친다면 내가 아쉬울 거야."

"숲에서 지내는 여름은 정말 좋아, 돈." 브릭이 말한다. "수영하고, 돈 많은 여자애들이랑 놀고, 맥주 마시고, 돈 많은 여자애들 집에서 열리는 파티에 가고 그런 거야. 아주 즐겁지 뭐."

"멋지네." 내가 고개를 끄덕이며 말한다.

"너도 종교적인 편이야, 돈?" 에디가 묻는다.

"맞아. 그러니까, 난 항상 그런 문제가 궁금했어. 그런데 어젯밤에 초원에서 멋진 밤을 보냈지. 별을 보니까, 왜 그런 거 있잖아, 뭔가 다른 것, 뭔가 더 좋은 게 있다는 느낌이 들더라."

"외계인 말이야?" 오언이 묻는다.

"하나님 말이야." 내가 말한다.

"그렇지." 헨리가 싱긋 웃으며 말한다.

"하나님을 믿어?" 내가 헨리에게 묻는다.

"하나님이 나를 믿으실까? 이게 제대로 된 질문이지." 헨리가 여전히 빙그레 웃으면서 말한다. 내가 그의 말에 웃고 폴도 웃는다. 에디가 오언을 보며 말한다. "시 있잖아!"

오언이 공책을 꺼내 몇 장 넘기더니 시를 몇 줄 읽어준다. 에디가 침낭을 베고 눕고 나도 눕는다. 오언의 목소리에 감정이 실리고, 한 줄 한 줄, 한 구절 한 구절 기나긴 고민이 느껴진다. 그가 몇 분 동안 시를 읽고 나자 사방이 고요해진다.

모두 각자의 침낭으로 들어가고, 나는 거기 누워 바위에 일렁이는 불그림자를 지켜본다. 연기가 동굴 꼭대기까지 올라가더니 입구를 통해 빠져나간다. 곧 가벼운 빗소리가 들리고 불빛에 물방울이 보인다. 동굴 입구 아래에 웅덩이가 고인다. 나는 폴이 오늘 아침에 사시나무 캠프에서 나올 때 내 침낭을 텐트에 넣었을까 궁금해진다.

"난 하나님을 믿어." 오언이 우리에게 말한다. 몇 명은 이미 잠들었다.

"그리고 하나님도 널 믿으셔." 몇 초의 침묵이 흐른 뒤에 헨리가 말한다.

* * *

폴이 침낭을 들추자 내가 동굴 흙바닥으로 미끄러져 나온다. 불은 꺼졌지만 동굴 입구로 아침 햇살이 들어온다.

"여섯 시야, 돈. 일하러 가야지."

"일곱 시 반까지만 가면 돼." 내가 말한다.

"한 시간 거리야. 너 내려주고 얘들 데리러 또 와야 해. 밴까지 걸어가는 것도 한참이야. 얼른, 또 늦으면 안 되잖아."

"일어났어." 내가 말한다. "일어났어. 잠깐만 기다려." 나는 앉을 바위와 부츠를 찾아서 차가운 발에 차가운 부츠를 신는다. 따뜻한 내 침낭을 보자 도로 들어가고만 싶다. 헨리가 머리를 내밀고 사방으로 뻗친 머리카락과 커다란 이를 드러내며 씩 웃는다. "화장실 청소 좀 해주세요." 그가 말한다.

"청소하는 내내 널 생각할게." 내 말에 헨리가 한참 동안 웃는다.

"전쟁터에 나가는구나." 에디가 말한다.

폴이 침낭을 말아서 배낭에 넣는다. 그는 내가 부츠 끈을 다 묶기도 전에 내 침낭까지 말아서 넣더니 사다리 위로 올라간다. 나도 폴을 따라 하늘을 향해 올라간다. 땅은 온통 축축하다. 나무에서 빗물이 떨어진다. 땅에는 눈이 내려앉았다. 나는 생각한다. '지금은 봄이야. 봄인데 땅에 눈이 있다니.'

나는 폴을 따라 숲으로 들어간다. 길이라고 할 만한 곳이 없기에 그저 중력에 몸을 맡긴 채 언덕을 내려간다. 이끼와 흙으로 뒤덮인 쓰러진 통나무들을 지나면서 나는 점점 더 더러워진다. 손은 진흙이 묻어서 갈색이 되었다. 로렐과 루시에게 내 모습이 어떻게 보일까, 하고 내가 소리 내어 말한다.

26. 목장 생활

1900년대 초반, 한 개발 회사가 오리건 주에서 수입이 4만 달러가 넘는 2만9천 가구라면 산지의 두 번째 집에 관심이 있을 것이라고 생각했다. 그렇게 블랙 뷰트 목장이 시작되었다. 그들의 목표는 이 부유한 가구 중 5퍼센트를 겨울에는 비어 있을 별장으로 끌어들이는 것이었다. 과감한 시도였다. 요즘 같으면 말도 안 된다고 하겠지만 그때는 그게 통했다. 집들이 팔렸고 여름 별장촌이 시작됐다. 요즘은 집 한 채가 70만 달러 이상 나간다. 목장에는 700채 이상의 집이 있다. 침실 두 개짜리 오두막도 있고, 침실 아홉 개짜리 대저택도 있다. 이제 폴과 내가 여기 온 지 3주가 지났고 자리도 잘 잡았다. 우리는 공짜로 지낸다. 세금을 낼 필요도 없다.

알고 보니 나는 군대 같은 여자 청소부들과 잘 어울렸다. 요즘은 루시까지도 나를 좋아한다. 나는 일찍 출근해서 샤워를 하고 아줌마들이 올 때까지 수건을 갠다. 로렐은 우리 대부분, 즉 젊은 여자애들과 나에게 엄마 같은 존재가 되었다. 나는 워싱턴 D.C.의 아메리카 대학에서 온 여자애 두 명과 친해졌다. 우리는 별장에 들어갈 때마다 휴가를 즐기던 가족이 아이스크림을 남기지 않았는지 냉장고를 살펴보고, 아이스크림이 있으면 잠깐 침대에 앉아 쉬면서 남자애들이 얼마나 끔찍한지, 요즘 남자들이 여자 대하는 법을 얼마나 모르는지 이야기한다. 나는 동의의 뜻으로 고개를 끄덕이면서 하겐다즈 아이스크림을 한 숟가락 더 먹는다. "요즘은 여자로 사는 게 너무 힘들어. 그건 확실해." 내가 말한다. "바로 그거야." 여자애 한 명이 말한다. 일은 고되지만 여자애들은 일을 재미있게 만든다. 하지만 진짜 삶, 내가 신앙과 우정과 평화를 찾을 수 있는 진짜 삶은 저 바깥 숲속에 있다.

몇 번인가 목장 사람이 내게 지낼 곳을 주겠다고 제안할 때도 있지만 나는 항상 거절한다. 어젯밤만 해도 우리가 늦게까지 파티를 하면서 커피를 마시고, 단어 놀이를 하고, 존 프라인의 음반을 듣고 있는데 어떤 집주인이 와서 남는 침실에서 자도 된다고 얘기했다. 어젯밤에는 기온이 영하로 한참 내려갔지만 나는 역시나 거절했다.

밖에서 자는 데 익숙해지려면 일주일 정도 걸리는 것 같다. 하지만 한번 익숙해지면 머리 위에 지붕이 있는 곳으로는 쉽게 돌아가지 못한다.

시간이 흐를수록 사람의 감각이 날카로워지거나 둔해진다면 내 감각은 지난 3주 동안 점점 더 날카로워졌다. 나는 배가 고플 때 내가 청소하던 콘도에서 아이스크림이나 다른 상하기 쉬운 음식을 발견하면 먹거리를 두고 하나님께 감사드린다. 우정의 진가를 아는 내 곁에 텔레비전은 필요하지 않다. 이곳에는 귀를 유혹하는 라디오가 없기에 나는 지저귀는 새들에게 고마워한다. 나는 내 힘으로 산 집이 아니라 하나님이 만드신 집에서 살고 있기에 하나님께 감사드린다.

나는 또 내가 모르는 게 너무 많다는 사실을 깨달았다. 내 말은, 내가 인생에 대한 온갖 이론을 갖고 있었다는 거다. 난 내가 모든 사람을, 심지어는 하나님까지도 다 안다고 생각했지만 그렇지 않았다. 우리에게 들러붙는 온갖 상업주의의 검댕으로부터 멀리 떨어진 이 숲은 나에게 삶이 거대하며 나는 한낱 작디작은 존재임을 가르쳐주었다. 나 자신이 가끔 미친 듯이 날뛰는 강물 속의 물 한 방울 같다. 우주가 지구만 하다면 나는 모래 한 알에 불과하다. 그만큼 하찮다. 하지만 별을 올려다보거나 노을을 바라볼 때 아름다움을 느끼게 하는 내 머릿속 화학작용은 내가 이 땅에 존재하는 분명한 이유가 있다고 가르쳐준다. 이렇게 정리할 수 있지 않을까. 삶이란 나에 관한 이야기가 아니라 누군가 나에게 들려주는 이야기며, 나는 그에 대해 감사할 수 있다. 이것이 바로 삶의 **이유**이자 사실 내가 계속 생각해온 이 오랜 믿음, 곧 하나님을 즐겨야 한다는 믿음의 **이유**인 것 같다.

별들이 만들어진 것은 연애편지처럼 우리를 황홀하게 하기 위해서다. 빛은 그 자체로 하나의 은유이자, 시간 바깥에 존재하는 무엇이다. 무無로 만들어졌고, 무한한 힘을 가졌으며, 경험할 수는 있지만 이해할 수는 없는 무엇이다. 마치 하나님처럼. 남녀 관계는 하나님의 어떤 속성과 비슷하다. 하나님은 우리와 관계를 맺고 계시며 사랑과 상실감을 느끼신다. 이것은 모두 은유이고, 이야기는 우리에 관한 것이다. 하나님이 지으신 우리 모두와 하나님 자신에 관한 이야기며, 서로를 즐거워하는 것에 관한 이야기다. 광고들은 이러한 현실과 얼마나 거리가 먼지, 어쩌면 광고는 너무나 치명적이라는 생각이 떠오른다. 몇 달 전이었다면 나는 인생에서 중요한 것은 행동하는 것이고, 종교적 장애물을 넘는 것이며, 다른 사람에게 깊은 인상을 주는 일이라고 말했으리라. 그리고 내가 하는 활동들을 통해 인생이란 물건을 사들이거나 좋은 이미지를 유지하거나 교회에 가는 것으로 이뤄지는 거라고 말했으리라. 이제는 더 이상 그렇게 생각하지 않는다. 우리는 사막에 서서 태양이 떠오르는 모습을 보면서 감탄하기 위해 만들어졌다. 초원에서 잠들면서 시간과 공간을 가로지르는 별들을 보기 위해 만들어졌다. 친구들을 사랑하기 위해, 사람들에게 이야기를, 평화롭고 마음을 가라앉히는 인생의 **이유**를 소개하기 위해 만들어졌다. 삶 자체가 영성이라고 나는 생각한다.

할 수만 있다면, 그것이 가능하다면, 이 숲에서 영원히 살고 싶다. 수염을 기르고, 먹거리를 직접 사냥하고, 별자리 지도를 그리고, 산에 관한 시를 쓸 것이다. 하지만 알고 있다. 이런 시절은 모두 지나가는 법이다. 오늘 아침 콜로라도 캠프에 전화했더니 나에게 일자리를 제안한다. 나는 일주일 안에 오리건을 떠날 것이다. 폴과 헨리와 다른 친구들을 남겨두고, 이 초원을 남겨두고 떠날 것이다. 내가 이곳을 떠나서, 같은 믿음을 소유하지 않은 이 친구들을 떠나서, 남자들에 대해 불평하는 군인 같은 여자들을 떠나서, 산 위의 별빛을 떠나서 예전 습관으로 돌아간다면 어떻게 될까. 소유를 위해 애쓰는 것으로 하나님을 기쁘게 해드리려 노력하거나, 더 심하게는 자기계발 강좌에 등록하여 그런 걸 신앙이라고 부르게 되면 어떻게 해야 할까. 그리되지 않기를 바란다.

이런 관점을 결코 잃고 싶지 않다. 나는 초원을 지나 폴을 만나러 가면서 만약에 삶이 다시 괴로워지면, 내가 빚더미에 올라앉게 된다면, 모든 것을 팔고 숲으로 이사 오겠다고 다짐한다. 나와 다른 사람들을 찾아서 그들을 사랑하는 법을 배우고 더 힘든 일을 하겠다고, 그들이 나를 사랑하게 하고 나와 같은 믿음을 갖고 있지 않은 사람들, 모든 면에서 나와 동의하지 않는 사람들의 사랑을 받겠다고, 그리고 별들 아래서 잠들면서 우주의 창조주께 "감사합니다"라고 속삭이겠다고 다짐한다. 그것은 옛 친구와 다시 친해지는 방법이다. 내가 똑똑해지거나 멋져 보이거나 종교적이 될 필요가 없다고, 하나님께 매달리고 그분을 사랑하고 그분을 필요로 하고 그분의 이야기에 귀 기울이기만 하면 된다고 말해주는 친구와 다시 친해지는 방법이다.

폴은 오늘 오전 교대조였기 때문에 대니얼이 도착할 때는 자유의 몸이다. 우리는 점심시간 전에 대니얼이 오기를 기대하고 있다. 그녀는 하루만 있다가 남쪽 새크라멘토로 가서 할아버지 할머니와 지내면서 여름학기를 다닐 것이다.

나는 홍커스 카페 야외 데크에 앉아 있다. 수영장은 드물게도 아이들로 가득하다. 토요일이라 부자들이 전부 여름 별장으로 왔기 때문에 폴은 무척 바쁘다. 그가 자기 자리에 앉아 손을 흔들기에 나도 같이 손을 흔든다. 데크에서는 초원 위로 솟은 산들이 다 보인다. 초원에 흐르는 작은 시냇물이 풍경을 둘로 나눈다. 카우걸 한 명이 말 떼를 몰고 울타리로 들어가 안장을 얹은 다음 돈을 받고 사람들을 태워준다.

멀리 몰리가 보인다. 그녀는 연못 저쪽에서 이 카페로 출근하는 중이다. 몰리와 나 사이에는 아무 일도 없었다. 그녀는 헨리를 통해 내가 자기를 특별하게 생각한다는 이야기를 들었지만 반응이 없었다. 헨리 말에 따르면 몰리는 에디에게 반했는데 에디는 우리 모두 열두 번도 더 들은 뉴욕의 어느 발레리나에게 반했다고 한다. 하지만 당신에게 다가오지 않는 여자에게는 아름다운 무언가가 있는 법이다. 몰리는 이제 보도로 접어들어 원피스 뒤의 매듭을 풀려고 애쓰고 있다. 우리는 드레스를 입고 출근하는 여자를 사랑해야 한다.

폴이 의자에서 내려오고 헨리가 올라간다. 헨리가 높은 의자에 앉아 손을 흔든다. 폴이 난간을 뛰어넘어 내 옆에 앉는다.

"대니얼은?" 그가 묻는다.

"아, 좀 전에 축구선수랑 같이 있더라. 둘이 키스하고 있던데."

"참 재밌기도 하다."

"아니, 연락 없었어. 언제 온다고 했지?" 내가 묻는다.

"이제 곧 올 거야. 11시까지는 왔어야 하는데, 좀 늦어지나봐."

폴이 몰리에게 손을 흔든다. 몰리는 유리문 안쪽에서 우리를 보고 있다. 그녀가 입 모양으로 배고프냐고 묻자 폴이 고개를 끄덕인다.

"그래서," 폴이 의자에 편히 앉으며 말한다. "오전 내내 뭐 했어?"

"여자애들이랑 잠깐 일했어."

"여자애들 중 한 명이겠지." 폴이 눈썹을 찡그리며 말한다.

"응, 한 명이랑." 내가 확인해준다.

"여기서 지내면서 즐거웠어?" 폴이 묻는다.

"응, 너한테 아무리 고맙다고 말해도 모자랄 정도로." 내가 말한다.

며칠 전에 폴과 나는 포도주를 한 상자 사서 여기 데크에 앉아 술을 마시면서 우리가 얼마나 멋진 여행을 했는지, 우리가 하나님을 필요로 할 때 그분이 어떻게 나타나셨는지, 우리가 서로 알게 되어 얼마나 좋은지 이야기했다. 그때 나는 어떤 생각이 떠올라 폴에게 하나님이 만드신 것 중에 별빛보다 더 좋은 게 있다고 말했다. "그건 바로 너야. 알잖아, 친구들, 사람들, 우리가 혼자일 필요가 없다는 건 정말 아름다워. 너한테 감사해." 폴 역시 나에게 무척 고맙다고 말했고, 나는 심지어 눈물까지 몇 방울 흘렸다. 그는 내가 좋은 사람이라고, 웃기지만 깊은 면도 있고 요즘 사람들처럼 쉽게 판단하지 않는다고, 함께 있어도 자신이 싫어지게 만들지도 않는다고 했다. 폴이 말했다. **우린 제일 친한 친구가 될 거야, 너도 알지?** 솔직히 말하면 나는 몰랐다. 폴은 나보다 나은 사람이다. 더 잘 생기고, 몸도 더 좋고, 더 똑똑하다. 나는 폴이 나를 그렇게 생각하는지 몰랐지만, 그런 모양이었다. 중요하지 않지만 항상 중요한 모든 면에서 나보다 나은 사람이 나를 동등하게 생각해주는 건 정말 멋진 일이다.

몰리가 샌드위치를 가지고 나와 내 등을 두드리더니 반갑다고 인사한다. 나 역시 반갑다고 말하고는 미소를 짓는다. 폴이 샌드위치를 한 입 베어 물고 초원을 내다본다.

"우리가 순례를 한 걸까?" 폴이 입 안 가득 음식을 물고 묻는다.

나는 초원 너머, 저 멀리 떨어진 산을 내다본다. "응, 난 우리가 순례를 한 것 같아."

27. 일출

시간이 어떻게 흘러가는지 절대 이해할 수 없으리라. 강을
탐구하듯 시간을 탐구할 수도 없고 시계로 시간을 길들일 수
도 없다. 우리가 만든 장치는 단지 시간이 오고 가는 것을 표
시할 뿐이다. 나는 3개월 전에 닻을 내렸지만 시간은 느려지
지 않았다. 어떤 일들은 끝나게 되어 있다. 삶은 항상 무언가
로 이어질 거라고 생각하겠지만, 사실은 그렇지 않다. 삶은
그냥 삶일 뿐이다. 삶은 바로 지금 일어나고 있고, 한 달 뒤
의 우리는 지금의 우리보다 더 완전하지 않을 것이다. 이런
말을 하는 건, 오늘밤 모든 것에 감사하고 싶은 마음 때문이
다. 나는 곧 떠날 것이므로 이제 이해하고 싶다. 정말로 하나
님이 진흙에 숨을 불어넣어 우리를 만드셨기 때문에 이 일이
일어나고 있다고, 하나님은 이유가 있어서 그렇게 하셨다고,
거짓 설명이 아닌 진정한 이유를 깨닫고 싶다.

오늘 밤은 모든 일이 예술영화 같다. 오언은 주크박스에서
브루스 스프링스틴을 듣고 있다. 그는 스프링스틴이 밥 딜런
만큼이나 좋다고 한다. 대니얼은 내 맞은편에 앉아서 에디가
며칠 전 시스터스에서 산 시집을 넘겨보고 있다. 몰리는 모
두를 위해 요거트를 만드는 중이다. 카페 문은 몇 시간 전에
카페를 닫았지만 그녀는 좀 더 있어도 된다고 한다. 내가 곧

떠날 거라서 다 같이 환송회를 열어주기로 했다고 폴이 얘기했기 때문이다. 우리는 몇 시간째 이렇게 앉아 있다. 시간이 많이 늦었고 대니얼은 괴로운 얼굴이다. 여기에 더 머물수록 새크라멘토까지 운전하는 시간이 더 길어지고 힘들어진다는 걸 알기 때문이다. 헨리와 조디는 팔씨름을 하는데 헨리가 자꾸 져줘서 웃고 있다.

"언제 가?" 에디가 기억해두려고 애쓰며 묻는다.

"이번 주 지나고."

몰리가 요거트를 가지고 온다. 폴이 대니얼에게 내가 몰리에게 반했다는 이야기를 한 탓에 몰리가 나에게 컵을 건네자 대니얼이 부드러운 미소를 짓는다. 몰리는 테이블을 돌아서 각자에게 원하는 것을 준다. 초콜릿, 바닐라, 또는 둘을 섞은 것.

"내 생각에 넌 가면 안 돼." 헨리가 말한다.

"가지 마, 돈." 조디가 거든다.

"얘 벌써 결심했어." 폴이 둘에게 말한다.

"또 어딜 가는데?" 몰리가 묻는다.

"콜로라도." 내가 그녀에게 말한다.

"내가 마지막으로 확인했을 때는 여기도 산이 있었는데 말이지." 오언이 주크박스에 다시 25센트를 넣으면서 말한다.

"음, 돈, 질투 난다. 나도 콜로라도에 돌아가고 싶어. 난 네 결정이 옳다고 생각해." 대니얼이 말한다. 폴은 대니얼이 말도 안 되는 소리를 한다는 듯 그녀를 본다. 대니얼은 어깨를 으쓱하고 씩 웃는다. 몰리가 젖은 천으로 테이블을 닦는다. 그녀는 우리를 보고 미소를 지으며 이제 곧 모두 일어나야 한다고 말한다. 몰리는 아침부터 일해야 하는데 벌써 네 시다. 잘 시간이 별로 없다.

"벌써 새벽 네 시잖아!" 대니얼이 외친다.

"맞아." 폴이 확인해준다.

"이런 세상에. 나 가야 해."

"대니얼!" 폴이 혼란스러운 표정으로 그녀를 본다. "너 운전하면 안 돼. 잠을 못 잤잖아."

"나 커피 일곱 잔이나 마셨어. 새크라멘토에 가야 해. 괜찮을 거야."

"가지 마." 폴이 말한다. "가지 말고 여기 캠프에서 자. 내일 출발하면 되잖아."

"가야 해." 대니얼이 사랑에 굶주린 폴의 눈을 보면서 말한다.

"나랑 별빛 아래서 자자." 폴이 말한다.

"좋은 생각이 아니야." 대니얼이 미소를 짓고 고개를 저으며 말한다.

"우리 집에서 자도 돼." 조디가 그녀에게 말한다.

"나랑 별빛 아래서 자도 돼." 내가 말한다.

"안 돼. 가야 해. 나 야간 운전 잘해. 졸리면 차 세우고 잘 거야. 게다가 이제 한 시간만 있으면 해가 뜰걸. 걱정 마. 괜찮을 거야."

나는 친구들에게 환송회 고마웠다고, 곧 다시 만나자고 말한다.

"우리 오늘 밤에 시스터스 로데오에 갈 건데. 너도 갈래?" 오언이 말한다.

"그래." 내가 말한다. 몰리가 우리를 몰아낸 다음 작별 인사로 나를 안아준다. 떠나기 전에 다시 보게 될 거라고 내가 말하자 그녀는 그래야 할 거라고 대꾸한다.

"네가 와서 참 좋았어, 돈." 에디가 말한다. "정말 좋았어. 뉴욕에 오면 언제든 재워줄게."

"고마워." 내가 그에게 말한다. "너도 오늘밤에 로데오 갈 거야?"

에디가 발뒤꿈치를 모으더니 말을 탄 사람처럼 무릎을 굽혔다 폈다 하면서 말한다. "놓칠 순 없지."

폴과 나는 대니얼을 차까지 데려다주고, 두 사람은 친밀한 포옹을 나눈다. 대니얼이 나도 안아주지만 '옛 친구' 사이의 포옹이지 폴에게 했던 것처럼 "널 다시 만날 때까지 기다릴 수 없어, 새크라멘토로 가는 내내 울 거야" 같은 포옹은 아니다. 대니얼이 차에 올라 문을 닫는다. 그녀가 안전벨트를 채우는 동안 폴은 눈을 깜빡이지도 시선을 돌리지도 않는다.

"피곤하면 바로 차 세워야 해." 폴이 대니얼에게 말한다. "안전한 곳에 말이야. 휴게소는 안 돼. 경찰서나 뭐 그런 데 세워."

"그럴게." 대니얼이 웃으면서 우리에게 사랑한다고 말한다. 폴이 싱긋 웃는다.

"대니얼은 **우리**를 사랑한다고 했어, 너만이 아니라." 내가 작은 소리로 그에게 말한다.

대니얼의 자동차 브레이크 등이 아스팔트를 비추더니 그녀의 차가 소리를 내면서 주차장을 돌아 목장 출입문을 향한다. 폴은 대니얼을 계속 지켜보면서 절대 시선을 떼지 않는다.

"괜찮을까, 돈?" 폴이 묻는다.

"그럴 거야. 대니얼은 똑똑한 애니까."

"있잖아, 돈. 난 대니얼이 내 짝인 것 같아."

"무슨 소리야? 만난 지 한 달밖에 안 됐잖아."

"한 달이면 충분해."

"한 달은 한 달이야."

"긴 시간이야. 게다가, 한 달 넘어. 한 달하고 며칠이야." 폴이 말한다.

"며칠 더 지났다면 문제가 다르긴 하지."

"물론이지." 폴이 무게를 실은 발을 바꿔가며 말한다. 주차장을 가로질러 도로 쪽으로 걸어가는 내내 우리는 한마디도 하지 않는다. 흐려지는 달빛 속에 블랙 뷰트가 보인다. 한 시간만 있으면 해가 뜰 터여서 대지가 해를 맞이할 준비를 시작한다. 멀리서 새가 지저귀고 구름이 산 뒤쪽에 앉아 있다.

"해 뜨는 거 볼래?" 폴이 묻는다.

"좋지. 오늘은 어차피 잠도 못 잘 테니까."

"어디서 볼까?" 그가 묻는다.

"초원 어때? 초원에서는 지평선이 다 보여."

"좋아."

나는 폴을 따라 초원 한가운데로 간다. 주머니에 손을 넣고 그의 발을 유심히 보면서, 어두운 길에서 넘어지지 않으려고 조심조심 걷는다. "저 구름 보여, 폴? 저게 환해질 거야." 내가 말한다.

"멋지겠네." 폴이 말한다. "산불은 남쪽으로 번지겠지. 멋질 거야." 우리 목소리는 초원의 침묵 속으로 깊이 가라앉아 젖은 풀과 습지에 부드럽게 내려앉는다.

초원 주변의 대지가 잔뜩 기대하고 있다. 산의 실루엣은 잠자는 용 같다. 서쪽 끝에는 깊고 푸른 차가움이 자리 잡고 있다. 별 몇 개가 빛난다. 마지막으로 깜빡이는 빛이다.

폴이 가슴을 팔로 감쌌다가 풀더니 손을 모아 쥐고 따뜻한 입김을 분 다음 주머니에 넣는다. 그는 무게를 실은 발을 뻣뻣하게 바꿔가면서 눈을 가늘게 뜨고 짙은 입김을 분다.

"고마워, 돈."

"뭐가?"

"그냥 고마워. 네가 여기 없는 게 아쉬울 거야."

"콜로라도에 한번 와, 폴. 너도 맘에 들 거야."

"생각해볼게." 그가 말한다.

여기 이 산들에게 눈이 있다면 잠에서 깨어나 자기네 울타리에 서서 빨갛게 숨을 내쉬는 태양이 대지를 물들이는 모습을 경탄하며 바라보는 두 낯선 이를 발견할 것이다. 수없이 많은 일출을 보아온 이 산들은 우레와 같은 찬미를 바치고 싶겠지만 하나님이 인간의 미약한 찬미를 들으실 수 있도록 경외감으로 조용히 서 있다.

이토록 크나큰 아름다움을 겪는 사람들이 이 기적 같은 증거 앞에서 중요한 질문을 하지 않는다는 사실이 참 놀랍다. 나는 이 짧은 은혜의 날들을 되돌아보며 하나님께 감사드린다. 한 계절에 불과했을지라도 삶의 **이유**를 느낄 수 있었고, 빛의 은유 안에서, 우주의 무한함 안에서, 우정이라는 기적 안에서 그 이유를 볼 수 있었으니까. 만약 이 산들에게 논리적으로 사고하는 능력이 있다면 그들은 아마도 인간의 아름다움을 묵상할 것이고, 우리 한 사람 한 사람이라는 기적에 대해 하나님을 찬미하고, 하나님의 위대함과 인간의 경이로움에 대해 곰곰이 생각할 것이다.

지금도 산들은 눈썹을 찌푸리면서 하늘을 향해 팔을 뻗고 있다.

감사의 말

책 한 권에 담을 정도의 우정을 베풀어 준 폴 해리스에게 가슴 깊이 감사의 마음을 전합니다.

그리고 여러 해 전 처음 이 책을 손에 넣은 최초의 독자였던 테리 글래스피에게도 감사합니다. 내가 수정한 부분은 신경 쓰지 않기를. 수정본을 읽으면서 나에게 잘해낼 수 있다고, 하고 싶은 대로 하라고 격려해준 캐서린 헬머스에게도 감사 인사를 전합니다. 이 책의 출판을 위해 열심히 일해준 토머스 넬슨 출판사의 모든 분께도 감사드립니다. 한 단체의 사람들이 이보다 더 사랑스러운 적이 없었지요.

이 이야기는 실제였기에 내 삶을 텔레비전보다 더 흥미롭게 만들어준 사람들이 없었다면 쓰지 못했을 것입니다. 랜디와 셜리 뷔르 부부, 대니얼, 엘라이다, 네이트, 웨스와 마야, 뷔르 할아버지와 할머니, 그리고 리지필드와 새크라멘토의 모든 가족에게 따뜻한 감사 인사를 드립니다. 또 벤 보넘 아저씨와 트럭 휴게소에서 만난 베티와 밥, 캘리포니아의 터커 부인과 마이크에게도 감사를 전합니다.

이 책을 쓰면서 데릭 웹, 더 데이라이츠The Daylights, 자스Jars, 라이언 애덤스, 제임스 테일러, U2, 라일 로벳, 드와이트 요아캄, 존 고르카, 오버 더 라인Over the Rhine, 데이비드 반스, 로지

토머스, 스티브 얼, 민디 스미스의 노래를 들었습니다.

수많은 사람이 초고를 읽고 나서 들려준 비평은 입에 쓴 약처럼 이 책에 도움이 되었습니다. 킴 무어는 이 책의 감수를 맡아 엉망진창인 문법과 철자를 고쳐서 내가 더 똑똑해 보이게 해주었습니다. 존 맥머리와 테리 맥머리는 모든 장을 읽고 찬사를 보내주었는데, 그들의 친절과 격려가 없었다면 나는 이 원고를 출판사에 보내지 못했을 것입니다. 또 메리 밀러, 이블린 홀, 네이선과 세라 필레이트, 셸리 버크, 앤디 윕스, 에이미 마틴, 미시 타이거트, 애덤 레먼, 제이미 부셰크, 세라 매슈스, 매트 제이콥슨, 돈 제이콥슨, 제프 볼드윈, 로스 터넬, 미카엘라 프리크, 킴 켐퍼, 데이브 비틀러, 로니 헐-듀퐁, 그레그 해리스, 매트와 줄리 캔리스, 랜디와 잰 덤로, 앤지 래버틴, 스코트 암스트롱, 데이비드 젠틸스도 마찬가지입니다. 우정과 용기를 준 커트 하이드슈미트와 릭 크로서에게 특별한 감사를 표합니다. 또 나와 수많은 이야기를 나누며 모자이크Mosaic에 원고의 일부를 읽어줄 기회를 준 제프 올슨에게도 무척 고마운 마음을 전합니다. 이 책에 대한 이야기를 퍼뜨려준 짐 스몰에게도 감사합니다. 로버트 피어시그의 책 안쪽 표지에 짧은 글을 적어서 나에게 준 프레드 "하루 한 페이지" 윌리스에게도 감사를 표하고 싶습니다. 그리고 놀라운 친절을 베풀고 온갖 아름다운 말을 해준 앤에게 감사합니다. 그녀는 우리 모두가 하나님을 느끼고 우리 자신의 모습을 찾도록 해주었지요. 앤, 당신은 성인聖人입니다.

앤 바워스, 토니 크리즈, 페니 그뤼너, 타라 브라운, 짐 채피, 레슬리 맥켈러, 로라 롱, 커트와 도나 넬슨, 헤어본, 릭 맥킨리, 드류 굿맨슨, 에릭 브라운, 제프 마쉬, 크리스티나 리건, 조던 그린, 그랜트와 블레이크 개스킬, 웨스와 스테이시 고튼, 마이크 터커, 에릭과 조사이어, 존 포어맨, 제이미 트워코스키, 카지와 립, 자스의 멤버들, 로라 깁슨, 크리스 시이, 이마고와 에클레시아 사람들, 그리고 이 과정에서 잉크만큼이나 중요했던 다른 모든 친구에게도 감사를 전합니다.

그리고 언제나 그렇듯이, 이 책을 읽어준 독자들께 깊이 감사드립니다. 난 이 일을 무척 좋아하지만 여러분이 이 책을 집어 들지 않았다면 할 수 없었을 일이지요. 나는 심오한 신학적인 책에서 잠깐 벗어나 내가 예전에 했던 여행으로 여러분을 초대하여 멋진 사람들을 소개해주고 싶었습니다. 여러분이 이 여행을 함께할 수 있어서 정말 기쁩니다. 크나큰 사랑과 감사를 전하며, 하나님의 축복이 여러분과 함께하기를!

P.s. 폴과 대니얼은 진짜 결혼했다.

도널드 밀러의 오색사막 순례 이야기

2022년 6월 30일 초판 발행

편집 한수경 옥명호 맹호성
p&e 내지 디자인 김지호
표지그림 김재신
표지 created by 맹호성 with helps from 김지호

이 한국어판의 종이책은 잉클링즈에서, 전자책은 알맹e(임프린트 알맹4U)에서 협력하여
출간합니다.

종이책

펴낸이 옥명호
펴낸곳 잉클링즈
등록 제2021-000073호(2010년 5월 31일)
주소 03140 서울시 종로구 삼일대로 428, 500-27호 (낙원상가)
전화 02-334-5382 | **팩스** 02-747-9847 | **이메일** inklings2022@gmail.com
제작처 예원프린팅

ISBN 979-11-975987-1-5
정가 16,000원

전자책

펴낸이 김진실 맹호성
펴낸곳 알맹e
등록 제25100-2014-000047호(2014년 7월 25일)
주소 01624 서울시 노원구 동일로 1700, 1031호 (파르코오피스텔)
e우편 rmaenge@rmaeng2.com
웹집 www.rmaeng4u.com
얼굴책 www.facebook.com/rmaeng4u
epub ISBN 979-11-91822-21-2
정가 11,000원